한국 교회여,
낮은 곳에 서라

한국 교회여, 낮은 곳에 서라

저자_ 한완상

1판 1쇄 인쇄_ 2009. 8. 6
1판 1쇄 발행_ 2009. 8. 12

발행처_ 포이에마
발행인_ 김도완

등록번호_ 제300-2006-190호
등록일자_ 2006. 10. 16.

서울특별시 종로구 경운동 89-4 운현궁 SK허브 102-712 우편번호 110-310
마케팅부 02)730-8647, 편집부 02)730-8648, 팩시밀리 02)730-8649

저작권자 ⓒ 2009, 한완상
이 책의 저작권은 저자에게 있습니다. 저자와 출판사의 허락 없이
내용의 일부를 인용하거나 발췌하는 것을 금합니다.

Copyright ⓒ 2009 by Wan-Sang, Han
All rights reserved including the rights of reproduction
in whole or in part in any form. Printed in KOREA.

값은 뒤표지에 있습니다.
ISBN 978-89-93474-13-8 03230

독자의견 전화_ 02)730-8647
이메일_ masterpiece@poiema.co.kr

좋은 독자가 좋은 책을 만듭니다.
포이에마는 독자 여러분의 의견에 항상 귀를 기울이고 있습니다.

길을 잃고 표류하는 우리 사회의 유일한 희망

한국 교회여 낮은 곳에 서라

한완상

포이에마

오늘 예수가 한국 땅에 오신다면
틀림없이 지극히 보잘것없는 자의 모습으로 오실 것입니다.
예수의 마음은 바로 그 낮은 곳에 있기 때문입니다.

프롤로그

예수는 저 낮은 곳에,
교회는 저 높은 곳에!

요즘 한국 교회는 세상의 빛이 되기엔 너무 을씨년스럽게 어두컴컴하고, 세상의 소금이 되기엔 안에서부터 너무 역겨운 냄새가 번져 나오는 듯합니다. 얼마 전에는 해외 단기선교를 갔다가 온 국민을 가슴 졸이게 하기도 했습니다. 믿지 않는 국민들에게 희망과 용기를 불어넣어 주기는커녕 불안과 모멸감을 한 아름 안겨주었습니다. 번잡한 명동 거리나 사람들이 붐비는 특정 공간에서 '불신 지옥'을 외치며 믿지 않는 시민들을 유치하게 협박하는 경우도 종종 있습니다. 밤에 남산에 올라가 도심을 내려다보면 십자가 모양의 붉은 네온사인이 여기저기에서 휘황하게 번쩍입니다. 서울 변두리에 가면 십자가를 더 쉽게 볼 수 있습니다. 일정 공간 안에 십자가 여러 개가 마치 경쟁하듯 붉은 빛을 내뿜습니다. 그래서 때로는 십자가라는 정말 소중한 기독교의 상징이 흔하디흔한 광고물처럼 보이기도 합니다.

세계에서 가장 큰 교파의 교회들이 모두 이 좁은 한국 땅에 모여 있는 것 같습니다. 거대한 노아의 방주 같은 교회가 육중한 몸집을 뽐내며 여기저기 우뚝 버티고 서 있습니다. 그런데 정작 새 세상, 새 역사를 만들어갈 생명체로 가득 차야 할 그 방주 안에는 방주 밖에 있는 생명체보다 더 탐욕적이고 더 교만한 생명체들이 득실거리고 있습니다.

교회와 교인들이 세상으로부터 비아냥거림을 받는 것도 이 때문입니다. 그러면 한국 교회는 왜 이러한 지경에 이르게 되었을까요? 한마디로 예수는 겸손하게 저 낮은 곳에 서 계신데, 교회는 교만하게 저 높은 곳에 우뚝 서기를 즐기기 때문입니다. 오늘도 갈릴리 예수는 저 낮은 곳으로 내려가고 계신데, 한국 교회는 높디높은 곳만 찾아 올라가려 안간힘을 쓰기 때문입니다. 저 높은 곳에서만 그리스도를 만날 수 있고, 그 곳에서만 그분을 경배할 수 있다고 믿기 때문입니다.

물론 이러한 태도는 부활하신 그리스도를 바라보는 신앙에서 비롯된 것이기에 무조건 잘못되었다고 나무랄 수만은 없습니다. 문제는 부활하신 예수를 경배하는 신앙이 아닙니다. 높은 곳에 올라가야만 영광의 교회, 힘 있는 교회, 거대한 교회, 세상을 내려다보고 호령할 수 있는 이른바 성공한 교회가 될 수 있다고 확신하는 한국 교회의 태도가 문제이지요. 사실 이런 신앙은 세속적 탐욕과 한 치도 다를 바가 없습니다.

낮은 곳에 서 계신 예수

그러므로 우리는 여기에서 기독교의 핵심 진리를 다시 확인할 필요가 있습니다. 기독교 신자는 부활하신 그리스도를 믿고 경배하고 따르는 존재임에 틀림없습니다. 저 높은 보좌, 하나님 우편에 앉아 계신 그리스도를 경외하는 것은 분명 아름다운 일입니다. 문제는 예배와 경배를 받아 마땅한 하나님 아들 그리스도가 그 높은 보좌에 앉으시기 전에 목수 같은 공예인으로 저 낮은 갈릴리 지역의 평범한 어부 및 농부들과 함께 숨 쉬고 사셨다는 엄연한 역사적 사실을 한국 교회와 크리스천들이 잊고 있다는 데 있습니다.

갈릴리 예수, 나사렛 예수는 역사의 실존 인물입니다. 바로 역사의 예수이지요. 그가 실제로 숨 쉬고 사셨던 곳은 여러 가지 의미에서 아주 낮은 곳이었습니다. 절망의 땅이요, 흑암의 낮은 골짜기 같은 곳이었습니다. 이사야 선지자는 예수의 낮아지심을 부당하게 낮아진 골짜기, 억울하게 험해지고 비뚤어진 길로 표현했습니다(사 40:3-5).

예수께서 갈릴리에서 사셨을 때 세계는 로마의 지배하에 있었습니다. 아우구스투스 황제가 확고한 지배 이데올로기를 수립했던 때였습니다. 당시 로마 정권은 황제를 신으로 떠받들게 했습니다. 로마의 이데올로기는 곧 로마의 신학이기도 했습니다. 황제는 신이요 메시아였습니다. 그래서 그리스도 같은 신성하고 존엄한 지배자로 군림했습니다. 이런 지배 이념 아래 로마는 식민지를 확장하고 있었습니다. 그리고 식민지에서는 로마식 개발정책, 곧 도시화와 상업화 정책이 과감하게 추진되었습니다. 예수 당시 갈릴리 지역도 예외가 아니었습니다. 그래서 황제 이름을 딴 새 도시(티베리우스)를 세우기도 하고, 원래 있던 갈릴리 호수에 황제 이름을 따서 티베리아 호수라는 이름을 붙이기도 했습니다.

이 같은 개발 정책과 토목 정책으로 덕을 본 사람들은 부재지주들이었습니다. 이들에게 팔레스타인은 살맛나는 개발 지역으로 바뀌고 있었습니다. 예루살렘 같은 거대 도시에 살고 있던 부재지주들은 더 쉽게 더 신나게 농민들을 착취할 수 있었기에 로마의 지배를 평화와 번영의 지배

Pax Romana라며 예찬했습니다. 하지만 원주민들은 매일 불안과 고통 속에 살아야 했습니다. 소농 지주들은 소작 농민으로 전락했고, 소작인들은 비참한 농노로 전락하고 말았지요. 예수께서는 이렇게 양극화가 심화된 팔레스타인 지역에서 절망을 씹으며 눈물로 그날그날을 살아야 했던 밑바닥 인생들과 어울려 사셨습니다. 하루 먹을 양식을 구하는 것이 너무나 어려웠던 열악한 조건 속에서 그들과 동고同苦하면서 사셨습니다.

예수의 공적 삶도 이런 낮은 곳에서 시작되었습니다. 예수께서 처음 말씀을 전하신 곳, 즉 자신의 취임사를 선포하신 곳도 이 같은 낮은 곳이었습니다. 가장 낮은 곳에서 억울하게 아파했던 밑바닥 인생들에게 희망과 용기를 불어넣으며, 마침내 그들이 온전한 사회적 존재로 우뚝 설 수 있게 하는 하나님의 선교의 사업(그것이 곧 희년의 사업입니다)을 이룩하겠다고 취임사를 통해 말씀하셨습니다.

"주의 성령이 내게 임하셨으니 이는 가난한 자에게 복음을 전하게 하시려고 내게 기름을 부으시고 나를 보내사 포로 된 자에게 자유를, 눈 먼 자에게 다시 보게 함을 전파하며 눌린 자를 자유롭게 하고 주의 은혜의 해를 전파하게 하려 하심이라 하였더라"(눅 4:18-19).

예수의 취임사는 무엇보다 가난한 자들에게 기쁜 소식을 전하는 프로그램이었습니다. 하루치 식량을 구하지 못해 고심했던 가난한 자들에게 기쁜 소식이란 도대체 무엇이었을까요? 일용할 양식을 주는 것 아닐까요? 한 끼라도 제대로 먹이는 일이 아닐까요? "일용할 양식을 주옵시고"

가 주기도문의 중심 메시지의 하나로 자리를 잡고 있는 것도 이 때문 아니겠습니까. 포로된 자에게는 무엇이 가장 절박한 소망일까요? 바벨론 포로로 일찍이 온갖 수모와 수탈, 억압을 경험했던 유대인들에게 포로 해방은 결코 추상적인 문제가 아니었습니다. 그것은 곧 구체적 광복의 환희요, 절절한 해방의 기쁨이었습니다. 일제의 36년 압제를 받았던 쓰라린 경험이 있기에 우리가 1945년 8월 15일이 얼마나 소중한 해방의 날인지 이해하듯 유대인들 역시 그러했습니다. 눈먼 사람의 경우에는 어떨까요? 그들에게 보는 것보다 더 기쁜 일이 있을까요? 이 모든 해방의 기쁜 소식을 전할 수 있는 새 시대, 새 제도, 새 질서를 열겠다는 것이 갈릴리 예수의 취임사였습니다. 이것은 또한 이사야 선지자의 비전이기도 했습니다(사 61:1-2). 그러므로 예수 운동의 핵심은 처절하게 낮은 곳에서 억울하게 고통당하던 찢겨진 인간들을 온전케 해주는 하나님의 일, 곧 구원의 일이었습니다.

여기에서 우리는 갈릴리 예수의 주옥같은 말씀, 곧 산상수훈이 한결같이 저 낮은 곳에서 외롭고 괴롭게 살 수밖에 없었던 씨알들을 새 존재로 일으켜 세우기 위한 격려의 말씀임을 잊지 말아야 합니다. 그 말씀 중에 주기도문이 있지요. 주기도문 역시 예수의 취임사가 주는 메시지를 중심으로 바라볼 때 더 잘 이해할 수 있습니다. "우리에게 죄 지은 자"라는 것은 바로 우리에게 빚진 자란 뜻입니다. 채권자들이 빚질 수밖에 없는 딱한 처지에 있는 채무자들의 빚을 탕감해주는 것이야말로 당시 유대인들이 저 높은 곳에 계신다고 믿었던 하나님의 뜻임을 예수께서 밑바닥 현장에서 새롭게 밝히 보여주신 것입니다. 그 유명한 팔복의 메시지 역시 저 낮은 곳에서 억울하게 고통당하는 민중에게 주는 축복의 외침이었습니다. 지금 가난한 자, 지금 주리는 자, 지금 슬피 우는 자들에게, 하나님 나라의 주인이 되어 배부르게 되고 웃게 될 것이라고 위로하시고 격려하시고 희망을 불어넣어 주신 것입니다(눅 6:20-21).

여기에서 어떤 이들은 이렇게 물을 것입니다. 그렇다면 갈릴리 예수가 민중들 속에서 혁명을 선동했다는 말입니까? 그것도 폭력 혁명을 선동했다는 말입니까? 결코, 결코 아닙니다. 다만 예수께서는 당시 민중을 억압하고 수탈하고 차별했던 제도의 권력(그것이 로마의 권력이든, 예루살렘 성전의 권력이든 간에)이 본질적으로 내포하고 있던 탐욕적이고 독선적인 폭력에 대해서는 단호하게 "아니오"라고 선포하셨습니다. 탐욕과 독선, 폭력은 악의 힘이요 악의 속성입니다. 악의 수단이기도 하지요. 인간에게 부당한 고통을 강요하는 악을 이기는 힘은 결코 그 악의 속성이나 수단에서 나오지 않는다고 예수께서는 장엄하게 선언하셨습니다. 그리고 친히 실천하여 보여주셨습니다.

부당한 권력에 맞서는 힘, 사랑

이 부당한 제도 권력에 대한 예수의 처방은 한마디로 사랑이었습니다. 원수임에도 불구하고 사랑할 수 있는 놀라운 힘이야말로 폭력의 권력과 탐욕의 소유가 펼치는 악순환의 다툼을 근원적으로 끊어낼 수 있다고 설파하시고 또 실천하셨습니다. '이에는 이, 눈에는 눈'을 앞세우는 적대적 상호주의는 결코 평화의 새 질서를 보장해주지 않습니다. 오히려 피 튀기는 죽음에의 행진만을 보장할 따름이지요. 이 악순환을 인간의 삶에서, 인간의 역사에서 근원적으로 이겨내는 힘은 바로 사랑의 힘입니다. 악의 힘 앞에서 겸손하고 의젓하게, 우아하고 당당하게 버티는 사랑의 힘 말입니다. 때로 그 사랑의 힘은 악의 힘 앞에 패배할 수도 있습니다. 허나 우아하게 패배할 수 있는 힘이기에 마침내 모두 이길 수 있는 길을 열어줍니다. 이것이야말로 참으로 역설적이지만 감동적인 진리입니다. 그래서 예수께서는 당신이 악의 물리적 힘에 의해 체포되는 긴박하고 처절한 순간, 칼을 뽑아 권력 졸개의 귀를 내리쳤던 당신의 수제자 베드로를 단호하게 나무라셨습니다. 칼을 칼집에 꽂으라고 말씀하시면서 그 유명한 역사 법칙을 선포하신 것입니다.

"칼을 가지는 자는 다 칼로 망하느니라."

우리는 인류 역사에서 명멸했던 여러 제국들의 최후를 기억합니다. 예수의 말씀대로 칼의 권력과 칼의 제국은 칼의 위력으로 망했다는 사실을 역사 속에서 확인하게 됩니다. 과도한 국방비 지출이 제국의 멸망을 재촉한 셈이지요.

그런데 이렇게 감동적인 선포가 언제 터져 나왔습니까? 바로 예수께서 가장 처절하게 낮아진 순간과 상황, 목숨이 경각에 달린 절박한 상황, 인생이 밑바닥을 드러낸 위기의 순간이 아닙니까? 이 진리의 외침은 사랑의 힘만이 낼 수 있는 소리입니다. 갈릴리 예수는 어린 양처럼 로마와 예루살렘 권력이 휘두른 폭력에 의해 고난을 당하시고 죽임을 당하셨습니다. 그러나 예수께서는 고난과 죽음의 길을 외면하지 않으시고 의젓하게 걸어가셨습니다. 그 걸음걸음이 사랑으로 악순환의 고리를 끊는 힘 있는 동작이었습니다. 그리고 그 죽음이 마침내 부활이라는 사랑의 원자탄으로 폭발하게 되었습니다. 역사적 예수, 갈릴리 예수를 한 번도 만나보지 못했던 사도 바울도 고린도교회에 보내는 편지에 사랑의 힘이 얼마나 소중한지 이렇게 예찬하고 있습니다.

사랑은 오래 참고
사랑은 온유하며
시기하지 아니하며
사랑은 자랑하지 아니하며
교만하지 아니하며
무례히 행하지 아니하며
자기의 유익을 구하지 아니하며
성내지 아니하며
악한 것을 생각하지 아니하며
불의를 기뻐하지 아니하며
진리와 함께 기뻐하고
모든 것을 참으며
모든 것을 믿으며
모든 것을 바라며
모든 것을 견디느니라(고전 13:4-7).

사도 바울의 사랑 예찬은 십자가를 지고 골고다로 말없이 힘겹게 걸어가신 인종忍從의 예수 모습, 온유한 그의 성품, 그의 본질을 노래한 듯합니다. 심지어 자기를 십자가에 못 박는 가해자들까지도 용서하려는 깊고 넓은 사랑을 노래한 듯합니다. 역사적 예수에 대해 무관심했던 바울도, 살아생전 예수의 육성을 한 번도 들어보지 못했던 바울도 역사적 예수의 본질만은 꿰뚫어보았습니다. 그리고 그 본질 앞에서 날로 새 존재로 거듭나게 되었다고 고백했습니다. 바울만큼 부활하신 그리스도에게 사로잡힌 사도도 찾기 어렵습니다. 그렇다고 부활 신앙에 사로잡혀 갈릴리 예수의 정신과 성품을 이해하지 못한 것도 아닙니다. 오히려 예수의 사랑을 힘입어 그분의 고된 삶을 실제로 따르고 살았습니다. 바울이 온갖 고통과 역경을 견딜 수 있었던 것도 그리스도의 능력과 예수의 사랑의 힘이었습니다.

그런데 여기에서 주의해야 할 것이 있습니다. 간혹 역사적 예수 탐구에 심취한 사람들 중에는 온갖 비평적 방법을 동원해 예수가 '실제로 한 말과 행동'만 찾아내려고 애쓰는 사람들이 있습니다. 그러면서 예수가 직접 하지 않았다고 판단되는 말이나 행동은 무시하려 합니다. '예수 세미나Jesus Seminar' 학자들이 그런 경향을 보입니다. 허나 이렇게 하면 역사적 예수를 지나치게 한정시키는 잘못을 저지르게 됩니다. 예수의 말씀과 행적을 듣고 그것을 공통적으로 기억했던 증인들과 그들의 사회적 기억social memory은 역사적 예수를 더 포괄적으로 이해하는 소중한 자원이 되기도 합니다.

따라서 직접 예수를 만난 적 없는 사도 바울의 증언도 참으로 소중하고, 초대 교회의 증언들도 마찬가지입니다. 이런 사회적 기억과 공동체적 증언들이 부활의 그리스도를 신비화하는 우를 범했을 수도 있지만, 신비화된 그리스도를 따르는 일이 실제 역사 현실에서 더 밝고 맑은 새 인생과 새 역사를 창출하는 데 요긴한 힘이 되었다면, 그것을 결코 과소평가해서는 안 될 것입니다.

문제는 지난 1700년간 제도 교회가 그리스도의 구속 사역에서 멈추어 버리고, 나아가 그리스도를 더 높은 곳에 옮겨놓았다는 데 있습니다. 결국 그리스도가 저 높은 종교적 옥좌 안에 갇혀 있게 된 셈이지요. 높디높은 옥좌의 감옥에 예수를 가두고, 그 감옥을 교리의 못으로 단단히 박아놓은 셈입니다. 그러나 우리가 절대 잊지 말아야 할 것이 있습니다. 저 높은 곳에서 우리의 경배와 예배를 받으시는 예수가 바로 갈릴리에서 사시다 골고다 언덕으로 십자가를 지고 가셨던 바로 그 예수라는 사실입니다. 그러므로 그리스도는 끊임없이 갈릴리 예수로 내려와야 하고, 역사의 예수는 부활의 그리스도로 이어져야 합니다. 그래야만 하나님 나라, 곧 '사랑이 지배하는 새 질서'를 세우려는 하나님과 예수따르미들이 끊임없이 함께 만나고 협력하게 될 것입니다. 이것이 바로 협력적 종말 사건collaborative eschaton입니다. 부활 사건이 이 협력을 가능하게 해주었습니다. 이렇게 해서 사랑이 지배하는 새 질서가 갈릴리에서부터 부활 이후 초대교회까지 뻗어가게 되었습니다.

높은 곳에 우뚝 선 교회

그렇다면 오늘날 한국 교회의 문제점은 무엇일까요?

세계 여러 교회들과 마찬가지로 그리스도에게만 집착한 나머지 저 낮은 곳에 사셨던 예수에 대해서는 무관심하다는 것이 문제입니다. 역사적 예수에 대해서는 알려고 하지 않습니다. 심지어 역사적 예수는 이해할 필요도 없다고 생각합니다. 역사적 예수를 아는 것이 오히려 신앙을 약화시킬 것이라고 염려합니다. 이러한 특성은 한국 교회만의 잘못은 아닙니다. 그러나 한국 교회가 세계 어느 교회보다 특별한 양적 성장을 이루었고, 사회적 영향력을 키우는 데 특출하게 '성공'했다고 자부하기에 역사적 예수를 무시하는 경향이 훨씬 더 염려스러운 것입니다.

최근 미국에서도 비슷한 사례가 있었습니다. 조지 부시George W. Bush가 대통령으로 있는 동안 신보수주의 정치 세력의 핵심부에 자리를 잡은 사람들이 다름 아닌 기독교 우파였습니다. 그들은 부시 대통령의 정책에 심오한 영향을 끼쳤습니다. 이에 대해서는 앞으로 올곧고 신랄한 역사의 평가가 내려질 것입니다. 근본주의 신앙이 권력과 결탁할 때 권력은 더욱 오만해집니다. 안으로는 서민들의 고통을 가중시키고, 밖으로는 국제적 불신과 경멸을 받게 되지요. 미국에 새 정부가 들어서면서 그러한 부끄러운 정치 흐름이 더 이상 번지지 않게 된 것은 참으로 다행스러운 일입니다. 버락 오바마Barack H. Obama 새 정부는 정치에서 종교적 독선을 배제시키려 노력하고 있습니다.

그런데 오늘날 한국의 상황은 어떠합니까? 닫힌 신앙이 닫힌 정치와 힘을 합하여 민주 정치를 후퇴시키고 한반도 평화를 위협하고 있지는 않습니까? 저 높은 곳으로 올라가려는, 아니 이미 그 높은 곳에 우뚝 서서 세상을 내려다보며 호령하는 한국 교회들이 여기저기 나타나는 듯하여 참으로 민망하고 안타깝습니다. 높은 곳에 올라가려고 안간힘을 쓰는 대열의 선두에 큰 교회들이 있습니다. 마치 높디높은 권력 가까이 다가가 그곳에서 성공한 교회가 되었다고 뽐내는 것 같습니다.

그러나 교회가 높은 곳에 우뚝 서게 되면 탐욕과 독선의 권력에 취하기 쉽습니다. 여기에서 우리는 광야에서 예수를 시험했던 사탄이 즐겨 올라가는 곳이 바로 저 높은 정상이었음을 기억할 필요가 있습니다. 갈릴리 예수를 유혹했던 사탄은 으레 그 높은 곳에서 자기 힘을 뽐내고 싶어 합니다. 산꼭대기나 성전 꼭대기(성스러워 보이는 것의 꼭대기)에 종교 지도자를 초청하여 저 낮은 세상을 내려다보게 합니다. 그리고 그들에게 달콤하게 속삭입니다. 자기가 시키는 대로 하면 저 세상을 마음대로 다스릴 수 있는 권력을 모두 주겠다고 말입니다. 그 권력은 신성해서 행여 성전 꼭대기에서 떨어져도 죽지 않고 끄떡없이 계속 권력을 행사할 수 있다고 꼬드깁니다. 그 꼬임에 한번 걸려 넘어가면 헤어나기가 쉽지 않습니다. 부시 대통령 주변에서 나라 안팎에 막강한 권력을 휘둘렀던 기독교 우파들처럼 말입니다.

이런 사탄의 꾐에 예수께서는 어떻게 대응하셨습니까? 예수께서는 사탄의 유혹을 당당히 물리치셨고 성령의 능력을 얻어 저 낮은 곳, 고향 땅 나사렛으로 내려가셨습니다. 거기서 취임사를 선포하시고 로마제국의 권력과 탐욕, 폭력과는 질적으로 다른 사랑 나라(Kingdom이 아니라 Lovedom)를 세우기 위해 온 존재를 던져 헌신하셨습니다. 그런데 예수께서 무상으로 병자들을 고치시고 오병이어의 기적을 통해 사람들을 먹이시자 예수를 왕으로 삼으려는 사람들이 구름떼처럼 모여들었습니다.

그러나 무수한 군중을 보신 예수는 그들을 상대로 장사를 하려 하지도 않으셨고, 큰 교회를 꾸리려고 하지도 않으셨습니다. 오히려 이들을 피해 산으로 올라가 기도하셨지요. 왜 그러셨을까요? 당신을 왕으로 삼으려는 사람들의 아우성 속에서 광야에서 자신을 시험했던 사탄의 속삭임을 들었기 때문입니다. 예수께서는 이렇게 사탄의 유혹을 이겨내셨습니다. 그런데 그 유혹을 이겨내는 데 실패한 한국 교회는 오늘도 저 높은 곳을 향해 겁 없이 성큼성큼 나아가고 있는 것입니다.

19세기에는 서양 교회가 이런 사탄의 꾐에 넘어가 비슷한 잘못을 저질렀습니다. 저 높은 곳에 그리스도를 가두고, 찬란한 교리의 옷을 입히고, 그리스도의 이름을 빙자하여 온갖 반(反)인륜적 잘못을 저질렀던 주체가 바로 19세기의 서양 교회였습니다. 수백 년 동안 종교재판으로 이단자를 잔인하게 처단하더니, 19세기에 이르러서는 제3세계를 침략하는 제국주의 정책을 부추기고 합리화해 주었습니다. 그런데 바로 그 시대에 고매한 신학 교수 자리를 버리고 의사가 되어 아프리카에 가기로 결심한 청년이 있었습니다. 나이 서른에 세계적인 신학자로서 명성을 얻은 슈바이처가 바로 그 주인공입니다. 1905년 1월 6일, 그가 회중들에게 한 설교는 이런 면에서 퍽 감동적이고 흥미롭습니다. 그는 독일, 미국, 영국 같은 서구 강국이 하나님의 신성한 이름을 빙자하여 제국주의적 죄악을 저지르고 있다고 통렬하게 규탄했습니다.

"…만약 우리 국민들이 '기독교' 국가라는 주장부터 먼저 포기하지 않는다면, 예수의 이름은 모독을 받고 웃음거리가 될 것입니다. 그리고 우리 기독교도 저 아프리카처럼 가난한 나라 사람들 앞에서 모멸을 받고 웃음거리가 될 것입니다. 만일 그 같은 범죄가 저질러진 바로 그곳에서 우리의 잘못이 용서받지 못한다면, 예수의 이름은 저주가 되고 여러분과 저의 종교인 기독교 또한 거짓과 수치로 변질되고 말 것입니다. 예수의 이름으로 끔찍한 죄악을 범했던 모든 사람을 대신해서 누군가가 예수의 이름으로 그들을 도와야 합니다. 그들을 약탈했던 모든 사람을 대신해서 착취했던 것을 되돌려주어야 합니다. 그들을 저주했던 이들을 대신해서 그들을 축복해줄 누군가가 필요합니다."

그 누군가가 바로 슈바이처 자신이었습니다. 서양의 높은 성전 꼭대기에서, 권력의 정점에서 '미개한' 저 아프리카를 경멸의 눈으로 내려다보고, 그곳 사람들을 미개하다고 불쌍히 여기는 체하면서 그들의 자원과 인력을 착취하고 차별했던 제국주의 기독교를 슈바이처는 예언자의 마음으로, 아니 갈릴리 예수의 마음으로 신랄하게 비판했던 것입니다. 예수의 사랑의 말씀과 사랑의 실천을 그대로 따라 살기 위해 그는 일류 대학의 교수 자리를 버리고 낮고 천한 저 아프리카로 내려갔습니다.

오늘 한국 교회 지도자들은 역사 비평을 통해 역사적 예수를 본격적으로 탐구했던 슈바이처의 분노를 함께 느낄 수 있어야 합니다. 역사 속 교회의 행태에 실망했으나 그 때문에 오히려 예수의 삶을 몸으로 실천하고자 존경받는 교수 자리를 버리고 예수의 모습을 본받아 저 낮은 곳, 절망의 계곡 아프리카로 향했던 슈바이처를 새롭게 주목해야 합니다. 값없이 중병 환자를 고치시고도 자신의 카리스마를 뽐내지 아니하시고, 오히려 환자 자신의 주체적 믿음이 병을 낫게 한 것이라고 일깨우셨던 갈릴리의 예수가 바로 슈바이처가 믿고 따랐던 예수요 그의 그리스도였습니다.

이러한 삶을 본받아 이제 한국 교회도 높은 곳에서 내려와야 합니다. 지금 한국 교회는 변화산에서 경험한 신비한 체험에 도취되어 "여기 있는 것이 좋사오니"라고 감격하여 그 높은 곳에 초막 셋을 지으려 했던 베드로를 벤치마킹하는 듯합니다. 그러나 사실 한국 교회의 모습을 베드로에게 비교하는 것도 무리가 있습니다. 베드로는 예수께서 모세와 엘리야를 만나 대화하는 모습을 보고 너무 감격한 나머지 그 높은 곳에 계속 머물러 있고 싶어 했지만, 한국 교회는 신비한 신앙 체험 때문이 아니라 높은 곳에 있어야만 아랫것들을 호령할 수 있다고 믿고 그곳에 머물러 있고 싶어 하는 것 같으니까요. 신도 수만 명이 목회자의 신호에 따라 자동화된 기계처럼 한 목소리로 '아멘'으로 화답할 때 느끼는 그 권력의 마력에 스스로 취하고 있습니다. 그러나 권력이 주는 마력에 도취된 자들의 말로가 어떠한지는 이미 역사가 증명한 바 있습니다. 수많은 백성들로부터 한 목소리로 추앙을 받았던 절대 권력은 절대로 망하고 말았습니다. 절대 권력은 스스로 부패하는 속성이 있기 때문입니다. 저 히틀러를 보십시오.

베데스다 연못에서

우리는 갈릴리 예수께서 당시 유대 풍습을 따라 명절을 맞아 성도聖都 예루살렘에 올라가셨던 일을 기억합니다. 그곳에 높은 성전이 있기 때문이기도 했지요. 헌데 정작 예루살렘에 가신 갈릴리 예수는 거룩한 안식일에도 성전으로 가지 않으셨습니다. 정말 기이한 일이요. 어찌 보면 반종교적 행위 같아 보입니다. 그러면 어디로 가셨을까요? 요한복음 5장 1절부터 8절은 예수께서 전혀 '엉뚱한' 곳으로 가셨다고 증언합니다. 온갖 중병으로 외롭고 괴로운 환자들이 우글거리는 낮고 천한 연못가로 가신 것입니다. 눈먼 사람, 다리 저는 사람, 중풍 병자들이 절망을 씹고 있는 밑바닥으로 찾아 가셨습니다. 그들 중에서도 가장 비참하게 외롭고 괴로운 인생을 살아온 늙은 중환자에게 일부러 다가가셨습니다. 38년간 중병으로 투병하고 있던 밑바닥 인생이었습니다. 그 곳에서 예수께서는 그 환자를 새 사람으로 일으켜 세웠습니다. 그의 간절한 소망과 믿음을 확인하시고 딱 세 마디 말씀을 하셨습니다.

"일어나십시오. 자리를 드십시오. 걸어가십시오."

이 세 마디에 담긴 해방 선포를 "왔노라, 보았노라, 이겼노라"라고 외친 시저의 승리 선언과 한번 비교해보십시오. 예수께서는 성스러운 종교 규례를 어기면서까지 가장 낮은 곳으로 내려가 그 곳에서 신음하고 있는 비참한 환자를 무상으로 치료하셨습니다. 그러고도 무조건 자기를 따라오라고 명령하지 않으셨습니다. 치료비를 내라고 하지도 않으셨습니다. 단 세 마디로 병상에 누워 꿈쩍할 수 없던 비참한 인간을 존엄한 존재로 우뚝 세우시고 당당히 걸어가게 하셨습니다. 이 행위야말로 진정 거룩한 행위요 구원의 행위가 아닐까요? 그러면 왜 이런 감동이 높은 예루살렘 성전 마당에서 이뤄지지 않은 것일까요? 그 이유는 바로 치료가 필요한 이 사람들이 불결하다는 이유로 성전 뜰 근처에도 접근할 수 없었기 때문입니다. 그러나 하나님의 사랑은 저 높은 성전 뜰이 아니라 저 낮은 베데스다 연못가에서 뜨겁게 작동했습니다. 그러므로 이제 한국 교회도 내려와야 합니다. 반종교적이고 반교회적이라는 비난을 받는 한이 있더라도 예수처럼 베데스다 연못으로 내려가야 합니다.

여기에서 우리가 잊어서는 안 될 진실이 또 하나 있습니다. 연못가에서 고통 속에 신음하던 사람들이 그들의 잘못만으로 그곳에 있을 수밖에 없었던 것은 아니라는 사실입니다. 당시 권력자들은 가난과 질병을 개인의 죄 탓으로 돌렸습니다. 그리고 바로 그런 권력자들 때문에 그들은 그 곳에 머물러 있을 수밖에 없었습니다. 예수께서 중환자를 고치시며 때때로 죄사함을 선포하신 것도 이 때문입니다. 예수께서는 질병을 개인의 죄 탓이라 여겼던 당시의 종교 이데올로기(권력 이데올로기)로부터 환자를 완전히 해방시켜 주셨습니다. 육체의 아픔과 함께 사회적·종교적 아픔으로부터 벗어나게 해주신 것입니다. 이처럼 예수의 치유는 개인의 치료에 그치지 않고 비뚤어진 제도와 구조를 고치는 수준에까지 이르렀습니다. 출애굽 사건이 억압과 착취의 구조로부터 해방이었듯이 말입니다. 이 같은 '총체적 낫게 함'이 예수의 관심과 삶의 핵심이었습니다. 그의 하나님 나라 운동도 이 같은 '전체의 나음'을 표적으로 삼았지요. 개인의 영혼 구원과 개인 구원에 더하여 사회와 역사의 구원을 모두 포괄하는 총체적 구원 사업, 바로 이것이 예수의 선교입니다. 이러한 구원 운동을 하찮은 사회 구원이라고 폄하해서는 안 됩니다. 그 구원 속에는 개인의 온전케 됨이 소중한 몫으로 자리 잡고 있기 때문입니다.

그런데 이 같은 통전적 구원 사역은 불가피하게 어둠의 권력, 절망의 권력, 독선과 탐욕의 권력으로부터 견제나 핍박을 받게 됩니다. 갈릴리 예수도 예루살렘 권력이 파견했던 사람들에게 끊임없이 시달리셨습니다. 종국에 가서는 로마 실정법에 의해 가장 잔인한 십자가형으로 처형을 당했지요. 그러나 그분은 고난과 죽음의 길에 들어서는 것을 회피하지 않으셨습니다. 그 길에 들어서되 사랑의 힘으로 우아하게 들어서셨습니다. 예수의 삶이 그토록 감동적인 것은 그분이 이렇게 우아한 패배를, 우아한 고난과 죽음을 선택했기 때문입니다. 십자가를 지는 아픔이 있었기에 비로소 부활의 기쁨이 폭발할 수 있었던 것입니다. 십자가를 지는 패배를 통해 부활의 승리를 함께 나눌 수 있었던 것입니다. 이것이 복음의 핵심입니다. 갈릴리 예수가 저 낮은 곳에서 살아 숨 쉬고, 낮은 사람들과 동고하셨기에 십자가의 영광이 빛날 수 있는 것입니다. 또한 부활의 힘은 아바Abba 하나님의 사랑이 갖는 힘입니다. 아바 하나님의 '불구하고의 사랑'은 마침내 원수까지 감동시키는 힘입니다. 그러므로 아바 하나님의 사랑을 실천한 예수의 삶보다 더 진보적인 삶은 있을 수 없습니다. 비움으로 채우는 사랑의 힘만이 개인과 사회, 구조와 역사, 영혼과 육체를 모두 온전케 해주기 때문입니다.

소셜 닥터로서의 삶

제가 이러한 깨달음에 이르게 된 것도 아바 하나님의 은총, 곧 그분의 사랑의 힘 때문이라는 생각이 듭니다. 저는 아홉 남매 중 셋째로 태어났습니다. 어머니께서는 저를 밴 지 여섯 달 즈음 심각한 화상을 입으셨습니다. 목숨이 위태로울 정도였지요. 그때 교회 여전도사님이 찾아와 위로하며 이렇게 격려했다고 합니다.

"새댁, 예수 믿고 천당 가야지."

어머니는 육체의 고통으로 사투하시던 중이라 여전도사님의 말이 귀찮기도 했지만, 만일 낫게 된다면 교회에 가겠노라 다짐했다고 합니다. 그리고 기적 같이 나으셨습니다. 어머니는 다짐한 대로 당진에 있는 거산감리교회에 나가셨습니다. 1936년, 바로 제가 태어나던 해였습니다. 그러니까 저는 모태에서 죽을 뻔했다가 모친과 함께 기사회생한 셈이지요. 이처럼 특별한 은혜를 입은 덕에 어머니는 제가 성직자가 되기를 원하셨습니다. 제 마음 깊은 곳에는 어머니의 그 소망이 항상 자리 잡고 있었습니다.

사회 구석구석에 아직 6·25의 상흔이 남아 있던 1954년에 저는 고등학교 졸업을 앞두고 장래를 심각하게 고민하고 있었습니다. 무슨 대학 무슨 과를 지망해야 할지를 놓고 고민하던 고등학교 2학년 때 대구 YMCA를 통해 슈바이처를 알게 되었습니다. 하이와이(HiY, YMCA 고등부 운동)에 참여하게 되면서 슈바이처가 노벨평화상을 받았다는 것과 예수를 따르는 삶을 살았다는 것을 알게 되었습니다. 그런 그의 삶이 어린 저의 마음에 큰 감동으로 다가왔습니다.

아버지는 제가 의사가 되기를 바라셨습니다. 저는 의사는 의사로되 슈바이처 같은 의사가 되고 싶었습니다. 개인의 질병뿐 아니라 사회와 역사의 질병도 고치는 의사 곧, 소셜 닥터 social doctor가 되고 싶었습니다. 서울대 사회학과에 응시한 것도 바로 그러한 소망 때문이었지요. 6·25 전란을 겪으면서 저는 극심한 삶의 경쟁이 주는 두려움, 전쟁이 주는 공포와 아픔, 가난과 질병이 주는 아픔, 권력의 부정과 부패가 주는 아픔을 모두 목도했습니다. 국민방위군 사건으로 형뻘의 젊은이들이 해골 같은 몰골로 귀향하면서 처마 밑에서 힘겹게 겨울 햇살을 받으며 신음하는 모습을 보고 속으로 애타하며 분노했습니다. 저들을 저렇게 아프게 했던 군수뇌부가 그때 처형되기는 했지만, 어떻게 이 같은 비리가 그 많은 젊은이들을 죽음으로 몰아갈 수 있었는지 새삼 되새기면서 소셜 닥터로 살고 싶은 소망이 간절해졌습니다. 그런 소망을 안고 새벽 기도에도 열심히 나갔지요. 소셜 닥터의 꿈은 1955년 서울대 입학을 통해 이뤄지는 듯했습니다. 사회학을 열심히 공부하면서 슈바이처의 생명 경외 사상에도 열심히 매달렸습니다. 그때는 그 깊은 뜻을 제대로 이해하지도 못했지만 말입니다.

그러다 대학 3학년 첫 학기를 마치고 군에 입대하게 되었습니다. 학도병으로 일선 소대에 배치를 받고 거기에서 온갖 수모와 아픔을 겪었습니다. 이때 닫힌 체제, 닫힌 구조, '전체주의적 제도 total institute'가 주는 절망과 고통을 피부로 직접 느낄 수 있었습니다. 닫힌 사회 구조가 사회 구성원들의 삶을 총체적으로 통제하려 들 때 불가피하게 사회 질병이 생긴다는 사실을 뼛속 깊이 깨닫는 시간이었습니다. 어느 날 새벽 같이 일어나 민둥산을 한 시간 가까이 헤매며 땔감을 한 짐 지고 부대 막사로 막 돌아왔을 때였습니다. 물로 허기를 채운 배에서는 꼬르륵 소리가 들렸습니다. 이때 중대 연병장에 집합 명령이 떨어졌습니다. 며칠 후 사단 감사팀이 내려온다는 전갈을 받은 것이었습니다. 중대장은 사병들을 연병장에 계급별로 도열하고 한 번도 우리에게 준 적이 없는 월급 액수를 복창하라고 명령했습니다. 그때 저는 일등병이었습니다.

"일등병 월급은 ○○○환."

허기진 뱃심으로는 큰 소리를 내기도 어려웠지만 중대장은 더 큰 소리로 복창하라고 닦달했습니다. 대학 3학년까지 다녔던 학생이 한 번도 받아본 적이 없는 쥐꼬리만 한 월급을 받았다고 거짓으로 대답하기 위해 위에서 시키는 대로 복창하는 모습은 비참한 희극이었습니다. 큰 소리로 복창하는 제 모습이 참 처량했습니다. 이것이 심각한 구조적 질병이구나 하고 뼈저리게 느꼈습니다. 닫힌 구조가 부패하게 되면 반드시 병균처럼 인간과 사회를 병들게 한다는 진리를 일선에서 피부로 느끼고 뼛속 깊이 깨달았습니다.

소셜 닥터가 되어 병들고 닫힌 사회를 건강하고 열린 사회로 만들겠다는 결심을 이때처럼 강렬하게 한 적은 없었던 것 같습니다. 인권 운동이든, 평화 운동이든, 민주 운동이든 사회 질병을 치유할 수만 있다면 평생 거기에 몸을 던져야 한다는 생각을 했습니다. 이런 생각이 예수를 새롭게 이해하는 길을 조용히 열어준 것 같습니다. 신앙과 경배의 대상으로 저 높은 곳에 갇혀 계신 교리의 그리스도가 저의 이 같은 아픔을 덜어주지 못한다는 생각을 하게 된 것입니다.

군에서 제대한 뒤 대학원 과정을 마치고 마침내 미국 유학길에 올랐습니다. 1960년대 초 미국은 열병을 앓고 있었습니다. 반전 운동, 민권 운동, 반자본주의 히피 운동이 요원의 불길처럼 미국에 번지고 있었습니다. 킹 목사가 이끄는 민권 운동과 반전 운동에서 저는 예수 운동의 분위기를 느낄 수 있었습니다. 킹 목사의 적극적 비폭력 운동에서 갈릴리 예수의 모습을 보는 듯했습니다. 히피 문화에 깊이 스며 있던 반자본주의 운동에서도 예수의 모습을 보는 듯했습니다. 그때 〈예수 그리스도 슈퍼스타Jesus Christ Superstar〉라는 뮤지컬이 히트를 했지요. 현상 수배자처럼 장발의 예수 얼굴이 광고되는 것을 보면서 저는 갈릴리 예수의 모습을 보는 듯했습니다. 이 모든 운동에서 저 낮은 곳으로 내려가시는 예수의 모습을 보는 듯했습니다. 〈우리 승리하리라We Shall Overcome〉라는 노래가 갈릴리 예수를 따르는 무리들의 입에서, 그들의 가슴에서 터져 나왔습니다. 백인 우월주의자들이 휘두르는 폭력의 현장 한가운데서 그 노래가 터져 나올 때마다 저는 전율했습니다. 마치 '비폭력 적극 저항 운동가' 예수와 그를 따르는 씨알들이 부르는 노래처럼 들렸습니다. 이 노래가 후일 1970년대 한국 민주화 운동을 이끌었던 기독교 운동의 테마곡이 된 것은 결코 우연이라 할 수 없습니다. 〈나는 꿈이 있습니다I Have Dream〉라는 킹 목사의 연설문은 이사야의 꿈을 바탕으로 한 것이었고, 그것은 바로 예수의 꿈이기도 했습니다. 예수의 열린 밥상 공동체의 정신이기도 했고, 1970년대 한국 민주화 운동의 꿈이기도 했습니다.

1970년에 저는 모교의 부름을 받고 귀국했습니다. 이제 본격적으로 소셜 닥터의 역할을 해야겠다고 다짐했으나, 저의 다짐을 실천하기에 1970년대 대학의 상황은 참으로 어려웠습니다. 대학은 상아탑이 아니라 일선 전투지였습니다. 사회 부조리와 비리를 진단하고 그 질병을 극복하는 처방을 내리는 일은 벌거벗은 권력과 정면 대결하는 일이었습니다. 정말 힘든 일이요, 겁나는 일이었습니다. 그렇다고 진단과 처방을 포기할 수는 없었습니다. 마침 그때 한국기독자교수협의회라는 공동체가 있었습니다. 민중신학의 엔진 역할을 하던 공동체였는데, 저는 거기에 적극 참여했습니다. 조직의 총무가 되어 소셜 닥터로서 최소한의 진단과 처방을 계속했습니다. 온갖 성명서와 선언문은 일종의 진단과 처방이었고, 민주화 운동은 그 처방을 실천하는 길이었습니다. 대가는 컸습니다. 1976년 2월 말, 저를 포함해 이 공동체의 동지들 여러 명이 대학에서 추방되었습니다. 민중신학은 이 같은 역사 현실에서 잉태되었고 태어났고 자라났습니다. 그리고 이때 저는 민중사회학을 마음속으로 그리기 시작했습니다. 이런 상황에서 날마다 저 높은 곳을 향해 나아가면서 권력에 대해서는 침묵하거나 권력의 정점을 축복하는 것도 마다치 않는 한국 교회 지도자들을 보고 참을 수가 없었습니다. 이때 나온 책이 바로 《저 낮은 곳을 향하여》와 《민중과 지식인》이었습니다. 앞의 책이 한국 교회 현실을 안타까워하면서 쓴 책이라면, 뒤의 책은 한국 정치 현실에 대해 답답해하고 분개하며 쓴 책입니다.

그 후 우여곡절이 많았습니다. 서울대에 복직되었다가 두 달 만에 내란음모사건(물론 신군부가 조작한 사건이었습니다)에 휘말려 군사 재판정에 서기도 했습니다. 짧은 구금 생활을 하면서 낮은 곳에 친히 찾아오시는 갈릴리 예수의 영을 뜨겁게 체험하기도 했습니다. 사자굴 같은 곳에 찾아오시는 아바 하나님의 따뜻한 사랑도 느낄 수 있었습니다. 처절하게 낮은 곳으로 떨어졌을 때 그곳에서 저와 함께 동고하시는 예수와 아바 하나님의 사랑을 더 뜨겁게 체험할 수 있었습니다. 그것은 은총이었습니다. 이처럼 낮은 곳에 계시는 예수는 결코 저에게 추상적인 인식이나 신학적인 개념이 아니었습니다. 저의 피부로 느끼고 가슴으로 체험했던 실제요 실체였습니다. 저 낮은 곳, 고통과 외로움의 심연에서 함께 숨 쉬는 사랑의 주님을 저는 고백할 수 있었습니다. (언젠가 부끄러운 자서전을 쓸 때 더 자세히 밝히고 싶습니다.) 저의 다른 책 《예수 없는 예수 교회》에도 이때 체험한 저의 경험이 담겨 있습니다.

옥중에서 나오고 일 년이 지난 1981년 가을, 저는 미국 교회와 에모리 대학교의 특별한 배려로 무시무시하게 닫혀 있던 전두환 정권하에서도 미국에 갈 수 있었습니다. 3년간 불법 체류하면서도 그곳에 있던 기독교 민주 세력의 도움을 받아 계속 조국의 평화와 통일, 민주화를 위해 헌신할 수 있었습니다. 저는 그것을 정치 운동으로 여기지 않았습니다. 소셜 닥터로서, 예수따르미로서 예수 운동에 참여한다고 생각했습니다. 그러던 중 1984년 8월 15일, 그해 초여름에 돌아가신 아버지의 기도와 소망대로 해방 기념일에 저는 복권되었습니다. 그리고 9월 초에 귀국하여 서울대학교에 다시 복직하게 되었습니다. 귀국해서도 소셜 닥터로서의 역할은 변함없이 이어졌습니다. 사회학회 회장으로 있을 때나 문민정부에서 통일부총리로 있을 때에도 소셜 닥터로서의 소명을 다하려고 애썼습니다. 그 뒤 여러 대학을 맡아보았고, 초대 교육부총리를 지내면서도 그 소명을 소홀히 하지 않으려고 노력했습니다. 그러는 만큼 외롭고 괴로웠습니다. 부총리 집무실에서 저는 대학 연구실이나 남산 지하실, 서대문 교도소에서 느낄 수 없었던 외로움과 괴로움, 두려움과 불안을 경험하기도 했습니다. 그럴 때마다 저 낮은 곳에 계신 예수님이 저의 곁에 계셨습니다. 부총리실이나 총장실처럼 높은 곳이라서 주님이 함께 하신 것이 아니라 그렇게 '높은 세속의 자리'에서도 아파하는 저의 곁에서 갈릴리 예수께서 함께 동고해주신 것입니다. 그리고 사랑의 아바 하나님이 바로 저의 가슴속에 살아 계셨습니다.

그간 시간이 많이 흘렀습니다. 《저 낮은 곳을 향하여》가 나온 지 벌써 31년이 되었습니다. 그 사이 한국 교회는 더 높은 곳, 더 강한 곳, 더 큰 곳으로 꾸준히 항진해왔습니다. 세계에서 가장 큰 독립 교회도, 세계에서 가장 큰 장로 교회도, 세계에서 가장 큰 감리 교회도 모두 한국에 있습니다. 거대 교회의 놀라운 양적 성장입니다. 이제 세속 권력의 정점에도 대형 교회 장로가 앉아 있습니다. 한국판 기독교 우파는 마치 부시 정부 초기처럼 큰 힘을 쓰는 듯합니다. 냉전 근본주의와 기독교 근본주의가 찰떡궁합을 이룬 듯합니다. 둘 다 지극히 닫힌 신념 체계인 탓에 걱정이 큽니다. 30년 전에는 한국 교회가 요즘처럼 권력 핵심부에 당당히 들어오지 못했습니다. 권력이 휘두르는 횡포에 때로는 침묵하고 때로는 축복을 하기도 했지만 권력의 중심부까지 진입하지는 못했습니다. 그런데 30년이 지난 지금 일부 교회의 권력은 실로 막강해졌습니다. 비록 의회에 진출은 하지 못했지만 기독교 정당이 출현하기도 했습니다.

이런 때 저 낮은 곳으로 내려가시는 갈릴리 예수님이 더욱 그리워집니다. 힘 있는 한국 교회들이 저 높은 곳으로만 나아가려 하기 때문입니다. 예수는 오늘도 낮은 곳으로 내려가시는데, 한국 교회는 이 순간에도 더 높은 곳으로 나아가려 합니다. 승리주의라는 신념을 가지고 더욱 높게, 더욱 강하게 나아가고 있습니다. 정말 안타까운 일입니다. 그 안타까운 마음으로 또다시 저는 외치고 싶습니다. 갈릴리 예수와 함께 낮은 곳으로 내려가자고 말입니다. 1978년에 출간된 저의 책 《저 낮은 곳을 향하여》를 수정하여 다시 세상에 내어놓는 뜻이 바로 여기에 있습니다. 1970년대 교회 현실보다 오늘의 현실이 더 나아지지 않았기에, 어떤 면에서는 더 열악해졌기에 《한국 교회여, 낮은 곳에 서라》를 내놓습니다. 이 책은 작년 12월에 나온 저의 책 《예수 없는 예수 교회》와 한 짝이 될 수 있습니다. 함께 읽으면 한국 교회의 문제를 이해하는 데 도움이 될 것입니다.

이 책이 오늘의 모습으로 나오기까지 애쓰신 포이에마 편집진에게 감사드립니다. 좋은 기독교 책을 내기 위해 애쓰는 이분들에게 저의 책이 작지만 알찬 위로가 될 수 있기를 바랍니다. 그리고 이 책을 읽는 크리스천들은 예수믿으미에서 예수따르미로 나아갈 수 있기를 바랍니다. 기독교를 개독교라 비난하는 사람들은 지금도 저 낮은 곳으로 내려가고 계신 갈릴리 예수를 새롭게 바라볼 수 있게 되길 바랍니다. 현실 교회는 손가락 끝에 있는 때일 수 있습니다. 그러나 그 교회가 마땅히 가리키는 것은 바로 사랑의 예수입니다. 때 묻은 손가락만 쳐다보지 말고 그 손가락이 지시하는 방향 끝을 보길 바랍니다. 만일 손가락이 엉뚱한 것을 가리킨다면 그것을 무시하길 바랍니다. 오늘도 예수께서는 생명수가 되어 낮은 곳으로 흘러 내려가고 계십니다. 저 낮은 곳에서 오늘 억울하게 고통당하는 씨알과 동고하시는 예수를 우리 모두가 만날 수 있기를 바랍니다.

홍수로 황토물이 되어버린 한강을 바라보며,
낮은 곳으로 흘러가는 깨끗한 생명수 강을 그리워하며….

한강 가에서
한완상

너희는 세상의 소금이니 소금이 만일 그 맛을 잃으면
무엇으로 짜게 하리요 후에는 아무 쓸 데 없어
다만 밖에 버려져 사람에게 밟힐 뿐이니라

_ 마 5 : 13

차례

프롤로그_ 예수는 저 낮은 곳에, 교회는 저 높은 곳에 · 6

1 살아있는 역사의 현장에서
허위의식을 폭로한 예수 · 36 | 세속 역사에 뛰어들다 · 46 | 고난의 종교 · 56
삶에서 꽃피는 인의 · 68 | 동전의 양면 · 76

2 한국 교회의 일그러진 자화상
버려진 꿈, 민주주의 · 90 | 역지사지, 역지감지를 모르는 공동체 · 100
고장 난 나침반 · 115 | 소금에 절인 배추 · 131
예수를 등지고 바울을 따르다 · 138 | 알맹이 빠진 껍데기 · 147

3 기독교 사상의 참된 실현
꼭두각시에서 자유인으로 · 160 | 능력에 따라, 필요에 따라 · 175
'나 됨'과 '우리 됨'을 찾아 · 190 | 차이의 공존을 꿈꾸며 · 207
해방과 회개의 톱니바퀴 · 217

4 저 낮은 곳을 향하여
한국 교회, 길을 묻다 · 226 | 한국 교회여, 출애굽하라 · 243
공감하는 예언자 · 263 | 예수따르미로 산다는 것 · 269

에필로그_ 섬김의 자리로 내려가라 · 282
부록_ 비인간화된 종교 · 296

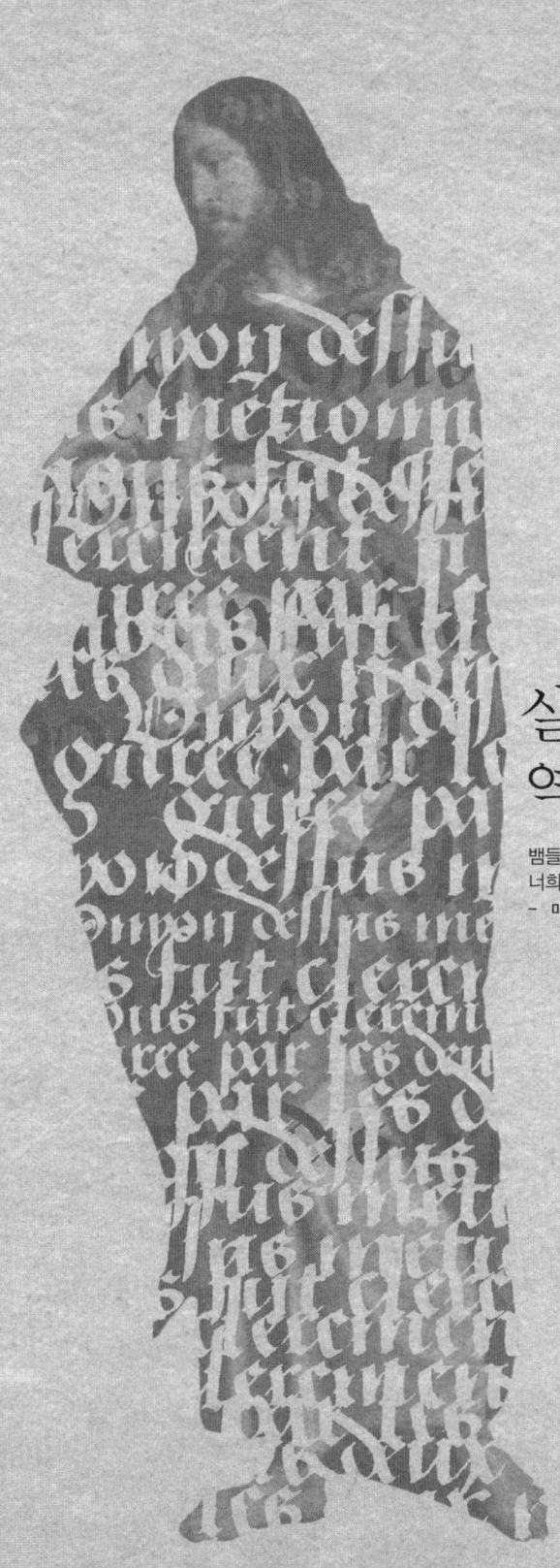

살아있는 역사의 현장에서

1

뱀들아 독사의 새끼들아
너희가 어떻게 지옥의 판결을 피하겠느냐
- 마 23:33 -

허위의식을 폭로한 예수

예수는 지배 집단의 허위의식을 날카롭게 꿰뚫어보고,
세상의 제도와 관습, 법률, 질서가 인간의 존엄성을 무시하고
훼손할 때 용기 있게 즉각적으로 포효했습니다.

우리는 예수의 모습을 여러 각도에서 조명해볼 수 있습니다. 그렇지만 어떤 각도에서 바라보든지 절대 놓쳐서는 안 될 핵심적인 예수상이 있습니다. 바로 역사의 한가운데 굳건히 서서 하나님의 뜻을 이루는 사명, 즉 '주의 은혜의 해'를 실현하는 사명을 감당하고자 혼신의 힘을 쏟으신 예수의 모습입니다. 이러한 예수상은 하나님의 뜻이 하늘에서 이루어진 것처럼 이 땅에서도 똑같이 이루어지도록 헌신·봉사하시다가 결국 '정치범'으로 몰려 로마의 극형틀인 십자가에 달려 죽으신 역사적 사실에서 명확하게 드러나고 있습니다. 사흘 만에 죽음의 권세를 이기고 부활하

신 사실 역시 이러한 예수상을 뚜렷하게 보여줍니다. 그런데 지금 한국 교회가 가지고 있는 예수상은 이와는 크게 다른 것 같습니다. 따라서 우리는 희년jubilee을 선포하고 '주의 은혜의 해'가 이 땅에서 이뤄지도록 온 몸을 불사르셨던 예수의 모습을 제대로 이해할 필요가 있습니다. 예수를 '허위의식의 폭로자'로 보는 이유도 이와 관련이 있습니다.

예수 시대의 허위의식

허위의식이란 복잡한 현 실태를 거짓으로 인식하는 것을 말합니다. 이러한 허위의식을 만들어내는 사람은 주로 지배자들입니다. 특히 정당하지 않은 지배력을 행사하는 지배자일수록 자신의 기득권을 지키고 강화하고자 현 실태를 짐짓 자기에게 유리한 쪽으로 단순화하거나 채색하는 경향이 있습니다. 그리고 피지배자들이 이런 허위의식을 쉽게 받아들이게끔 화려한 미사여구로 포장합니다. 따라서 지배 집단이 만들어놓은 허위의식을 꿰뚫고 그 속셈을 드러내 보이는 행동은 기존의 사악한 정치, 사회, 경제 구조에 정면으로 도전하는 것과 같습니다. 구약에 나오는 예언자들의 삶에서 우리는 이런 모습을 생생하게 목격할 수 있습니다. 그리고 예수 역시 이 예언자들의 전통에 확고하게 서 있었습니다.

그러면 예수 당시의 지배 집단은 어떤 허위의식을 내세웠던 걸까요? 우선 당시 지배 집단을 살펴보면 크게 세 부류로 나눌 수 있습니다. 로마 제국이 그 하나요, 팔레스타인을 분할 지배하던 헤롯 왕가가 그 하나요, 유대 토착 세력의 중추를 이뤘던 산헤드린이 또 하나입니다. 이 세 지배 집단은 각각 자기 나름의 독특한 허위의식을 내세워 하나님의 백성을 억압했습니다.

로마제국이 내세운 허위의식은 '팍스 로마나Pax Romana' 곧 로마의 평화였습니다. 세상의 모든 길이 로마로 통한다고 할 만큼 로마는 세상의 중심이었고, 로마제국은 세계 그 자체였습니다. 따라서 로마제국의 질서가 바로 세계의 질서였습니다. 이들은 이 질서 위에 세계 평화가 굳건하게 이뤄졌다고 자랑했습니다. 이것이 곧 팍스 로마나입니다. 로마제국 안에 있는 모든 지역민은 로마 황제를 신으로 우러러보고 그의 은덕을 높이 기리도록 훈련받았습니다. 그래서 로마가 이뤄놓은 평화를 구가했습니다. 그런데 정말로 세계의 평화가 로마제국 안에서 착실하게 뿌리를 내렸던 것일까요? 과연 로마의 지배를 받았던 식민지에서는 로마에 대한 저항과 반발이 전혀 없었을까요?

우리는 팔레스타인이라는 작은 식민지에서 여러 차례 로마에 저항하는 사건이 일어났다는 사실을 알고 있습니다. 로마의 황제상이나 제국의 상징을 성전 앞에 세우는 문제로 유대 종교 지도자들은 로마 정부에 거세게 항의하기도 했습니다. 이 때문에 로마 정부는 때때로 유혈 폭동을 진압해야 했습니다. 세금을 거둬들이려고 호구조사를 실시했을 때에도 유대인들은 격렬하게 저항했습니다. 동물의 머릿수를 세듯 사람 수를 센다는 생각을 받아들일 수 없었을 뿐 아니라 하나님 이외의 다른 대상에게 금전을 바칠 수 없다고 믿었기 때문입니다. 한번은 로마 총독이 예루살렘에 수도 공사를 하는 데 필요한 자금을 충당하려고 성전의 돈을 빼앗아간 적이 있었습니다. 이 때문에 갈릴리 사람들은 폭동을 일으켰고, 로마 총독은 이들을 잔인하게 탄압했습니다. 이렇듯 사람들은 이런 저런 모양으로 반항했고 그때마다 총독은 무자비하게 무력으로 진압했습니다.

당시 로마제국은 자국 노예를 죽일 때나 식민지에서 반란을 꾀한 사람들을 처형할 때 으레 십자가형에 처했는데, 팔레스타인에서 저항이 일어날 때도 대부분 십자가에 매달아 죽였습니다. 그러니 팍스 로마나는 허울뿐인 이름에 불과하다고 할 수 있습니다. 적어도 팔레스타인에서는 그랬습니다. 로마 통치자들이 그토록 목을 꼿꼿하게 세우고 부르짖던 팍스 로마나는 식민지 민족들의 저항을 무자비하게 탄압하는 강압정치의 터전 위에 휘날리는 피 묻은 거짓 깃발에 불과했습니다.

더구나 팔레스타인은 여러 식민지 중에서도 가장 중요한 식민지였고, 동서간의 경제 교역과 문화 교류의 중심 역할을 해왔기 때문에 팔레스타인에서 반로마 시위나 폭동이 일어나면 철저하게 다스렸습니다. 그런 만큼 이 지역에서 평화라는 것은 허위의식에 불과했습니다. 탄압받던 유대인들이 팍스 로마나를 어떻게 받아들였을지 생각해보십시오. 평화라는 말에 구역질이 나지는 않았을까요?

예수가 사시던 시대에는 또 하나의 허위의식이 춤추고 있었습니다. 바로 번영과 건설이라는 허위의식입니다. 로마제국은 자국의 힘이 뻗치는 곳마다 길을 닦았습니다. 예수가 태어날 무렵 팔레스타인을 지배한 헤롯 대왕은 극악한 식민지 정책으로 악명이 높기도 했지만 '눈부신' 토목공사로 외형적 성장을 이룩한 장본인이기도 합니다. 옛 도시는 복구하고 낡은 항구는 손질하고 다듬었습니다. 운동장도 만들고 원형극장도 지었습니다. 화려한 목욕탕도 만들었고 여러 곳에 견고한 군사 요새를 세우고 증축했습니다. 무엇보다 예루살렘 성전을 솔로몬 왕 때 건축한 성전보다 크고 화려하게 지었습니다. 헤롯 대왕이 물량을 쏟아 부어 이룩한 토목공사는 한마디로 거대하고 찬란했습니다.

그러나 이것도 따지고 보면 다 민중의 호주머니를 털어서 이룬 업적이었습니다. 민중들은 허리띠를 졸라매면서까지 이런저런 세금을 내야만 했습니다. 대토지 소유자와 대상인, 그리고 헤롯당이 서로 결탁해 민중을 수탈했습니다. 세리와 고리대금업자 역시 민중의 주머니를 약탈했습니다. 겉보기에는 놀랍게 성장하고 있었지만 민중의 배는 더욱 주리고 허기가 졌던 것입니다. 누렇게 뜬 황갈색 얼굴이 늘어만 갔습니다. 그러니 건설과 번영 역시 민중을 통치하기 위해 만들어낸 허위의식에 지나지 않았던 셈입니다.

그런가 하면 당시 종교적 기득권층 역시 그들 나름대로 허위의식을 내세웠습니다. 모세 율법과 그 전통에 확고히 서 있다고 믿었던 그들은 문화적 주체성과 전통의 순수성을 앞세웠습니다. 모세의 전통을 정통으로 계승하고 있는 사람은 자기들뿐이라고 믿었기에 그렇지 못한 민중을 경멸했습니다. 특히 바리새인들은 암 하아레츠Am ha'aretz, 즉 땅의 사람들을 불경한 죄인으로 몰았습니다. 가난하여 무식했던 땅의 사람들은 무지하여 율법을 읽을 수도 이해할 수도 없었습니다. 당연히 그 까다로운 율법 세칙을 따라 살 수도 없었습니다. 종교 지도자들은 이들이 율법대로 살지 못한다고 인간 취급도 하지 않았습니다. 율법주의자들은 이들을 죄인으로 낙인찍고 차별했습니다. 이처럼 율법주의라고 하는 '문화적 주체성' 역시 민중을 깔보고 지배하는 데 악용되는 허위의식으로 전락했습니다.

허위의식을 꿰뚫어보는 예언자

예수는 이렇게 허위의식이 현란하게 춤을 추는 시대에 태어났습니다. 하지만 예수는 아름다운 수사修辭의 옷을 입고 있는 지배 집단의 허위의식을 날카롭게 꿰뚫어보았습니다. 그는 먼저 종교적 신성으로 단장한 허위의식을 뒤집어엎었습니다. 신성시했던 종교 질서를 뒤흔들었습니다. 안식일을 바라보는 예수의 자세, 여성을 대하는 예수의 태도, 죄인으로 몰렸던 민중을 향한 예수의 공감 속에서 우리는 예수가 가진 혁명가의 날카로운 눈과 예언자의 고결한 기세를 충격적으로 접하게 됩니다. 예수는 너무나 당연한 질서로 받아들였던 종교적 '금론의 세계'에 정면으로 도전했던 것입니다.

세상의 제도와 관습, 법률, 질서가 인간의 존엄성을 무시하고 깨어질 수 없는 인격의 전체성을 훼손할 때 예수는 용기 있게 즉각적으로 포효했습니다. 제도가 인간을 위해 있지 인간이 제도를 위해 존재하는 것이 아니라고 당당하게 선포했습니다. 인간이 제도의 주인이지 제도가 인간의 주인일 수는 없습니다. 그래서 그토록 신성하다고 여기던 안식일조차 인간을 위해 존재하고 작동해야 한다고 주장했습니다. 이 원칙에서 벗어날 때 예수는 안식일의 제도적 요구도 단호하게 배격했습니다.

그리고 기존 질서의 주역이었던 바리새인과 사두개인이 '상놈'이라고 인간 대우도 하지 않던 사람들과 소탈하게 소통하고 그들의 진정한 벗이 되었습니다. 점잖은 사람들, 지체 높은 양반들이 그토록 경멸하고 차별했던 민중들과 자유롭게 어울리면서 그들과 함께 먹고 마셨습니다. 술주정뱅이, 잔칫집 좋아하는 사람, 먹기를 탐하는 상스러운 사람으로 낙인찍힐 정도로 예수는 열린 마음으로 민중 속에 들어갔습니다. 그는 민중을 온몸으로 거리낌 없이 받아들였습니다. 이러한 태도와 삶은 점잖은 양반들의 위선에 정면으로 도전하는 것이었습니다.

나는 저 천한 죄인이나 세리와 다르다고 목에 힘을 주고 자기를 구별하려 했던 분리주의자들을 예수는 대담하게 비판했습니다. 겉으로 거룩한 체하면서 사람들에게 대접받고 싶어 하고, 공공집회 때마다 상석에 앉기를 바랐던 서기관들과 바리새인들을 '회칠한 무덤'이라고 질타했습니다. 그뿐이 아닙니다. 그들의 화려하고 경건하고 점잖은 모습을 꿰뚫어보면서, 그럴듯해 보이는 현란한 외피 속에 감춰진 뱀 같은 교활함과 독사 같은 표독스러움을 폭로했습니다. "뱀들아, 독사의 새끼들아!"

예수는 당시 갈릴리 지방을 다스렸던 헤롯 안티파스의 정체도 꿰뚫어 보았습니다. 헤롯은 분봉왕으로서 화려한 옷을 입고 왕의 위엄을 지키고 있었지만, 예수는 그 이면의 음흉한 속셈을 간파하고 그를 가리켜 '여우'라고 했습니다. 화려한 옷 뒤에 숨겨진 헤롯의 추한 속셈을 꿰뚫어보고 여우처럼 간사하고 교활한 헤롯의 정체를 폭로한 것입니다.

그렇다면 로마 권력의 전체주의적 팽창에 대해서 예수는 어떠한 태도를 취했을까요? 대체로 로마 정부에 대한 예수의 태도는 다소 모호한 면이 있습니다. 구체적으로 로마 권력과 그 전복에 대해 언급한 것이 없기 때문입니다. 그러나 우리는 두 가지 사실만큼은 확실히 알아야 합니다.

하나는 로마의 비호를 받으면서 토착 권력을 구축했던 당시 산헤드린의 주역에 대한 날카로운 비판입니다. 특히 종교적 경건주의와 율법주의를 앞세워 하나님의 백성들을 억누르고 수탈하고 차별했던 종교적 '양반'을 대하는 예수의 태도에는 로마 권력에 대한 간접적인 비판이 담겨 있었습니다. 뿐만 아니라 "가이사의 것은 가이사에게, 하나님의 것은 하나님에게" 바치라고 촉구한 예수의 말씀 속에서 우리는 팽창주의적 로마 권세를 비판한 흔적을 분명히 발견할 수 있습니다. 한국 교회는 흔히 예수의 이 말씀을 토대로 정교분리를 합리화하려고 합니다. 즉 종교는 정치와 본질적으로 다르기 때문에 종교인은 정치 문제에서 손을 떼야 한다고 주장하는 것입니다. 그러나 이러한 보수적 해석은 당시 정치 상황을 감안할 때 옳은 판단이라고 할 수 없습니다.

로마제국은 팍스 로마나의 기틀 아래 식민지 전체를 신과 같은 황제의 권위 아래 통합하고, 식민지 민중더러 황제에게만 충성하라고 강요했습니다. 이 때문에 황제숭배 문제가 대두된 것이지요. 이러한 전체주의적 상황에서 예수는 황제에게 전적으로 충성하는 것이 전부가 아니라고 분명히 밝힌 것입니다. 하나님에 대한 충성을 강조한 것이지요. 모두가 황제에게만 복종해야 하고 황제만을 숭배해야 한다고 강요하는 로마의 식민지에서 "하나님의 것은 하나님에게로"라고 말한 것은 파격적인 도전이었습니다. 전체주의나 독재체제로 굳어지는 현실에서 민중들에게 하나님께 충성하라고 촉구함으로써 절대 권력을 담대하게 상대화시키면서 비판하신 것입니다. 예수는 로마의 절대 권력조차도 침범할 수 없는 하나님의 영역이 분명히 존재한다는 진리를 장엄하게 밝혔습니다.

이처럼 예수는 로마의 절대 권력, 헤롯의 간교한 통치, 제사장과 서기관, 장로, 바리새인 같은 토착 지배 세력의 허위의식을 꿰뚫어보고 폭로하면서 하나님 나라와 그 뜻을 역사 속에 이루고자 고난의 길을 마다하지 않고 고독하게, 그러나 위엄 있게 뚜벅뚜벅 걸어가셨습니다. 부활을 바라보면서 죽음의 길을 우아하게 걸어가셨던 것입니다.

예언자의 안목이 있습니까

오늘 우리의 형편은 어떠합니까? 과연 예수를 따라야 할 그리스도인들이 예수의 정신대로 이 시대를 지배하는 허위의식을 꿰뚫어보고 그것을 폭로하고 있습니까? 그리고 이 허위의식이 합리화하는 악의 구조를 비판하고 있습니까?

어두운 역사와 왜곡된 사회구조에는 허위의식을 폭로하는 예수따르미가 필요합니다. 허위의식을 폭로하는 사람이야말로 그 시대의 참다운 예언자이기도 합니다. 그런데 기독교 신자는 계속 늘어나는데 왜 예언자의 안목을 지닌 예수따르미들은 이처럼 적은지, 참 안타깝습니다.

오늘날 소위 보수 교회와 보수 교인들은 순수 신앙과 개인 구령에만 도취된 나머지 오늘의 '로마 세력'이나 오늘의 '헤롯당'의 권세를 오히려 합리화시켜주고 있지 않습니까. 하나님의 것은 하나님에게, 가이사의 것은 가이사에게 돌려야 한다고 믿음으로써 이 역사와 세속의 한가운데서 침범당할 수 없는, 참으로 거룩한 하나님의 마당이 있다는 것을 잊고 있지 않은지요. 세상은 모두 가이사의 영역에 통합돼도 상관없다는 식은 아닌지요. 오로지 개인의 영혼 구원과 사후에 천당 가는 것만 보장되면 그만이라는 식이 아닌지요. 이러한 태도는 탈역사적이고 탈사회적인 잘못된 신앙입니다. 그리고 바로 이런 자세가 세속의 '가이사 권력'을 키워주고 강화한다는 사실을 우리는 똑바로 이해해야 합니다.

이러한 비뚤어진 신앙에 대한 이른바 예수따르미들의 열린 비판 속에 보수 신앙에 대한 비판뿐 아니라 보수 신앙이 받쳐주는 가이사의 권세에 대한 비판이 깔려 있음을 알아야 합니다. 다시 말하면, 보수 신앙의 허위의식이 가이사의 허위의식을 강화시켜주고 있는 이 비극적 위선의 의미를 날카롭게 꿰뚫어보고, 이것을 비판하는 예언자적 예수따르미들이 많아져야 합니다. "세상에서 빛이 되라"는 예수의 명령은 바로 이 시대에 날뛰는 허위의식의 정체를 밝히 드러내라는 명령과 같습니다. 빛이 어두움을 부끄럽게 하고 어두움을 몰아내듯 이 시대 예수따르미들은 허위의식으로 가려진 어두움의 세계를 부끄럽게 하고 그것을 몰아내는 사랑의 일꾼들입니다. 이것이야말로 지금 이 시대에 우리가 해야 할 참 선교가 아니겠습니까.

세 속 역 사 에 뛰 어 들 다

예수께서 역사적 공백 지대나 세속으로부터 구별된
진공상태에서 태어난 것이 아니라 처절하고 부조리한
세속 역사 한가운데서 태어나셨다는 사실을 깨달아야 합니다.

크리스마스에 예수께서 이 땅에 다시 오신다면 아마 목을 놓아 통곡하실 것입니다. 지난 2000년간 교회가 예수 그리스도의 뜻을 이 땅에서 이루기는커녕 예수 그리스도의 이름을 빙자해서 비대해졌으니 말입니다. 오늘날 한국 교회는 헐어버려야 할 '예루살렘 성전'의 꼴이 되어버렸고, 생명력이 사라진 교회가 이 땅에서 엄청난 힘을 발휘하고 있습니다. 기독교인은 많으나 예수 그리스도를 따르는 자는 아주 적은 이 현실을 예수께서 보신다면 정말 "머리 둘 곳이 없다"고 울적해 하실 것입니다. 결국 크리스마스는 문자 그대로 '그리스도를 위한 예배'가 아니라 그리스도를 울리는 속된 명절이 되어버린 듯합니다.

 그러므로 이 시점에서 우리는 예수 탄생의 의미를 다시 한 번 깊이 새겨보아야 합니다. 예수의 오심이 왜 이 시대에 기쁜 소식이 되어야 하는지, 분명하게 밝힐 필요가 있습니다. 추상적으로 만인의 죄를 구속하고자 예수가 오셨다고 믿는 데 그칠 것이 아니라, 예수가 이 땅에 오신 뜻을 우리의 현 상황 안에서 새롭게 이해함으로서 우리가 해야 할 일이 무엇인지 확인해야 합니다.

팔레스타인의 국내외 상황

 그러려면 먼저 예수께서 2000년 전 팔레스타인에 오셨을 때의 상황을 돌아보고, 그분의 오심이 갖는 의미를 깨달아야 합니다. 한마디로 당시 상황은 처절했습니다. 겉으로 보기엔 로마 정부가 세계를 평정하여 태평성대를 이룬 것 같았습니다. 그러나 이것은 어디까지나 제국주의자였던 당시 로마 정치인들이 통치 이념으로 내세웠던 상황 인식일 뿐입니다. 로마 식민지로서 동서간의 교차로 역할을 했던 팔레스타인의 국내외 상황은 한마디로 불안하고, 부조리하고, 처절했습니다.

 첫째, 국내 계층 간의 균열과 긴장이 심각했습니다. 당시 상류층이었던 사두개파는 토착 권력 계급이었던 산헤드린을 요리하면서 민족주의 정신과 율법주의 정신에 충실했던 바리새파와 반목했습니다. 성경에서 보듯이 이 두 계층은 부활 문제를 놓고도 심각하게 대립했습니다. 한편 바리새파는 무지하고 가난했던 '땅의 사람들'을 불신하고 경멸했습니다. 그리고 '땅의 사람들'은 상류층과 바리새파 집단을 불신하고 증오했습니다. 선민의식이 강했던 이스라엘 사람들이 이방인을 차별하고 경멸하는 것도 심각한 문제였지만, 동족 안에서 보이는 계층 간의 불화와 불신 또한 심각했습니다.

둘째, 경제적 수탈이 극심했습니다. 당시 자영농민들은 헤롯 왕가 및 세리와 결탁한 고리대금업자에게 얻은 빚을 갚지 못하여 담보로 잡힌 토지를 빼앗기게 되었습니다. 게다가 가혹한 세금 정책 때문에 이들이 지게 된 경제적 부담은 막중했습니다. 결국 자영농민은 영세농민으로, 영세농민은 부채농민으로, 다시 노예로 전락하는 악순환이 계속되었습니다. 부재지주제로 말미암아 중간관리자(청지기)들의 중간 착취도 심했습니다.

이렇게 사회의 하향 이동이 현저한 상황에서 몰락하는 농민들은 50년 만에 한 번 오는 희년에 소망을 걸었습니다. 희년이 오면 채무자는 빚을 탕감 받고, 노예는 해방되며, 땅은 휴식기를 갖기 때문입니다. 그런데 당시에는 이러한 안식년마저 제대로 지켜지지 않았습니다. 그래서 예수께서 희년의 원래 뜻을 뜨겁게 강조한 것입니다. 예수는 안식년의 정신을 짓밟는 율법주의자들을 '회칠한 무덤'과 '독사의 새끼'라고 비판하셨습니다.

셋째, 팔레스타인과 로마 간의 국제관계는 더 처참했습니다. 형식적으로는 로마의 식민지로 안정이 되어 있는 것 같았지만, 실제로는 민족해방 운동가들과 로마 군관들 사이에 팽팽한 긴장이 감돌았습니다. 바리새파와 열심당Zealots은 배타적 민족주의 운동을 전개했고, 모세 같은 메시아가 나타나 로마로부터 조국을 해방시켜주기를 간절히 소망했습니다. 또 한 번의 '출애굽'을 열망한 것이지요. 열심당 중에서도 특히 '시키리'파는 늘 칼을 품고 다니면서 로마와 싸웠습니다. 로마에 협조하는 동족을 무자비하게 죽이고, 자신들에게 협조하지 않는 마을에 불을 지르기도 했습니다. 그래서 당시 '양반'들은 이들을 '강도'라고 부르기도 했습니다.

이렇게 극렬한 민족해방운동에 가담하지 않았던 이스라엘 백성들은 메시아를 기다리다 지쳐 환상 속에서라도 메시아를 만나려 했습니다. 여러 묵시문학이 탄생하게 된 배경에는 이렇게 처절했던 사회 현실이 있었습니다. 물론 아예 그런 꿈조차 버리고 자포자기와 무관심이라는 나락에 빠진 사람도 허다했습니다. 사회 제도에 억눌린 자, 서기관들에게 죄인으로 낙인찍힌 자, 갈릴리 지방의 소위 불온한 사람들, 차별당한 여성과 사마리아인 등이 바로 그들입니다.

세속 역사에 뛰어든 예수

인간의 역사 속에 인간의 몸을 입고 오신 예수께서 팔레스타인이 이렇게 처절한 고통 가운데 있던 시대에 오셨다는 것 자체가 복음이었습니다. 누가복음 1장 46~56절에서 마리아가 부른 노래는 예수 오심의 의미를 적절히 요약해주고 있습니다. 예수의 오심은 인간의 존엄과 사회 정의를 알리는 힘찬 신호였습니다. 마음이 교만한 자, 권세 있는 자, 배부른 부자들의 힘에 대한 비판이었고, 비천하고 주린 자의 아픔에 대한 동고同苦였습니다. 누가복음 4장에서 예수가 공생애를 시작할 때 회당에서 찾아 읽으신 이사야의 메시지(사 61:1-2) 역시 예수 오심의 뜻을 힘 있게 전달해주었습니다. 해방자 예수의 정체를 잘 드러내고 있는 것이지요. 과연 오늘날 한국 크리스천들은 누가복음에 나오는 마리아의 찬가와 이사야의 희년의 메시지를 얼마나 깊이 있게 이해하고 있는 걸까요? 크리스마스를 맞는 우리 자신의 마음을 한번 반성해보아야 할 것입니다.

오늘날 많은 크리스천들이 예수 믿는 것과 세속 역사와는 아무 상관이 없다고 믿는 것 같습니다. 따라서 우리는 크리스마스를 맞을 때마다, 예수께서 역사적 공백 지대나 세속으로부터 구별된 진공상태에서 태어난 것이 아니라 처절하고 부조리한 세속 역사 한가운데서 태어나셨다는 사실을 깨달아야 합니다. 그것도 정치 현실과 밀접히 연관된 상황, 태어나자마자 죽임을 당할 뻔했던 정치 상황 속에 오셨음을 인식해야 합니다. 우리는 예수의 오심이 당시 억압적 정치 분위기 속에서 헤롯 왕가 세력에게 크나큰 위협이 되었다는 사실을 놓쳐서는 안 됩니다. 부당한 기득권층에게는 예수 탄생 자체가 하나의 위협이 되었던 것입니다.

따라서 우리는 예수의 오심을 2000년 전의 처절한 상황의 빛 아래서 다시 이해할 필요가 있습니다. 서양 문화의 옷을 입은 서양화된 예수가 아니라, 팔레스타인에서 태어나 그곳에서 사셨던 팔레스타인 원주민 예수를 뜨겁게 만나야 합니다. 콘스탄틴 대제 이후 오랫동안 부유하고 권세 있는 자의 변호인으로 괴로운 옷을 입고 계신 서양의 엘리트 예수가 아니라, 헐벗은 자와 억눌린 자의 친구였던 팔레스타인의 예수를 만나야 합니다.

율법주의자의 옷, 근본주의자의 옷, 신비주의자의 옷을 입고 있는 예수가 아니라, 차이를 용납하고 원수를 사랑하고 세속을 수용하신 예수, 죄인과 세리들과 먹고 마신 관용의 예수를 만나야 합니다. 당시 율법주의자의 눈으로 볼 때는 가는 곳마다 스캔들을 일으킨 예수, 세상을 죽기까지 사랑하신 세속 속의 예수를 만나야 합니다. 크리스마스를 맞을 때마다 교회의 문을 활짝 열고, 가정의 문을 활짝 열고 이러한 예수를 맞이해야 합니다.

괴로운 옷을 입고 계신 예수

그러면 이렇게 처절한 세상에 오신 예수를 마음으로 반기고 뜨겁게 맞이하려면 어떻게 해야 할까요? 먼저 우리의 탐욕과 독선과 편의에 따라 예수에게 입혔던 잘못된 옷들을 벗기는 일부터 시작해야 합니다. 그동안 우리가 예수에게 어떠한 옷을 입혀왔는지 살펴보고 뼈아픈 반성을 해야 합니다.

첫째, 우리는 예수에게 근본주의의 옷을 입혀왔습니다. 예수를 빙자하여 우리는 우리와 의견이 다른 사람들을 이단으로, 불순분자로 정죄해왔습니다. 예수를 독선주의자의 전형으로 믿어온 까닭에 이를 토대로 형제자매를 차별해왔습니다. 그리고 율법주의의 옷 안에 예수를 오랫동안 가두어놓았습니다. 역사 속에 오신 예수는 율법주의자요, 위선자요, 독선주의자였던 당시 바리새인들과 서기관들을 그토록 힐책하셨는데, 우리는 예수에게 율법주의자의 옷을 두툼하게 입혀놓고, 독선주의라는 아성에 단단히 가두어버렸습니다. 따라서 우리는 예수에게 입혔던 이 옷부터 벗기고 이 벽부터 허물어야 합니다.

둘째, 우리는 예수에게 신비주의의 옷을 입혀왔습니다. '저 세상'을 너무나 사모하여 '이 세상'을 증오하는 우리들은 또 예수를 신비주의자의 모범으로, 세속 혐오주의자의 전형으로 만들어놓았습니다. 우리를 죽기까지 사랑하사 이 세상에 오신 예수를 다시 저 세상 구름 너머로 쫓아내고 만 것입니다. 예수의 성육신 사건을 탈脫육신 사건으로 변질시켜 왔습니다. 성경의 절대 권위를 빙자하여 예수를 산 위로 몰아붙이고, 그것도 모자라 저 구름 위로 쫓아버렸습니다. 그리하여 예수는 오랫동안 신비주의의 옷을 입은 채 타계주의他界主義의 높은 성에 갇혀 있게 되었습니다. 서글픈 초월 세계의 수인이 된 셈입니다. 따라서 우리는 예수를 이 타계의 성으로부터 탈출시켜야 합니다. 다시금 낮고 천한 우리들과 함께 어울려 먹고 마시면서 즐거운 하나님 나라 잔치를 여실 수 있도록 말입니다.

셋째, 우리는 예수에게 너무나 오랫동안 종교적 이기주의의 옷을 입혀왔습니다. 나 하나 예수 잘 믿고 천당 가는 것이 목적인 천박한 종교적 이기주의자들은 사실 무당이나 토템 대신 예수를 받들고 있는 것과 같습니다. 예수만 믿으면 현세에서도 육신의 복을 받고, 저 세상에서도 극락을 누릴 수 있다고 믿는 기복 신앙인들은 예수에게 종교적 이기주의의 옷을 입혀왔습니다. 이제 우리는 이 옷을 벗겨드려야 합니다.

넷째, 우리는 예수에게 강자의 옷을 입혀왔습니다. 부유한 자와 권세 있는 자에게 복 주시는 분으로 예수를 모셔온 셈입니다. 각종 조찬기도회에서 예수님을 강자들의 기득권을 보호하고 강화하는 '인자한' 주님으로 정중하게 모시고 있습니다. 물론 압제적 강자들을 위한 기도도 필요합니다. 그러나 이때는 반드시 그 강자들을 회개시킬 수 있는 뜨거운 성령의 기도를 먼저 해야 합니다. 그런데 현실에서 예수는 약자를 억누르고 착취하는 강자의 변호인으로, 그들에게 복 주는 자로 이용되고 있습니다. 따라서 우리는 그동안 예수에게 입혔던 억압적 강자의 옷을 벗겨드려야 합니다.

다섯째, 우리는 예수에게 서양 문화의 옷을 입혀왔습니다. 우리는 으레 예수라 하면 서양인 예수를 생각합니다. 오뚝한 코, 푹 들어간 파란 눈, 얇은 입술, 훤칠한 키… 바로 코카시안Caucasian 예수입니다. 유색인들에게 열등감을 심어주는 백인 강자의 '매력적인' 모습이지요. 그뿐 아니라 예수가 머리가 되시는 교회 역시 서양 사회의 구조물로 기능해왔습니다. 서양의 중세 봉건적 구조와 함께 현대 자본주의 구조를 너무나 진하게 교회 안에 끌어들였습니다. 공동체 중심의 초대교회 분위기, 필요에 따라 물건을 나누어 가졌던 공동체 정신을 망각하거나 무시해버렸습니다. 예수에게 두툼한 서양 문화와 서양제도의 옷을 입혀왔기 때문입니다. 봉건 문화와 구조의 옷, 자본주의 문화와 구조의 옷을 너무나 단단히 입혀왔습니다. 이제 이런 옷들을 벗기고 역사적 상황에서 예수를 다시 조명하여 예수의 참 모습과 초대교회의 분위기를 되살려야 합니다.

사람의 아들, 예수

역사적 예수는 우리 중 지극히 작은 자와 낮은 자를 위해 자기의 모든 것을 주셨습니다. 그는 오만하지도 않았고 경직된 율법주의자도 아니었습니다. 근본주의자는 더더욱 아니었습니다. 자신을 스스로 성별하여 스스로 높였던 분리주의자 바리새인과 율법주의자 서기관 들을 오히려 위선자라고 책망하셨습니다. 예수는 가장 낮은 곳에서 온갖 사회적 햇볕을 제대로 받지 못했던 소외된 민중들과 즐겨 어울리셨던 세속의 주님이었습니다. 눈이 있어도 보지 못하고, 귀가 있어도 듣지 못하며, 입이 있어도 말하지 못하는 부자유한 인간들, 귀신들려 인격이 깨어지고 육신의 병이 들어 고통당하는 사람들을 하나님의 백성으로 뜨겁게 끌어안았던 '사람의 아들'이 바로 역사적 예수의 모습입니다.

예수는 이 땅에 사시는 동안 권세 있는 자와 부유한 자들을 지탱해주었던 부패하고 부조리한 기존 제도를 비판하셨습니다. 그리고 부당한 권력을 휘두르던 강자에 의해 억울하게 눌리고 착취당했던 지극히 작은 자들을 몸소 섬기는 실천의 삶을 사셨습니다. 십자가에 달려 돌아가시면서 그 모범이 되셨습니다. 그리고 연약한 우리들도 그 길을 따라갈 수 있도록 성령을 통해 부활의 감격과 샘솟는 희망과 용기를 허락하셨습니다.

우리는 이 희망과 용기, 감격을 다시 한 번 되살려 예수의 뜻을 우리가 처한 현실 속에서 실현하는 일에 최선을 다해야 합니다. 이를 위해 우리가 예수께 입혀드렸던 잘못된 옷을 먼저 벗기는 일부터 시작해야 합니다. 이것은 곧 우리의 철저한 회개를 의미하고, 동시에 하나님 나라를 이 땅에 구현하는 헌신적 결단을 의미합니다.

  오늘날 기독교인이라고 고백하는 사람은 이렇게 많은데 진정 예수를 따르는 사람은 왜 이렇게 적을까요? 예수 오심의 의미를 깊이 되새기고 우리 모두 팔레스타인의 현실 상황 속에 오신 예수 그리스도를 뜨겁게 만나야 할 때입니다.

  한국 크리스천들이여, 이번 성탄절에는 온갖 거짓된 옷들을 훌훌 벗고 본래의 옷을 입은 역사적 예수, 팔레스타인 원주민 예수를 뜨겁게 맞아들입시다. 우리가 예수에게 입혔던 근본주의와 타계주의, 이기주의, 강자 축복과 서양 문화의 옷을 벗겨드립시다. 그리고 소외당하고 천대받던 사람들과 즐겁게 어울렸던 사람의 아들 예수를 뜨겁게 맞아들입시다. 그리하여 예수와 함께 하나님의 새 나라, 새 질서를 이 땅에서 이룩합시다.

고 난 의 종 교

우리는 바로 이 땅에서 하나님 나라를 건설하기 위해
자기를 부정하는 내면의 아픔을 끌어안을 뿐 아니라,
역사적 현실에서 십자가를 지는 고난의 길을 걸어가야 합니다.

―

―

―

 기독교는 고난의 종교입니다. 한 걸음 더 나아가, 뜻있는 고난을 가장 영광스러운 축복으로 믿는 종교입니다. 이런 특징은 사실 고통을 피하고 쾌락을 추구하는 인간의 보편 심리에 역행하는 듯합니다. 또한 현세의 괴로움을 피하고 피안의 행복을 바라는 일반 종교의 욕구에도 반대되니 반종교적이라고도 할 수 있습니다. 그래서 기독교는 개인의 복에만 매달리는 이기적인 종교와는 거리가 멉니다.
 많은 심리학자, 특히 프로이트 계통의 학자들은 인간의 근원적 욕구를 당장 직면한 아픔을 피하려는 충동에서 찾습니다. 아픔은 긴장이 고조

됐을 때 생깁니다. 따라서 긴장은 즉각 해소되어야 하는 것이지요. 이렇게 긴장을 해소할 때 인간은 쾌락을 느낍니다. 이것이 이른바 프로이트가 말하는 '이드id'의 생리입니다. 이드는 인간 성격의 기본 골격이요, 인간을 움직이는 모든 에너지의 저장소이기도 합니다. 따라서 이드를 지닌 인간은 선천적으로 고통을 피하고 쾌락을 추구하는 경향이 있습니다. 프로이트의 쾌락 원리가 여기에서 나왔습니다. 이 원리를 근본적으로 부정하고 살 수 있는 인간은 없습니다.

쾌락원리에 따른 탈역사적 신앙

그러면 종교를 믿으려는 인간의 심리는 무엇일까요? 종교에 귀의하려는 사람들의 마음에도 일종의 변형된 쾌락 원리가 깃들어 있습니다. 초파일에 빈 마음 없이 절에 가서 복 받고자 하는 마음이나, 점쟁이와 작명가를 찾아가는 시정인의 마음이나, 악귀를 쫓아내려고 무당 판수를 부르는 사람들의 마음은 모두 한결같습니다. 이 세상에서 화와 고통을 피하고 값싼 안락과 영광을 얻으려는 것이지요. 따라서 종교를 믿으려는 마음 역시 쾌락 원리에 따라 움직이는 마음이기도 합니다. 이것은 값싼 은총을 바라는 마음과도 같습니다. 이러한 종교적 심성은 한마디로 '저 높은 곳', '영광스러운 곳', '황홀한 곳', '안전한 곳'에 영원히 거하려는 마음이기에 비역사적이고 비사회적입니다. 아니, 탈역사적이고 탈사회적이라 해야 맞을 것입니다.

그런데 기독교는 어떻습니까? 현상적 기독교, 특히 한국의 크리스천들 역시 이런 종교적 쾌락원리를 따르고 사모하고 있지는 않습니까? 이름만 크리스천이지 실제로는 그저 값싼 은총을 바라는 탈역사적 종교 심성을 지니고 있지 않습니까?

많은 사람이 저 옛날 성황당에 가던 그 마음으로 제단에 나가고, 장독 위에 찬물을 떠놓고 빌던 마음으로 새벽 기도회에 나가기도 합니다. 푸닥거리하는 무당에게 복채를 주는 심정으로 부흥회에서 헌금을 하기도 합니다. 두려움과 호기심을 안고 접신하는 무당의 열연을 보러 가듯 부흥회에 참석하기도 합니다. 이 모두가 너무나 '종교적'인 마음이고, 무속 종교에서 두드러지게 나타나는 탈역사적 의식에 기반을 두고 있습니다.

그러나 고난과 아픔에 적극적 의미를 부여하지 못하고 그저 피해야 할 것으로 평가하는 무속적 가치관에서는 새 역사에 대한 기대와 열정을 찾을 수 없습니다. 여기에서는 잘못된 역사를 끊어내려는 종말론적 신앙을 찾기 어렵습니다.

오늘날 한국 교회는 새 역사, 더 의로운 역사의 장을 열고자 오늘의 고난을 달게 견디려는 의지가 너무나 약합니다. 초대교회의 모습과는 전혀 다른 모습입니다. 오늘날 한국 크리스천에게는 끊임없이 메시아를 갈망했던 이스라엘의 역사의식과 초대교회의 역사의식이 절실하게 필요합니다. 이러한 역사의식은 역사의 전위에 서려는 선구자 의식과 밀접하게 연관되어 있습니다. 역사의 꽁무니로 처져버린 보수 교회들은 역사의 새 하늘과 새 땅을 향한 역사 전위 의식으로 분명히 거듭나야 합니다.

이를 위해서는 십자가의 본뜻, 고난의 뜻을 새롭게 인식해야 합니다.

그래서 "자기를 비워 종의 형체를 가지사 사람들과 같이 되어" 저 낮은 곳으로 내려가셨던 예수의 참 모습을 이 시대, 이 상황에서 힘차게 재구성하고 직접 체험해야 합니다.

무속에 뿌리를 둔 기복 신앙

또한 우리는 한국 기독교가 안고 있는 기복 신앙의 요소를 철저히 극복해야 합니다. 이 땅에 있는 종교가 모두 기복 신앙을 품고 있다 하더라도 적어도 기독교만큼은 기복 신앙을 추방해야 합니다. 어떤 의미에서 기독교는 철저하게 이기적이고 육적인 복을 거부하고 고난 속에서 참 의미를 찾는 종교라 할 수 있습니다. 이웃을 위해 자기 자신까지 부정하고 비우고 십자가를 지는 종교가 기독교이니까요.

그러면 당시 예수를 따르던 무리들, 특히 제자들은 어떤 마음으로 예수를 좇았을까요? 하루는 예수가 빌립보 가이사랴 지방을 지나게 되었습니다. 그때 불현듯 예수는 제자들에게 물었습니다. "세상 사람들이 나를 누구라고 하더냐?" 이는 대단히 사회학적인 질문입니다. 제자들은 세상의 여론을 들려주었습니다. 예수는 그런 제자들에게 "그러면 너희들은 나를 누구라고 생각하느냐?"라고 물었습니다. 그러자 매사에 덤비기 좋아하는 베드로가 나서서 대답합니다. "주는 그리스도시요 살아 계신 하나님의 아들입니다."

베드로의 대답을 들으신 예수는 아주 흥미로운 말씀을 하십니다. 이 사실을 알게 한 이가 혈육이 아니라 하늘에 계신 하나님이라고 말입니다

(마 16:17). 예수께서 이렇게 말씀하신 이유는 베드로의 심성을 꿰뚫어 보았기 때문입니다. 베드로의 관심은 예수가 세상에서 영광스러운 권력의 자리에 올라갈 때 한 자리 차지하는 데 있었습니다. 비단 베드로뿐 아니라 예수의 모든 제자가 이런 마음을 품고 예수를 따라다녔지요. 예수가 허기진 배를 채워주니까, 잔칫집에서 포도주를 만들어주니까, 병을 고쳐주니까, 기가 막힌 기적을 행하니까, 무엇보다 예수가 왕이 될 테니까, 이런 기복적 마음으로 많은 무리와 제자들이 예수가 가는 곳마다 열심히 따라다녔던 것입니다. 이들 역시 쾌락원리에 따라 움직였음을 보여주는 대목입니다.

흥미롭게도 예수께서는 베드로의 대답을 들으신 후 자기가 걸어가야 할 고난의 길을 제자들에게 보여주셨습니다. "이때로부터 예수 그리스도께서 자기가 예루살렘에 올라가 장로들과 대제사장들과 서기관들에게 많은 고난을 받고 죽임을 당하고 제삼일에 살아나야 할 것을 제자들에게 비로소 나타내시니"(마 16:21).

이 놀라운 가르침에 베드로가 어떤 반응을 보였는지 보십시오. 전형적인 쾌락원리 숭배자의 반응이 아닙니까! "주여 그리 마옵소서. 이 일이 결코 주께 미치지 아니하리이다"(마 16:22). 이 말은 육신의 복을 안겨주는 분으로 믿고 예수를 따랐던 무리를 대표해서 한 말입니다. 아니, 어쩌면 오늘의 한국 크리스천들의 대응이라고 해야 할 것입니다.

이런 기복적 반응에 예수는 어떻게 응수하셨습니까? 예수는 단호하게 "사탄아 물러가라"고 꾸짖으셨습니다. 공생애를 시작하기 전, 광야에서 자신을 꾀었던 사탄의 모습을 베드로 안에서 발견하고 가차 없이 꾸짖으신 것입니다. 다시 말해, 예수는 육신의 복과 즐거움을 얻으려고 자기를 따르는 마음을 사탄의 마음으로 규정했던 것입니다. 이것은 오늘날의 한국 크리스천에게도 충격적인 꾸짖음이 아닐 수 없습니다. 예수를 믿는 것과 고난이 무관할 뿐 아니라, 오히려 고난을 피하는 길로 착각한 베드로의 마음을 가진 오늘의 한국 크리스천 역시 예수의 마음 대신 사탄의 마음을 품고 있는 셈입니다.

당시 베드로의 머릿속에는 고난 받는 예수의 모습은 존재하지 않았습니다. 예수를 영광 속에서 군림하고 통치하실 세속적 메시아로만 바라보았기 때문에 우아하게 고난과 죽음을 감당해내는 예수를 이해하지 못했던 것입니다. 베드로의 이런 모습에서 우리는 예수에 대한 기복 신앙을 보게 됩니다. 그런데 지금 한국 교회 역시 그 옛날 베드로처럼 고난의 참 의미를 깨닫지 못하고 있는 것은 아닐까요?

기복적 기독교는 이기적 기독교를 뜻합니다. '나 하나 예수 잘 믿고 천당 가겠다'는 생각과 '나 하나 헌금 많이 내고 그 대가로 더 큰 물질의 복을 받겠다'는 생각은 이웃 사랑을 강조하셨던 예수의 말씀과는 정면으로 배치됩니다. 사랑의 원리, 자기를 비우는 원리, '무엇 무엇에도 불구하고'의 원리를 통해 의미 있는 신앙 공동체를 형성해야 할 기독교 본래의 자세와는 정반대 지점에 서 있는 것입니다.

이 땅에서 기독교인이 이렇게 자기만 생각하는 이기적 신앙에 함몰되어버린 것은 잘못된 무속 신앙의 영향을 받았기 때문이기도 하지만, 그보다 개인 구원만을 진정한 구원으로 믿는 기성 교회의 가르침 때문이기도 합니다. 그러므로 우리는 이 시점에서 기독교의 근본 정신이라 할 수 있는 이웃에 대한 사랑을 실천하고, 누룩처럼 번지는 사랑 공동체, 겨자씨가 큰 나무로 성장해가는 사랑 공동체가 이 땅에 온전히 뿌리 내리지 못한 현실을 예언자적 자세로 고쳐가려고 노력해야 합니다.

한국 교회가 과연 샤머니즘의 요소를 극복할 수 있을 것인가 하는 문제는 오래 전부터 제기되어 왔으나, 이를 철저하게 분석하고 처방을 내린 적은 없었던 것 같습니다. 이 문제는 한국 교회 지도자, 신학자 및 관심 있는 평신도들이 계속해서 씨름해야 할 문제입니다.

무속에서 배워야 할 특성

그런데 여기에서 우리가 짚고 넘어가야 할 문제가 있습니다. 무속의 뿌리가 되는 기복 신앙을 극복하는 한편 한국 교회에서 공공적 가치를 증진시켜 나가려면 무속에서도 배울 점을 찾는 자세가 필요하다는 사실입니다.

첫째, 무엇보다 무속이 갖는 개방적이고 관용적인 자세를 한국 교회는 오히려 배워야 합니다. 이질적인 요소가 들어왔을 때 무작정 배척하기보다는 포용해서 자기 것으로 소화해내는 주체적 저력을 배워야 한다는 뜻입니다. 오늘날 한국 교회는 율법주의에 입각한 이분법적 사고가 지나치게 강한 나머지 나와 남을 가르고 정죄하는 경향이 있습니다. 이단과 신新신학이라는 이름을 형제들에게 너무 쉽게 붙임으로써 그들을 배척하고 정죄하는 폐습이 아직도 남아 있습니다.

한국 교회의 100년 역사를 보십시오. 초기에 품었던 개혁 의지와 선구자 의식, 민중과의 동고 의식은 일제 강점기 때 민족해방과 광복 의지로 자연스레 연결되었습니다. 당시 교회와 교인은 시대와 역사에 앞장섰던 전위들이었습니다.

그런데 8·15 해방 이후 오늘에 이르기까지 한국 교회는 독선주의와 분열에 그 귀한 힘과 열을 소모해왔다고 해도 과언이 아닙니다. 이러한 자기 파괴적 분열의 밑바탕에는 독선적이고 이분법적인 신앙이 깔려 있습니다. 나의 의견이나 신앙과 조금이라도 다르면 간단하게 이단으로 규정해버리는 서기관들과 바리새인들의 배타심이 오늘의 한국 교회를 이렇게 분열시켜 놓았습니다.

한때 역사를 주도했던 한국 교회가 지금은 패잔병처럼 역사의 뒤꽁무니에 처져 있는 몰골을 하고 있는 듯합니다. 주체적 자신이 없을수록 성聖과 속俗을 지나치게 구별하여 속을 멀리 하고 두려워하는 법입니다. 이 속이 바로 복음의 씨앗이 뿌려질 토양이라는 사실을 잊은 채 이 토양을 박토로 취급하려고 합니다. 가시덤불로 덮인 박토로 방치해두려 합니다. 기독교의 케리그마kerygma가 개인과 역사 변혁의 씨앗으로 심어질 터전을 이렇게 무시하고, 어떻게 한국 사회에 기독교가 뿌리내려 우람한 숲을 이룰 수 있겠습니까?

둘째, 우리는 레벤스벨트Lebenswelt라고 하는 인간의 생활 세계와 상식적 세계 전체를 중시하는 무속에서 배울 것이 적지 않습니다. 노는 것, 노동하는 것, 사는 것이 한데 어울려 삶 전체를 형성하는 무속으로부터 한국 기독교는 겸손하게 배워야 합니다. 삶의 모든 영역에서 살아 숨 쉬는 기독교 신앙을 이루려면 세속이 상당한 부분을 차지하는 우리의 삶 전체에 적극적으로 의미를 부여하고, 그 삶 속에서 예수를 변화의 주인으로 모시는 자세를 견지해야 합니다. 철저히 삶 속에서 살되, 그 삶에 매이지 않고 그것을 초월할 수 있는 은총을 받아야 하는 것입니다. 또한 이 삶의 터전에서 부당하게 억눌리고 소외당하고 애통해하는 이웃들과 함께 동고의 삶을 살면서 그들을 섬기는 일에 앞장서야 합니다.

셋째, 우리는 무속이 지닌 씨알의 마음을 배워야 합니다. 씨알 마음이란 사회의 기저를 이루는 대다수 민중의 삶에 파고드는 겸손한 마음을 말합니다. 민중의 삶에 깊숙이 파고들 수 있는 소박성을 뜻합니다. 한국에서 무속이 하나의 기층문화로서 오랫동안 서민들의 애환을 보듬어온 사실에 주목하십시오. 기독교라는 외래 종교가 한국 사회에 깊이 뿌리내리려면 이러한 특성을 배워야 합니다.

무속이 서민층에 파고들 수 있었던 매력과 소박성을 배우지 않으면, 한국 기독교는 가진 자와 힘 있는 자, 배운 자들만을 위한 잘못된 '고등종교'로 자신을 가두는 어리석음을 범하게 될 것입니다. 예수는 이런 소수 특권층이 아니라 갈릴리 지역에 살던 가난한 자, 병든 자, 짓밟힌 자, 소외된 자들에게 먼저 기쁜 소식을 전했습니다. 따라서 오늘날 기독교는 한국 땅에서 차별받으며 살아온 씨알들에게 먼저 기쁜 소식을 전하는 종교로 사랑받아야 합니다. 무속을 사랑했던 어제의 씨알이 오늘은 기독교를 사랑하도록 말입니다.

예수의 고난에 참예하는 신앙

그런데 예수는 왜 고난의 길을 가야 했을까요? 왜 기독교와 고난은 그토록 밀접하게 연관되어 있는 것일까요? 예수의 고난은 이기적 고난이 아닙니다. 자신의 인격 완성을 위해 수도하는 고난도 아닙니다. 극기의 묘를 터득하려고 일부러 고통을 견디는 수신적 자기훈련이 아닙니다. 예수는 민중을 깔보고 억누르고 수탈하는 지배 집단과 사악한 기득권층 때문에 고난을 당할 수밖에 없는 죄의 상황에서 고난을 당한 것입니다. 역사를 어둡게 하고, 사회를 부패시키고, 인간의 전체성을 파괴하는 위선자와 억압자들의 사탄적 권력에 맞서 용기 있게 하나님 나라의 대안을 제시했기에 고난을 당하지 않을 수 없었습니다.

따라서 어두운 역사의 주역들이 시퍼렇게 살아서 인간을 죄악의 어두움 속에 몰아넣고, 부패한 사회구조의 주역들이 날뛰고 하나님의 백성인 민중을 상처 입히는 한, 예수와 그를 믿는 사람들은 고난을 당할 수밖에 없습니다. 어느 역사든 그곳에 '예루살렘'이 있고, 그 예루살렘에 '장로들과 대제사장들과 서기관들'이 있는 한, 그리고 그 뒤에 제국적 마력이 버티고 있는 한 예수를 따르는 사람들은 십자가를 지고 골고다의 길을 가지 않을 수 없습니다.

하나님의 뜻과 하나님의 의는 '예루살렘'과 '로마'의 주역들이 있는 한 이 땅에서 이루어지기 어렵습니다. 그들이 하나님 나라의 도래를 방해하기 때문입니다. 그래서 "아버지의 뜻이 하늘에서 이루어진 것 같이 땅에서도 이루어지기를" 간절히 기도하는 예수의 사람들은 예루살렘파, 그리고 가짜 로마 평화주의자와 대결하지 않을 수 없습니다. 그리고 그들이 행하는 거짓 송사와 간교한 동원 때문에 고난을 당하지 않을 수 없습니다.

그러므로 예수의 고난은 어디까지나 의로운 하나님 나라의 도래를 위해 감당해야 하는 적극적인 의미의 고난입니다. 세상 사람들이 하나님 나라에서 자유롭고 정의롭게 뛰어놀 수 있도록 하기 위해 이타적인 고난을 감수하는 것입니다. 여기에서 우리는 기독교가 항상 의로운 역사를 엮어가는 전위의 구실을 해야 하는 이유를 깨닫게 됩니다. 오늘을 사는 크리스천들은 바로 이 땅에서 하나님 나라를 건설하기 위해 자기를 부정하는 내면의 아픔을 끌어안을 뿐 아니라, 역사 현실에서 가혹한 십자가형의 아픔을 온몸으로 짊어지고 오늘도 고난과 죽음의 길을 걸어가야 합니다.

크리스천이 걸어가야 할 골고다의 길은 절대로 허무한 죽음으로 끝나지 않음을 뜨겁게 기억해야 합니다. 그 길 끝에는 죽음을 이긴 삶이 있기 때문입니다. 그 길 막바지에는 죽음을 내쫓은 부활이 있습니다. 그래서 예수는 예루살렘의 주역들에게 고난을 당하고 죽임을 당하나 사흘 후에 다시 살아나실 것이라고 제자들에게 미리 알리신 것입니다.

부활은 예수의 승리이기에 바로 우리 크리스천들의 승리입니다. 크리스천은 오늘 어떠한 고난과 역경에 처해 있더라도 궁극적으로는 승리할 것이라는 확신을 가지고 있는 사람들입니다. 우리가 당하는 고난이 구체적인 삶의 현장에서 경험하는 고난이고, 우리의 죽음이 역사와 사회 속에서 당하는 구체적인 죽음인 만큼, 우리의 부활도 절대 허망한 꿈이나 환상이 아닙니다. 역사 속에서 경험하는 구체적인 부활입니다. 그런 의미에서 기독교는 철저하게 역사적인 종교요, 사회적인 종교입니다. 특히 보람 있는 고난과 가치 있는 죽음을 뜨겁게 존중하는 역사의 종교이며, 실천의 종교입니다.

크리스천은 예수가 가신 길을 따라가는 예수따르미입니다. 따라서 예수가 당한 수모와 고난과 핍박과 죽음을 피하려고 해서는 안 됩니다. 오히려 예수가 당한 아픔을 함께 아파하고, 예수가 당한 고난을 함께 짊어져야 합니다. 예수가 당한 죽음을 기꺼이 당하고, 예수의 부활을 온 존재로 맞이해야 합니다. 저 구름 속에서나 저 높은 곳에서가 아니라, 현실 역사의 '예루살렘' 속에서 그렇게 해야 합니다. '예루살렘'에서 당하게 될 괴로움은 피해야 할 저주가 아니라 기쁘게 맞이해야 할 복입니다.

그러므로 예수의 사람들은 어두운 역사와 압제적인 사회 주역들이 들끓는 '예루살렘'을 향해 날마다 경건하게 발걸음을 옮기면서, 쾌락의 원리를 거부해야 합니다. 대신 고난의 원리를 즐겁게 받아들이면서 고난 속에서도 기쁘게 오늘을 살아야 합니다. 자랑스러운 고난이 예수의 가장 큰 복임을 믿기에 진정 웃으면서 온몸으로 고난을 맞아야 합니다. 이것이 기독교의 힘이요, 자랑스러운 전통입니다.

삶 에 서 꽃 피 는 인 의

하나님을 사랑하는 신앙생활만 중시하고,
이웃을 사랑하는 윤리생활을 경시한다면
성서의 가르침을 어기는 것이나 같습니다.

-
-
-

 이상과 현실 사이에 엄청난 거리가 있듯이, 신자의 신앙과 윤리 사이에도 커다란 간격이 있는 것 같습니다. 신앙과 윤리는 반드시 조화되어야 함에도 자칫 잘못하면 긴장관계를 형성하기 쉽습니다. 신앙과 윤리 간의 긴장과 갈등은 믿음과 행위의 갈등으로 나타나기도 하고, 복음과 율법 간의 긴장으로 나타나기도 하며, 사랑과 정의 간의 마찰로도 나타납니다.
 어쩌면 기독교인의 신앙생활과 윤리생활은 처음부터 긴장관계에 있는 것인지도 모릅니다. 믿기만 하면 의롭다 함을 받을 수 있고, 믿기만

하면 모든 구체적인 문제가 저절로 해결될 수 있다는 순진한 낙관론을 갖게 되면, 신앙만 중요하고 윤리는 중요하지 않은 것으로 인식하기 쉽습니다. 즉 신앙은 계시와 초월의 문제요, 윤리는 자연과 세속의 문제이므로 기독교인은 마땅히 전자에만 관심을 가져야 한다고 주장할 수 있습니다. 한국 교인들의 태도도 대체로 이러한 범주에서 크게 벗어나지 않는 것 같습니다.

윤리를 떠난 신앙

이러한 인식은 심각한 문제를 불러옵니다. 첫째, 성서에서 가르치는 가장 큰 두 계명 중 하나를 무시하는 결과가 됩니다. 하나님을 사랑하는 일과 이웃을 사랑하는 일, 이 두 가지는 항상 함께 가야 합니다. 그런데 하나님을 사랑하는 신앙생활만 중시하고, 이웃을 사랑하는 윤리생활을 경시한다면 성서의 가르침을 어기는 결과를 가져옵니다.

하나님에 대한 사랑은 구체적인 사회 환경 속에서 억울하게 피해를 보는 이웃을 먼저 사랑하는 행동으로 나타나는 법입니다. 우리는 예수님의 말씀대로 하나님께 제물을 바치기 전에 형제끼리 화목하지 못한 일이 있으면 그것부터 먼저 해결해야 합니다. 또한 '우리가 우리에게 죄지은 자를 용서한 것처럼, 하나님께서 우리 죄를 용서해주시길 간구하라'고 가르치셨던 주님의 깊은 뜻을 이해해야 합니다. 하나님께서 구체적인 역사와 상황 속에서 부당하게 피해를 보는 사람들의 생활과 그들의 고통 속에 현존하신다는 사실을 잊지 않는다면, 그들에 대한 윤리적 의무를 무시하고 하나님에 대한 신앙을 가지는 일은 있을 수 없습니다. 불한당이 출몰하는 현대의 여리고 언덕에 비참하게 쓰러져 있는 이웃을 돕는 윤리적 결단 없이 하나님을 향한 참된 신앙을 지킬 수 없습니다.

이러한 점에서 한국 교인들의 윤리적 생활이 과연 바람직한지 깊이 반성해야 합니다. 우리는 주위에서 슬픈 역설을 자주 봅니다. 이른바 신앙이 순수하고 투철하다는 사람일수록 이웃에 대한 윤리적 결단은 희미한 것 같습니다. 그러나 이 둘은 항상 같이 가야 합니다. 이러한 뜻에서도 이른바 개인 구원과 사회 구원은 반드시 함께 가야 합니다. 하나님과의 관계인 신앙이 중요한 만큼, 이웃과의 관계인 윤리도 중요합니다.

둘째, 신앙 결정론적 태도는 신앙과 윤리 간의 괴리 현상을 당연한 것으로 받아들이는 잘못된 태도를 낳게 됩니다. 신앙을 빙자해서 윤리의 중요성을 무시하는 데 그치지 않고, 한걸음 더 나아가 비윤리적 행위를 신앙의 이름으로 일삼을 수 있습니다. 여기서 비윤리적 행위란 개인의 사적 행위만이 아니라 불의한 구조와 타협하는 행위도 포함합니다. 신앙의 이름으로 잘못된 구조를 묵인하거나 변호한다면, 이 같은 행위는 기독교 윤리에 분명히 어긋나는 행위가 아닐 수 없습니다.

전통 윤리와 기독교 윤리의 만남

그러면 개신교 윤리가 한국 문화와 만났을 때 어떠한 문제가 생겼을까요? 이것은 대단히 어렵고 까다로운 문제입니다. 전통적 문화, 전통적 윤리의 특색이 무엇인가를 밝혀내는 일이 결코 쉽지 않기 때문입니다.

그러나 대체로 유교문화의 성격은 윤리적인 문화요, 불교문화의 성격은 신앙적인 것이라고 규정한다면, 이 두 가지 문화의 성격과 기독교 문화는 서로 마찰하면서도 서로 흡수하는 양상을 보이고 있습니다. 대체로 보면, 신앙 면에서는 전통적인 것과 기독교적인 것이 서로 흡수하는 것 같고, 윤리 면에서는 서로 갈등하는 것 같습니다.

한국의 전통적 신앙을 불교와 무속에서 찾는다면 이것은 기독교와 쉽게 접합된 것 같습니다. 조선왕조 시대에 유교는 인간의 종교적 요구와 궁극적 관심을 채워줄 수 없었습니다. 유교는 윤리이지 종교적 신앙이 아니기 때문입니다. 그래서 유교의 영향을 비교적 덜 받았던 계층에서는 불교나 무당 종교에 의지하여 종교적 욕구를 만족시켰습니다.

뿐만 아니라 당시의 지배 엘리트도 비공식으로는 불교나 무당을 통해 그들의 종교적 관심을 충족시키기도 했습니다. 그러나 지배 계층은 유교문화와 윤리를 모범적으로 실천해야 할 시대적 사명을 지니고 있었기에 공개적으로 불교나 무당에 의존할 수 없었습니다. 하지만 현실이 암담하고 처절할수록 피해당했던 민중은 불교 신앙과 무속 신앙을 통해 그들의 아픔을 달랬습니다. 이와 같은 그들의 기복적 신앙 양태가 기독교와 쉽게 이어질 수 있었습니다.

19세기 말 개신교가 당시 삼정의 문란으로 부당하게 고통당하고 있던 민중 속으로 파고 들어갈 수 있었던 것은 교회가 그들에게 안식처를 제공해주었기 때문입니다. 또한 일제의 탄압이 심해졌을 때에는 기독교가 일종의 종말론적 희망을 그들에게 불어넣어 줌으로써 그들을 위로했습니다. 그들 속에 깊이 잠재되어 있던 불교적인 희망과 함께 무속적인 소망에 그것이 쉽게 접목될 수 있었습니다. 이 같은 기복 신앙에의 접목은 탈윤리적인 태도를 길러낸 요인이 되기도 했습니다. 개인 구원론적 동기가 종교적 이기심의 형태로 나타나기도 했습니다. 하나님에 대한 순수한 신앙이 이웃에 대한 뜨거운 희생과 윤리적 결단으로 이어지지 못한 병폐를 낳게 된 것입니다. 내 영혼의 구원이 우리 모두의 구원으로 이어지지 못했기에 개인 구원에 대한 집착이 종교적 이기심에 머물러 버리게 된 셈입니다.

한편 기독교와 전통적 윤리와의 만남은 처음부터 순조롭지 못했던 것 같습니다. 유교 윤리는 일종의 특수 윤리요, 이중 윤리였습니다. 나의 가족과 씨족 안에서 적용되는 윤리 기준과 가족과 씨족 밖에 적용되는 윤리 기준이 달랐습니다. 씨족에 속한 사람에게는 관용을 베풀고 용서하더라도 씨족 밖에 있는 사람에게는 가혹했습니다. 경제 교역에 관한 윤리도 이중적이었습니다. 이러한 점에서 유교 윤리와 기독교 윤리는 마찰할 가능성이 컸습니다. 하나님 앞에서 모든 사람이 평등하다는 생각은 이중 윤리를 거부하기 때문입니다.

뿐만 아니라 유교 윤리는 통치자의 윤리요, 계위적階位的 성격을 강하게 지니고 있기 때문에 기독교의 평등사상과도 잘 어울릴 수가 없었습니다. 유교가 군림의 윤리라면 기독교는 봉사의 윤리입니다. 비록 구미 역사에서는 기독교가 대체로 치자를 위한 '이데올로기' 구실을 했지만, 한국에 와서는 기독교가 가난한 자, 무식한 자, 눌린 자의 입장을 대변하고 도와주는 피치자의 '유토피아' 구실을 했음을 주목해야 합니다. 그렇기 때문에 조상숭배, 충, 효 등의 유교 윤리와 초대 한국 교회는 마찰하게 되었던 것입니다.

기독교도 여느 다른 종교 못지않게 효를 강조합니다. 십계명에서나 에베소서에 이 점이 강조되고 있습니다. 성경은 보이는 부모를 섬기지 않으면서 보이지 않는 하나님을 사랑할 수 없다고 강조합니다. 그러나 기독교는 또한 부모에 대한 효보다 더 중요한 것이 있다고 말합니다. 곧 하나님에 대한 충성입니다. 그리하여 하나님 이외의 모든 것을 상대화해야 한다고 가르치는 기독교는 효를 절대화하는 유교 윤리와 마찰할 수밖에 없었습니다.

인과 자를 겸비한 기독교

우리는 충과 효를 새롭게 강조하는 시류에 휩쓸리고 있습니다. 한때 군사 권위주의 아래에서 충과 효가 새로운 윤리로 강조되었습니다. 그렇다면 충과 효는 기독교 윤리와 어떻게 연관되는 것일까요? 이 시대를 사는 기독교인으로서 적어도 두 가지 문제에는 관심을 쏟아야 할 것입니다.

첫째, 충과 효만을 강조하는 풍조는 바람직한 사회 윤리로서는 균형을 잃은 것입니다. 충과 효는 강자에게 유리한 윤리이기 때문입니다. 윗사람을 대하는 아랫사람의 행동을 규제하는 윤리입니다. 강자의 입장을 대변한다는 점에서 충효는 다분히 이데올로기적 성격을 띠고 있습니다. 충효는 밑에서 보면 복종의 윤리요, 위에서 보면 군림의 윤리입니다. 이러한 점에서 충효는 민주적 윤리라 할 수 없습니다.

둘째, 이 불균형을 바로잡으려고 다른 유교 윤리를 내세운다면, 충에 대해서는 인仁을, 효에 대해서는 자慈를 함께 강조해야 합니다. 어진 지배자 밑에 충성스런 신하가 생기기 마련이고, 자비로운 부모 밑에서 효도하는 자식이 생기기 쉽습니다. 그러니 인과 충을 동시에 강조하고, 자와 함께 효를 강조해야 합니다. 아니, 오늘날과 같이 사람을 다스리는 힘이 궁극적으로 밑에서부터 생겨나야 한다고 믿는 시대에는, 비록 그 믿음과는 거리가 먼 현실 속에서 우리가 산다고 하더라도, 충보다는 인을, 효보다는 자를 더 강조해야 합니다. 주권재민의 이념에 따라 관은 민에게 충을 요구하기 전에 관 자신이 얼마나 민에게 인의 윤리를 실현하는지 물어보아야 합니다. 그리고 오늘의 부모들은 자식에게 효를 강요하기 전에 자신들이 얼마나 자비로운 부모인가 먼저 반성해야 합니다.

이처럼 밑으로부터의 복종 의무보다 위로부터의 봉사를 강조하는 것이 기독교의 본질이라고 할 수 있습니다. 이웃, 더구나 우리보다 딱하고 억울한 처지에 있는 이웃에 대한 희생적 봉사는 충 아닌 인을, 효 아닌 자를 강조하는 것과 같습니다. 기독교는 높은 위치에 있는 사람이 항상 자기를 낮추고 자기를 비워서 낮고 천한 곳으로 내려가는 종교입니다.

어둡고 썩어 괴로운 저 낮은 곳에서 부당하게 고통을 받는 이웃을 위해 자기를 비우고 자기를 부인하는 희생의 정신으로 봉사하는 것이 예수의 메시지요, 예수의 삶이었습니다. 예수가 성육신하신 사건 자체가 바로 밑으로 내려가는 사건입니다. 여기에는 애타적인 자기희생이 있지, 군림의 윤리나 이기적 종교심이 들어설 자리가 없습니다. 여기에는 저 높은 곳에 계신 하나님 한 분에게만 절대 충성하는 것과 저 낮은 곳에 있는 이웃을 위해 희생적으로 봉사하는 것 사이를 튼튼하게 잇는 밧줄이 있음을 잊지 말아야 합니다.

하나님 이외에 어느 누구에게도, 그것이 인격체이든, 이념이든, 제도이든 간에 절대 충성을 바치지 않는다는 기독교 신앙은 권력의 절대화를 막는 민주주의 정신에 직결되는 것입니다. 뿐만 아니라 하나님에 대한 충성과 이웃에 대한 희생적인 봉사는 동일한 차원에서 이루어지기 때문에, 기독교는 사회정의의 정신적 온상입니다. 그래서 자유와 평등, 민주주의와 사회정의는 기독교 신앙과 신자의 삶 속에서 더 찬란하게 꽃필 수 있습니다.

동전의 양면

기독교는 하나님과 개인의 관계를 중요시함과 동시에
나와 이웃의 관계 또한 중요시합니다. 종과 횡이 하나의
십자가를 이루듯 개인 구원과 사회 구원은 하나입니다.

―

―

―

한국 사회에서 1960년대는 혁명과 급변의 시기였습니다. 국내 정치적으로는 4·19와 5·16이라는 커다란 변화가 두 번이나 있었고, 외교적으로는 한일국교정상화라고 하는 새로운 환경이 마련되었습니다. 이 같은 정치 변동 속에서 공업화라는 거센 경제적 변화의 물결이 일기 시작했으며, 급속한 도시화라는 사회구조적 변동의 충격이 보태지게 되었습니다. 수천 년간 '고요한 아침의 나라'와 '은둔자의 왕국' 속에 침잠해 있던 한민족이 1960년대를 맞아 급속하게 격동의 소용돌이 속에 휩쓸리게 된 것입니다. 그리고 이 급변의 격류는 한국 사회에서 한동안 계속되었습

니다. 후세의 사가들은 1960년대를 변혁과 격변의 시기로 기록할 것입니다.

세속화와 토착화 신학

이러한 시기에 한국 교회의 신앙과 신학도 새로운 도전을 받지 않을 수 없었습니다. 1920년대 이후 한국 교회와 교인들의 마음을 굳게 사로잡았던 근본주의 신앙, 타계지향적 신앙, 변화를 꺼리는 보수주의 신앙, 개인의 영혼 구원을 강조하는 이기적이고 부분적인 신앙 등이 1960년대에 이르러 새로운 도전을 맞게 되었습니다. 세속화 신학, 토착화 신학, 상황 윤리 등이 신학자와 뜻있는 신도들 속에 파고 들어가기 시작한 것입니다.

세속화 신학의 충격 속에서 한국 크리스천은 기독교야말로 '종교'의 마술적 최면으로부터 사람들을 깨우고, 절대화되는 정치로부터 해방시키고, 모든 우상화된 이념과 가치관을 상대화시킬 힘을 제공하는 성숙한 종교가 될 수 있고, 또 되어야 한다는 사실을 깨닫게 되었습니다. 기독교는 해방적이고, 다원적이고, 관용적이고, 창조적이고, 비판적이며, 인도주의적이어야 함을 새삼 깨닫게 되었습니다. 이러한 각성은 1920년대 이후 다져진 근본주의 신앙과는 너무나 대조되는 것이기에, 1960년대 격변의 상황에서 크리스천은 새로운 도전, 곧 신앙 인식의 격변을 겪지 않을 수 없었습니다.

토착화 신학도 세속화 신학 못지않은 충격을 던져주었습니다. 한국 전통과의 만남을 애써 피해왔던 종래의 닫힌 신앙은 우리의 전통 의식과 제도가 기독교적 '순수성'을 오염시킬지 모른다고 염려했던 것 같습니다. 제사, 술, 담배, 타종교와의 만남 등의 문제를 독선적으로 기피해왔습니다. 한국 교회는 이 같은 종래의 닫힌 신앙 양태 때문에 전통문화와 기독교 신앙이 적극적으로 만나고 서로 도와야 한다는 토착화론을 선뜻 받아들일 수 없었습니다. 토착화 신학은 한편으로는 유교 전통과의 만남을 신중하게 다루었고, 다른 한편으로는 불교 및 무속과의 만남도 진지하게 탐구했습니다. 그리고 그것은 근본주의자의 눈살을 찌푸리게 하는 새 바람을 몰고 왔습니다.

이러다가 1970년대 긴장 상황이 전개된 것입니다. 이때는 해방 후 처음으로 북한과 대화의 문이 열렸던 시기요, 국민들이 잠시나마 남북통일의 꿈을 꾼 시기이기도 했습니다. 동시에 7·4 공동성명으로 반공 문제에 대해 잠시나마 판단을 보류해야 했던 시기이기도 했습니다. 그러면서도 국내적으로는 1960년대의 급속한 공업화와 도시화가 몰고 온 역기능에 대해 교회 내외의 지성들이 주목하고 비판하기 시작했습니다.

급속한 구조적 변화의 결과로서 사회구조적 양극화와 권위주의 권력을 문제 삼으면서, 자유와 정의와 인간화의 가치를 새삼스럽게 강조하기 시작했습니다. 경제 성장이라는 효과가 민주화라는 정당성을 깎아내리는 현실, 고도성장이 분배의 불균형을 초래하는 현실에 대해 교회도 비판적으로 반응하기 시작했습니다.

이러한 시대적 분위기 속에서 한국 기독교 일각에서는 예수께서 그처럼 사랑했던 '세상'의 문제를 신앙의 외곽에 방치해두기를 거부하고, 세상의 문제에 직접 관여하기 시작했습니다. 여기서 교회와 정치는 이러한 긴장 속에서 거칠게 만나게 되었습니다. 1970년대에 번지게 된 정치신학, 해방신학, 희망의 신학, 흑인신학 등에 자극을 받은 한국 기독교인들은 정치 현실을 교회의 문제로 보게 되었습니다. 1970년대 일부 한국 교회와 교인들은 새로운 신학적 시각에서 사회정의, 자유, 인권 문제를 새롭게 이해하기 시작했던 것입니다.

물론 1960년대 한일국교정상화 때는 일부 보수 세력도 정부의 입장을 비판하기도 했습니다. 해방 이후 교회가 정부와 대결한 첫 번째 계기가 한일국교정상화 때 마련된 셈입니다. 이를 계기로 1970년대에 들어와서는 사회정의, 민주화 및 인간화를 외치고, 정부의 공업화 일변도 정책을 비판하는 교회의 비판이 이어졌습니다. 게다가 1972년에 급격한 정치 변혁을 맞게 되자 교회와 정부의 긴장 관계는 잠재적으로나 현실적으로 더욱 심각한 양상으로 악화되었습니다.

이러한 상황 속에서 기독교인과 교회의 현실 참여를 비판하는 목소리가 여기저기서 들려오기 시작했습니다. 주로 보수 교회나 근본주의 교회에서 이런 소리가 들려왔고, 정부 측에서도 비슷한 목소리가 새어나왔습니다. 이 소리는 이른바 사회 구원은 본질적으로 반신앙적이며 반기독교적인 것이라고 정죄하는 소리였습니다. 기독교는 어디까지나 개인의 영혼 구원에 전념해야지, 사회 구원 같은 '불순하고' '위험한' 세속의 일에 관여해서는 안 된다는 것입니다. 기독교인은 '본연'의 자세로 돌아가 오로지 개인의 영혼 구원에만 전력을 쏟아야 한다는 것입니다.

개인과 사회의 상호관계

이러한 배경을 염두에 두고 사회 구원과 개인 구원에 대해서 우리가 깊이 명심해야 할 문제를 여기서 다시 한 번 강조하고 그 의미를 깊이 새겨볼 필요가 있습니다.

첫째로, 사회 구원과 개인 구원은 원칙상 서로 구별되어야 할 성질의 문제가 아닙니다. 우리 교계의 현실에서는 이 둘을 분리시켜 놓고 한쪽을 차별하는 불행한 일이 있었지만, 규범적으로 말하자면 이 둘은 동전의 양면에 불과한 것이기에 상호 보완적이어야 합니다. 개인을 떠난 사회가 있을 수 없고, 사회를 떠난 개인이 존재할 수 없기 때문입니다. 인간은 사회 속에서만 살 수 있는 사회적 존재입니다. 한시도 사회의 영향을 떠나 살기 어렵습니다. 그런가 하면 사회는 개인 속으로 이미 깊숙이 들어와 있습니다. 양심의 이름으로 또는 자아$_{ego}$와 초자아$_{superego}$의 이름으로 인간 행위에 영향을 끼치고 있습니다.

기독교적 구원이란 원래 파편화되고 비인간화된 인간 존재를 온전케 하는 작업이므로, 개인 속에 있는 사회와 사회 속에 있는 개인을 분리시키지 않고 이 둘을 하나로 온전케 하는 것이 구원의 핵심입니다. 그러므로 사회 제도의 혁명이나 개선을 통해서만 참다운 구원이 있다며 개인을 무시하는 공산주의의 주장도 잘못이지만, 개인 구원만을 구원의 핵심으로 믿고 사회를 완전히 무시하는 보수 기독교인들의 주장도 그만큼 잘못된 것입니다. 그것도 모자라 개인의 구원이 아니라 개인의 '영혼' 구원만 지나치게 강조하여, 인간의 육체와 영혼을 또 분리시키는 보수적 기독교는 복음의 핵심을 흐려놓고 있는 것입니다. 참다운 구원은 개인 구원과 사회 구원이 분리되지 않는 전체적 구원임을 알아야 합니다.

개인 구원 강조의 오류

둘째로, 우리는 개인 구원의 단견과 오류를 좀 더 분석해보아야 할 것입니다. 적어도 두 가지 중대한 오류와 역기능이 거기에 내재하고 있음을 새삼 주목해야 합니다.

사회명목론의 오류가 첫 번째 잘못입니다. 사회명목론이란 사회는 개개인의 합에 불과하다는 주장입니다. 그러기에 사회의 잘못은 개개인의 잘못을 제거함으로써 자동적으로 고쳐진다는 주장입니다. 이 같은 단순한 생각에 사로잡히게 되면 개개인은 착하더라도 그런 개인들이 모이게 되면 그곳에 조직 악이 생길 수 있다는 가능성을 무시하게 됩니다.

극단적으로 말하면, 청소년 범죄나 부정부패 같은 사회 현상은 사회 구성원이 모두 크리스천이 되면 자동적으로 없어질 것이라고 믿는 견해가 바로 이런 단순한 생각을 반영합니다. 그러나 자유당 때 많은 크리스천들이 중요한 결정 과정에 참여했지만, 부끄러운 역사를 남겼다는 사실은 그것이 얼마나 순진한 발상인지를 새삼 깨닫게 해줍니다. 교회와 교인을 양적으로 증가시키려고 맘모스 전도 집회를 열고 전 국민의 신자화(복음화)를 외치는 사람들의 발상이 바로 이러한 오류에 기초하고 있음을 알아야 합니다. 큰 교회일수록 더 깨끗하고, 더 정의롭고, 더 자유롭고, 더 아름다운 공동체가 되어야 하는데, 과연 현실이 그러합니까?

개인 구원의 두 번째 오류는 이른바 수신성修身性이라는 역기능입니다.

《대학》에 '수신제가치국평천하修身齊家治國平天下'의 이념이 있습니다. 이 이념의 원래 의도는 다스리는 자에게만 적용되는 엄격한 윤리를 제공하자는 것이었습니다. 하지만 실제 기능에 있어서는 민중을 편리하게 다스리는 통치이념이 되어버렸습니다.

수신修身한 사람만이 제가齊家를 할 수 있고, 제가한 연후에 치국治國과 평천하平天下를 할 수 있다고 가르친 원래의 뜻은, 치국이나 평천하라는 정치 과업을 달성하려면, 가혹하다 할 만큼 철저한 수행과 수신을 먼저 해야 한다는 것입니다. 조선시대의 사대부 계층은 이 같은 유교적 윤리로써 자신을 훈련시키도록 교육받았습니다. 완전한 수신이란 불가능합니다. 하지만 자기 자신을 완전한 존재, 수신된 존재로 만들기 위해 가혹하게 자신을 채찍질하는 것은 바람직한 일입니다.

그럼에도 불구하고 우리는 이 이념의 잠재적 역기능을 보아야 합니다. 이 이념은 백성과 민초가 처음부터 치국이나 평천하와 같은 정치적 문제에 관심을 가질 수 없도록 막아버리는 기능을 해왔습니다. 민초, 특히 유교의 가르침대로 살 수 없었던 무식하고 가난했던 민중들에게 수신이란 아득히 먼 일이었습니다. 따라서 수신을 못한 죄인으로 일찌감치 낙인찍힌 이들은 치국에 관한 문제를 아예 처음부터 논할 수 없었습니다. 이러한 풍토 속에서 밑으로부터의 혁명은 아예 처음부터 불가능했을 뿐 아니라, 밑으로부터의 개혁마저도 극히 어려웠습니다. 때문에 수신의 강조는 사대부 치자 집단에게는 더 없이 효과적인 통치이념이었습니다.

우리는 바로 이 같은 역기능을 개인 구원이 담당한다는 사실에 주목해야 합니다. 크리스천들이 개인 구원, 특히 개인의 영혼 구원만을 강조하게 되면, 사회·민족·국가의 문제를 거론하고 이것들의 바람직한 해결을 위해 비판적으로 현실에 참여하는 것이 반기독교적인 행위로 해석되기 쉽습니다. "개인 구원의 체험이 명확하지 않은 사람이 무슨 자격으로 개인 밖의 구조적 잘못을 왈가왈부할 수 있느냐"라는 힐난이 나오기 쉽기 때문입니다. 마치 사대부들이 수신도 못한 '쌍것'들은 치국 문제를 거론할 자격이 없다고 생각했듯이 말입니다. 그리고 예수 당시의 서기관들이 가난하고 무식한 탓에 율법을 몰라 율법대로 살지 못했던 민중을 죄인으로 몰아붙였듯이, 오늘의 보수 교인들도 전체 구원을 믿으면서 부당한 구조를 비판하는 형제를 그렇게 몰아붙입니다.

19세기와 오늘의 미국 남부 크리스천을 보십시오. 미국 내 어느 다른 지역보다 성경을 열심히 읽고 개인 구원을 열렬하게 강조하는 지역이 남부입니다. 그런데 사악한 사회 제도인 노예 제도가 가장 강하였던 곳도 남부이고, 아직도 흑인을 부당하게 차별하는 폐습이 남아 있는 곳도 남부입니다. 이것을 어떻게 설명해야 할까요? 개인 구원이 강조하는 이른바 '수신'적인 신앙이 구조 악을 못 보게 만든 것은 아닐까요. 그러니 이 같은 크리스천들이 많은 곳일수록 구조 악은 은연중에 정당화되고, 구조 악에 기초한 권세는 위협당하지 않고 계속 힘을 발휘하게 됩니다. 그래서 그런 곳에서는 기독교 신앙이 겨자씨처럼, 누룩처럼 서서히 번져 개인과 사회를 함께 변혁시키는 힘이 되지 못하는 것입니다. 곧 하나님 나라가 자라기 힘들게 되지요.

정치와 종교의 바람직한 관계

셋째로, 종교와 정치 문제를 생각해보아야 합니다. 서구에서는 가톨릭교회가 지나치게 정치권력을 행사하게 되니까, 여기로부터 자유로워지기 위해 정교분리가 시작되었습니다. 그러므로 정치 문제에 교회가 관심을 가지고 발언해서는 안 된다는 생각은 이 발상과는 전혀 다른 문제입니다. 정치와 종교의 바람직한 관계에 대해서는 다음 두 가지 문제를 짚고 넘어갈 필요가 있습니다.

먼저, 정치적 관심 표명과 정권 쟁취를 혼동해서는 안 됩니다. 기독교인은 한 사람의 민주시민으로서 정치 문제에 관심을 가질 권리가 있습니다. 그리고 시민의 양식과 양심에 따라 정치 문제를 언급하면서 비판할 수 있는 권리를 가지고 있습니다. 이 같은 비판을 정권 탈취로 오해해서는 안 됩니다. 기독교인은 폭력적 방법으로 정권을 탈취해서도 안 될 것이요, 또 탈취할 수도 없습니다. 그러나 예언자 나단처럼 권력의 핵심적인 부조리를 날카롭게 비판할 수 있는 용기와 양식은 가져야 합니다. 정치적 비판을 정권 탈취로 착각해서 정당한 비판마저 억압받아서는 안 됩니다. 그러니 정치적 비판 차원에서, 특히 예언자적 비판 차원에서 종교는 얼마든지 그 영향력을 발휘해야 할 것입니다.

또한 어느 사회든지 정부 권력이 지나치게 정치화·행정화되어 비정치적 영역으로 남아 있어야 할 분야까지 정치권력의 입김이 들어가게 되면, 종교마저도 정치화될 위험에 직면하게 됩니다. 이런 전체주의적 상황에서는 종교가 저만의 자율성을 보호하기 위해서라도 비극적 정치 현실을 비판하고 거부하지 않을 수 없습니다. 그것을 고치는 일에 힘써야 합니다.

　국가 권력이 비국가 부분까지, 개인의 사사로운 삶의 영역까지 깊숙이 침투해 들어간 사회를 우리는 전체주의 사회라고 합니다. 이 같은 전체주의 상황에서는 모든 것이 정치화되었기에, 종교인은 정치적 문제 속에 담겨진 인간의 문제, 문화의 문제, 신앙의 문제를 정치와 떼어놓고 생각할 수 없습니다. 즉 정치화된 문제를 접어두게 되면 종교인이 취급해야 할 문제가 없어지고, 종교인이 설 자리도 아예 없어지고 맙니다.

　이런 상황에서는 종교인이 종교 본연의 문제를 다루려고 해도 지나치게 정치화된 상황 때문에 자연히 정치적인 문제를 언급하지 않을 수 없게 됩니다. 이것은 분명히 비극입니다. 이 비극의 주원인은 바로 전체주의화된 구조에 있습니다. 이러한 분위기 속에서 종교인은 순교의 각오로 정치 문제를 언급하지 않을 수 없습니다. 일제 말기의 처절했던 상황에서 한국 기독교인들의 순교를 생각해보십시오. 디트리히 본훼퍼Dietrich Bonhaeffer 목사가 나치 체제에 온몸으로 저항했던 사실을 생각해보십시오.

기독교와 공산주의

　넷째로, 기독교와 공산주의 간의 문제를 분명히 해야 합니다. 19세기에 마르크스가 집필한 《자본론Das Kapital》의 논지가 그렇게 과격했던 것은 마르크스가 당시 영국 노동자의 참상을 보고 분개한 탓인지도 모릅니다. 만약 그 당시 영국 교회가 부녀자와 아동 노동자 착취 현상을 비판하고, 찰스 디킨스Charles Dickens 시대의 초기 자본주의적 폐습을 예수의 정신으로 고쳐 나갔다면, 마르크스는《자본론》집필을 그만두었을지도 모릅니다. 그러니 볼셰비키 같은 폭력 혁명주의자들이 나타날 수 있었던 역사적 계기는 기독교 신자들의 태만에서 나왔다고 해도 과언이 아닐 것입니다.

문제는 이러합니다. 크리스천들이 기독교적 사랑과 정의에 온몸을 던지면서 눌리고 배고프고 병들고 핍박받고 의에 주리는 사람들을 돌보지 않는다면, 이 틈을 노려 공산주의자들이 그들 나름의 독특한 허위의식을 앞세워 이들을 포섭하려 할 것입니다. 그러므로 공산주의 선전에 가장 쉽게 먹혀 들어갈 가능성이 있는 밑바닥 인생들에게 기독교가 들어가 그들과 함께 동고하면서, 새 하늘과 새 땅을 위해 헌신해야 합니다. 이렇게 함으로써 우리는 원천적으로 공산주의와 나치 같은 극단주의 세력을 막을 수 있습니다. 전체주의적 지배를 막을 수 있는 것입니다. 그러므로 우리는 20세기 역사에서 기독교가 독일의 극우 전체주의도, 소련의 극좌 전체주의도 막지 못한 과거를 깊이 반성해야 합니다.

따라서 우리 정부가 소외 지역이나 소외된 민중 속으로 교회가 들어가는 것을 공산주의적 행동이라고 보는 것은 커다란 불행이요, 심각한 착각이 아닐 수 없습니다. 더구나 산업 선교가 전체 구원을 강조한다고 해서 공산주의적이라고 규정하고, 이들의 행동을 제약하고 통제한다면, 누가 좋아할 것인지 생각만 해도 끔찍합니다.

이제 한국 교회는 인간의 온전함을 위해 병자를 고치시고, 차별받던 사람들을 따뜻하게 대접하며, 우는 자를 위로하시는 예수의 정신을 되새겨야 합니다. 또한 시각장애인에게 빛을 주고, 포로된 자를 해방시키고, 억눌린 자를 자유케 하신 예수의 정신으로 다시 돌아가야 합니다. 그리고 더욱 인간화된 따뜻한 공동체 형성을 위해 사랑을 몸소 실천하셨던 예수님을 다시 정중하게 모셔야 합니다. 특히 불한당을 만나 처절한 상황에서 신음하는 사람들의 이웃이 되라고 촉구하셨던 예수의 마음을 지니고, 그 마음으로 선한 사마리아인처럼 행동하는 예수따르미가 되어야 합니다.

기독교는 하나님과 개인의 관계를 중요시함과 동시에 나와 이웃의 관계 또한 중요시하는 종교이므로, 개인 구원과 사회 구원을 함께 강조하지 않을 수 없습니다. 마치 종과 횡이 하나의 십자가를 이루듯이, 이 둘은 하나입니다. 이제 모든 크리스천은 팔레스타인의 예수 정신으로 되돌아가서 그의 마음과 뜻을 품어 우리의 역사를 이 현장에서 새롭게 해야 할 것입니다. 그리하여 예수께서 이룩하시려 했던 하나님 나라, 즉 사랑 나라 God's Love-dom를 이룩하는 일에 앞장서야 합니다.

"일어나라, 그리하여 예수 그리스도의 빛을 발하라!"

이 명령에 순종해야 할 것입니다.

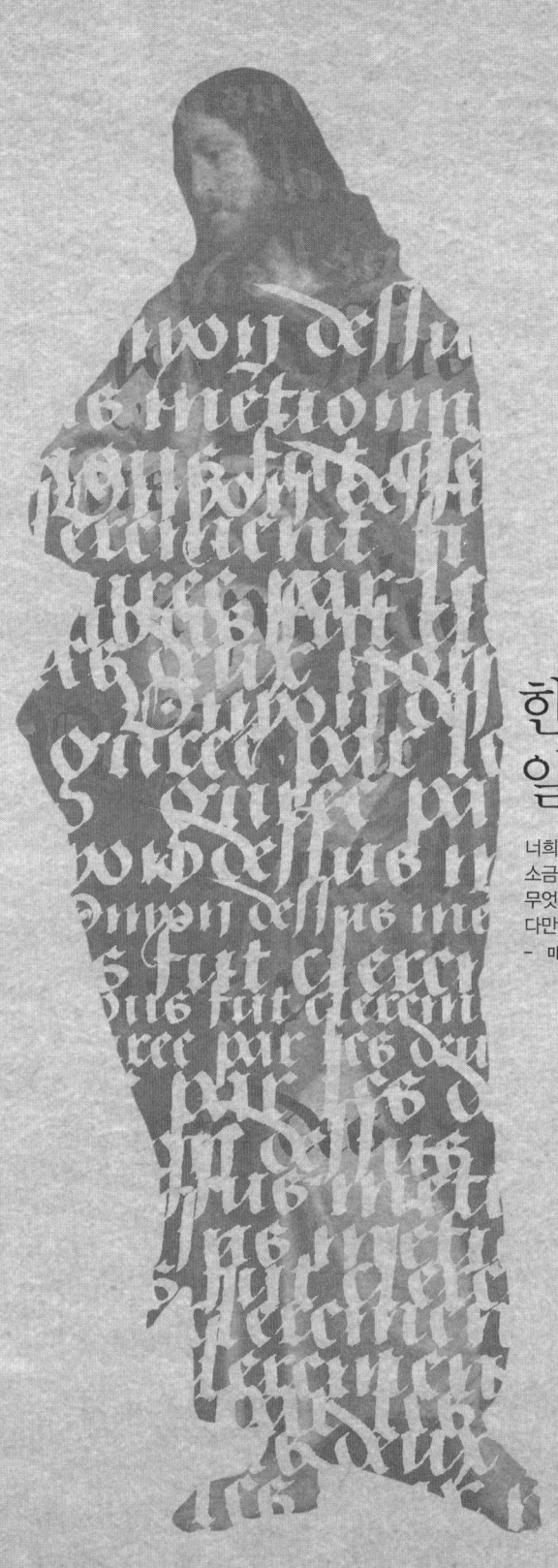

한국 교회의 일그러진 자화상 2

너희는 세상의 소금이니
소금이 만일 그 맛을 잃으면
무엇으로 짜게 하리요 후에는 아무 쓸 데 없어
다만 밖에 버려져 사람에게 밟힐 뿐이니라
- 마 5 : 13 -

버려진 꿈, 민주주의

한국 교회는 처음부터 민중과 더불어, 민중을 위한,
민중의 교회로 출발했습니다. 한국 교회가 처음부터
민중의 교회였다는 사실은 우리의 자랑스러운 유산입니다.

"과연 한국 교회는 민주적인가?"라는 질문을 던지는 데에는 적어도 두 가지 이유가 있습니다.

첫째는 과연 오늘의 교회가, 초기 한국 교회가 이 민족과 민중에게 보여주었던 빛나는 민주주의의 유산을 전승하고, 더욱 빛내고 있는가를 물어보고 반성해보아야 하기 때문입니다.

둘째는 과연 교회 밖의 사회와 국가가 바람직한 민주적 상황에 놓여 있는가를 물어야 하기 때문입니다. 그리고 바람직하지 않을 정도로 비민주적일 때 교회는 선교적 입장에서 사회의 민주화와 국가의 민주화를 위해 무엇을 해야 할 것인가를 찾아야 하기 때문입니다.

저는 이 두 번째 문제가 이 시대와 상황에서 한국 교회가 반드시 감당해야 할 선교 활동의 내용인 동시에 표적임을 강조하고자 합니다. 그리고 이러한 시대와 상황의 선교적 요청에 부응하기 위해서라도 우리는 첫 번째 문제를 진지하게 다루어야 합니다. 과연 오늘의 한국 교회는 민주적인지를 겸손하게 반성해보아야 합니다. 우리 눈 속에 있는 비민주적 대들보를 용기 있게, 겸허하게 확인해야 합니다. 그리고 비민주적 대들보를 제거하기 위해 십자가를 지면서까지 자기를 비우는 희생을 감당해야 합니다.

애국애족의 초기 한국 교회

먼저 우리의 눈을 믿음의 선배들에게 돌려봅시다. 한국의 초기 교회는 많은 특징을 가지고 있었습니다. 그중에서도 가장 두드러진 것이 두 가지 있는데, 하나는 외세에 대항한 민족주의적 정열이었고, 다른 하나는 씨알들이 참정할 수 있는 민주주의 체제를 세우려는 노력이었습니다.

애국애족을 상투적인 의미에서 생각해서는 안 됩니다. 여기서 애국이라 함은 처절한 19세기 말의 한반도 상황에서 우리나라가 열강의 각축 속에 바람 앞의 등불처럼 위태로울 때 국가의 자립과 자강을 위해 노력한 행동을 말합니다. 반봉건 개화사상을 품고 나라의 자립과 자강을 외치며 행동했던 당시 애국 선각자들 중에는 기독교인이 상당히 많았습니다. 서재필, 윤치호, 이상재, 유길준, 유성준, 김정식, 홍제기, 이승만, 안국

선, 이원긍, 신흥우 등 여러 젊은 선각자들이 모두 기독교인이었습니다.

1905년 을사보호조약으로 국가가 일본 제국주의의 손아귀에 들어가게 되고, 그 후 5년 만에 한일합병이 되어 나라가 완전히 쓰러졌을 때, 애국 인사들은 비록 국가는 없어졌을지언정 민족은 영원하므로 민족을 보호해야겠다는 애족심을 더욱 강렬하게 불태웠습니다. 'State'라는 국가는 없어졌을망정, 'Nation'이라는 민족은 없어질 수 없습니다. 그리하여 초대 교회의 지도자들은 애국심과 애족심에 불탔던 시대의 선각자요, 역사의 선구자로 살았습니다.

한국 교회의 역사적 행운

그런데 여기에서 우리가 가졌던 몇 가지 역사적 행운에 주목해야 합니다. 첫째, 이 같은 애국애족의 마음이 민족주의 정신과 정열의 모습으로 나타나 일제하에 항일민족운동의 정신적 활력소가 되었다는 사실입니다. 서양 문화의 옷을 입은 서양 종교였던 기독교가 한국 땅에서는 일본 제국주의에 항거하는 민족주의 정신을 자극하고 독려하였습니다. 한국에서는 기독교와 민족주의가 처음부터 악수하고 어깨동무를 한 것입니다. 이것은 한국 교회와 한국 민족이 모두 자랑스럽게 생각해야 할 빛나는 유산입니다. 다른 제3세계에서는 기독교와 민족주의가 마찰했음을 상기할 때 이것은 참으로 행운이라 아니할 수 없습니다.

둘째, 한국 교회가 처음부터 민중과 더불어, 민중을 위한, 민중의 교회로 출발했다는 사실입니다. 조선왕조 말 관리들의 가렴주구와 학정을 피하기 위해 기독교에 입교한 씨알들이 허다했습니다. 그들은 탐관오리의 학정으로부터 생명과 재산을 보호하기 위하여 교회에 몰려왔고, 교회는 이들을 보호했습니다. 초기 한국 교회는 개인의 구령만을 위한 기관이 아니라 씨알을 보호하고 이들에게 이웃됨을 실천한 씨알의 벗이었습니다. 이렇듯 한국 교회가 처음부터 민중의 교회였다는 사실은 또 하나의 자랑스러운 역사적 유산입니다.

셋째, 한국 교회에서는 민족주의와 민주주의가 처음부터 마찰 없이 함께 만났다는 사실입니다. 이 두 이념은 서로 갈등할 가능성이 있다는 지적을 자주 받습니다. 민족주의는 특수주의 particularism 요, 민주주의는 보편주의 universalism 이기 때문에 이들이 마찰할 위험성이 있는 것입니다. 그런데 초기 한국 교회에서는 민족주의의 정열과 민주주의의 열망이 어울려 애국애족 사상과 운동으로 발전했습니다.

특히 여기서 주목하고자 하는 것은 교회와 미션스쿨 mission school 이 민족주의 정신을 가르친 도장일 뿐 아니라, 민주주의 훈련의 도장이었다는 사실입니다. 교회와 미션스쿨의 이러한 역할은 3·1운동 이후에도 분명히 나타납니다. 어니스트 피셔 J. Earnest Fisher 의 증언에 따르면, 기미년 독립운동의 의지가 미션스쿨 교육에서 우러나온 것이라고 합니다. 또한 미션스쿨 학생들은 민주주의 정부의 원칙, 인간의 기본권, 언론·출판·결사의 자유 등의 가치를 배웠습니다. 링컨의 민중을 위한, 민중에 의한, 민중의 정부라는 이상을 마음속 깊이 받아들였다는 얘기입니다. 우리는 이러한 민주주의의 이상과 꿈을 한민족에게 불어넣어 주고, 이 꿈의 실현을 역설했던 것이 바로 미션스쿨이요, 교회였다는 사실을 자랑스럽게 생각합니다.

　일제의 전체주의 교육 제도나 획일주의 교육 방식과 대조해볼 때, 미션스쿨의 교육은 진실로 인간의 존엄성을 강조하고 인간의 잠재 능력을 북돋우는 인간화 교육이었고, 민주적인 교육이었습니다. 당시 배재학당의 교장이었던 신흥우의 고백처럼, 기독교와 민주주의는 불가분의 관계를 맺고 있었습니다. 그리고 민주적 지도 세력을 길렀던 곳이 바로 미션스쿨이었던 교회 학교였습니다.

　한국 교회는 민주주의의 이상과 꿈만 키운 것이 아니라 이것을 실천하는 도장의 구실도 했습니다. 교회 운영 방식 자체가 한국 역사에서 일찍이 볼 수 없었던 민주적인 방식이었습니다. 개체 교회 안에서 보면 일반 교인들이 함께 모이는 공동회의, 제직회, 당회 등의 운영에서부터 밑으로부터의 의사와 의지를 반영하는 제도적 장치가 마련되었습니다. 개체 교회와 노회 및 총회의 관계에서도 서구 의회민주주의 형식을 취했습니다. 각 교회 대표와 각 노회 대표가 총회에 참석하여 중요한 의결을 하였던 것입니다. 교회 안의 삶을 통해 민주적 조직 운영을 체험하게 되었습니다.

　교회 밖으로 눈을 돌려도 한국 기독교와 민주주의의 관계를 쉽게 알 수 있습니다. 독립협회 간부 상당수가 민주주의 이념으로 무장된 기독교인들이었습니다. 만민공동회를 통해 전 국민이 참정해야 한다는 그들의 참여민주주의 신념은 실천 단계에까지 이르게 되었습니다. 일제의 탄압으로 독립협회가 해산되고 YMCA가 조직되었을 때, 여기에 가담했던 사람 대부분이 독립협회에 참가했던 민족주의적 민주주의자였습니다. YMCA는 민주적 사고, 민주적 행동을 모범적으로 보여주고, 민주 시민의식을 고취했던 기독교 기관이었습니다. 그러니 민족 지도자들 중에 민주주의 의식으로 훈련을 받은 기독교인들이 많았던 것은 결코 우연이 아닙니다.

일본 제국주의는 민족문화의 말살을 통해 한반도와 한민족을 모두 자기 것으로 동화시키려고 했으나, 민족문화만은 쉽게 말살시킬 수 없었습니다. 3·1운동 당시 일본 헌병들은 한국 기독교인을 일본화하는 것이 불가능하다고 고백했다고 합니다. 일제는 그 통치 초기에는 무단정치를 통해 민족주의와 민족문화를 제거하려 했으나, 3·1운동 같은 민족주의 운동이 터지자, 1920년대에 와서는 소위 문화정치를 내세웠습니다. 그러다가 1930년대 중반에는 창씨개명 등 민족문화 말살정책과 경제수탈 정책을 본격적으로 추진했는데, 이때 한국 기독교인들은 한글사수운동, 국사지키기 운동, 물산장려운동, 교육계몽운동 등에 앞장서 모범을 보였습니다.

이러한 운동의 흐름 뒤에는 민주주의의 꿈이 강하게 흐르고 있었습니다. 처음부터 한국 교인들 속에는 양반·상민 계급의 타파, 남녀평등, 일부일처, 아동 인권보호, 문맹퇴치, 농어촌 문화증진 등 민주주의 의식과 가치관이 깊게, 그리고 강하게 흘렀습니다.

권위주의에 사로잡히다

그런데 해방이 되자 심각한 문제가 생기게 되었습니다. 민족이 압박받고 민주 세력이 억압받았던 일제 암흑기에는 한국 교회의 일부라도 민족주의와 민주주의의 등불 노릇을 했는데, 조국이 해방되어 이 땅에 형식적 민주주의 제도가 들어오자 한국 교회는 역사의 앞자리에서 뒤꽁무니로 처지기 시작했습니다. 이제 교회는 민족주의의 정열도 상실했고, 민주주의의 보루 역할도 포기한 듯했습니다. 오히려 물밀듯이 들어오는 외래문화의 직수입자로 전락하기도 했지요. 그것도 초기 한국 교회가 받아들였던 좋은 문화가 아니라, 저질 대중문화를 직수입하는 대리점 노릇을 한 셈입니다.

게다가 교회는 형식만 민주주의였으며, 그 내실은 권위주의였던 이승만 정치체제를 전폭적으로 지지하고 변호하는 구실을 했습니다. 여기에서 한국 교회는 그 처절한 일제 강점기에도 간직했던 민주주의의 꿈마저 포기해버리고 말았습니다. 이승만 정권에 많은 기독교인이 참여하였지만, 그들은 정권의 권위주의 체제를 오히려 강화하는 데 앞장섰습니다.

눈을 교회 안으로 돌리면, 해방 이후 교회 지도자들은 1930년대부터 한국 교회에 깊이 스며들기 시작한 종교적 권위주의에 사로잡혀 있었습니다. 그런데 이것은 곧 이견을 이단으로 정죄해버리는 근본주의 성향이었습니다. 교회는 양적으로 팽창하면서도 질적으로는 계속 의심, 경계, 분열을 조장하는 종교적 권위주의로 후퇴하고 있었습니다. 근본주의 사고와 근본주의 행태는 한마디로 비민주적 사고요, 권위주의적 행태입니다.

교회가 양적으로 커지자 관리의 필요성이 증대하였고, 여기에 관료제의 폐습이 깃들기 시작했습니다. 복잡한 절차가 중요시되었습니다. 교회 내 중요한 결정은 당회 같은 기관이 독점하게 되었습니다. 따라서 전체 교인의 의사가 제대로 반영되기 어려워졌습니다. 결정 과정의 통로가 폐쇄적이 되었습니다. 일종의 막후 회의 같은 분위기가 지배하게 된 것입니다. 수로 보아서는 다수 집단인 여전도회와 젊은이들이 결정 과정에 직접 참여할 수 있는 길이 없어졌습니다. 소외된 집단으로 처지게 된 것입니다.

특히 우리가 주목해야 할 것은 교회 내 최고 의결 기관인 당회의 권위주의적이고 폐쇄적인 성격입니다. 오늘의 한국 교회 풍토에서 당회원, 즉 장로가 되는 길은 대단히 비민주적입니다. 장로가 되려면 먼저 경제력이 있어야 합니다. 민주적 지도력을 중요한 기준으로 삼아야 하는데 실제로는 그렇지 못했습니다. 경제력이 있든지, 권위주의적인 목회자에게 충성하는 재능이 있든지 해야 당회원으로 선출될 수 있다면, 이것이 바로 비민주주의의 온상이 아니고 무엇이겠습니까.

여기에다 우리는 목회자의 비민주성을 지적하지 않을 수 없습니다. 물론 한국의 목회자가 다 그렇다는 것은 아닙니다. 대체로 보수적인 목회자, 더 정확히 지적하면 근본주의 태도에 사로잡혀 있는 목회자일수록 교회 내 민주주의에는 관심이 없습니다. 그저 "나만 따라오라"든지 "주의 종의 명령에 무조건 복종하라"는 고압적 자세를 취하기 쉽습니다. 아니면 복잡한 번문욕례繁文縟禮를 앞세워 자유롭고 순수한 의견의 흐름을 막아버립니다. 이것은 곧 율법주의적 횡포로 통할 수 있습니다. 일반적으로 무식한 근본주의자일수록 번문욕례를 더 앞세우고 절대 복종을 더 강요하게 됩니다. 따라서 목회자의 자질에 스며 있는 비민주적 요소를 염려하지 않을 수 없습니다.

이것은 또 신학교 교육 문제와도 연결됩니다. 자유롭게 사고하고 연구하되 책임 있게 행동할 수 있는 신학 교육이 아니라, 처음부터 불가침의 연구 영역과 사고 영역을 인위적으로 그어놓고 세목을 하나씩 가르치는 식이라면, 여기서는 독선주의와 분리주의(바리새주의)식의 행태가 만발할 수밖에 없습니다. 자유롭게 회의하되 책임 있게 사고하고, 자유롭게 연구하되 더 개방적이고 강한 신앙을 돈독히 하는 신학 풍토가 아쉽습니다. 아직도 많은 한국 신학교에서 성서에 대한 역사비평적 연구를 제대로 가르치지 않고 있습니다.

다음으로 한국 교인들의 굴종적인 자세가 교회 안의 비민주성을 조장하는 측면이 있습니다. 특히 기복적 무당성을 강하게 지니고 있는 일반 교인들은 목회자의 축복에 대단히 약하고, 동시에 목회자의 저주에 전율합니다. 이들은 주로 육신의 복을 받고자 교회에 오기 때문에 자연히 축복의 권한을 독점하고 있다고 믿는 목회자의 명령에 복종할 수밖에 없습니다. 그러니 신도의 기복적 태도와 목회자의 근본주의적 태도는 서로 상승작용을 하여 교회를 비민주적 기관으로 전락시킨다 하겠습니다. 여기에 신비주의 요소가 보태지면 비민주적 요소는 더욱 강화되게 마련입니다.

그런데 1960년 후반부터 한국 교회는 초기에 보여주었던 빛나는 유산을 다시금 오늘의 상황에서 재창조하려는 움직임을 조금씩 보여주었습니다. 교회 안과 밖의 비민주적 행태를 하나씩 제거하려는 노력이 엿보이기 시작했습니다. 민족문화에 대한 관심과 민주주의 제도화에 대한 관심이 또다시 맹렬하게 일어나고 있습니다. 이제는 이 같은 관심이 자유, 평등, 인간화 같은 이념으로 나타나기도 하고, 사회정의와 민주화라는 이념으로 나타나기도 합니다. 많은 젊은 교인들이 탈춤과 사물놀이 같은 전통문화에 깊은 관심을 가지고, 이 전통적 민중놀이를 통해 이 시대와 상황에 대하여 예언자적으로 증언하고 있습니다.

우리는 이러한 시점에서 안으로는 교회 안의 여러 비민주적인 폐습을 정리하고 개혁하면서, 밖으로는 사회와 국가의 민주화에 적극 공헌해야 할 것입니다. 자유당 때처럼 교회가 경제적으로는 외세 의존적 성격을 띠고, 정치적으로는 권위주의에 타협하고, 신앙적으로는 근본주의와 이기적 무당성에 함몰하게 된다면, 한국 교회는 이 역사와 상황에 대하여 빛과 소금의 역할을 하지 못하게 될 것입니다. 오히려 반민족적, 반민주적 사회집단으로 심판받게 될 것입니다.

우리는 이 같은 자리를 박차고 일어서야 합니다. 한 사람의 생명을 소중하게 여기셨던 예수의 인권 사상, 재산과 생명과 권력을 바라보는 기독교의 청지기 사상은 오늘 우리에게 가장 절실히 필요한 민주적 가치관이 아닐까요? 우리는 이 같은 사상으로 무장하여 안으로는 교회 혁신과 교회 민주화를, 밖으로는 사회와 국가의 민주화를 실현하는 데 앞장서야 할 것입니다.

여기서 우리는 누구입니까? 마땅히 모든 한국 교인이 '우리'가 되어야 합니다. 모든 한국인이 우리가 되지 못한다면, 기독교 지식인들부터라도 모름지기 새 교회와 새 사회의 역사를 창조하는 주역이 되어야 합니다.

역지사지, 역지감지를 모르는 공동체

이상적인 공동체란 안으로는 인화단결이 잘 되고,
밖으로는 새로운 역사를 힘차게 만들어가는 공동체입니다.
이런 참다운 공동체가 되려면 먼저 교회 개혁에 힘써야 합니다.

-

-

-

교회가 지향하는 이상형 ideal type 은 안으로 따뜻하되 항상 힘차게 움직이는 공동체입니다. 대체로 공동체는 보수적 성격을 띠고 있어서 자체 안의 유대 강화, 인화 단결만을 강조하기 쉽습니다. 공동체 안에 소속된 구성원 간의 따뜻한 인간관계를 중요시합니다. 이러한 공동체의 보수적 성격이 보완되지 않는 한 이상적인 공동체라 할 수 없습니다. 그러면 무엇으로 보완해야 할까요?

역사의 현장에서 일하시는 하나님의 선교 사역에 용기 있게 동참하는 것이 중요합니다. 일단 교회가 안으로 따뜻하고 튼튼하게 단결되면, 그

힘을 바탕으로 하여 밖을 향해 힘차게 뻗어나가 일해야 합니다. 세속 사회 속에서 벌어지는 온갖 비인간화의 현상과 문제를 직시하고, 그 현상의 배후에 있는 비인간화와 부조리의 기본 원인을 찾아내어 그 원인들을 제거하는 일에 앞장서야 합니다.

그러니 이상적인 교회는 안으로는 사제적 배려로 따뜻한 목회가 이뤄져 내적 단결을 공고히 하고, 밖으로는 잘못된 구조와 역사를 향해 예언자적인 용기를 가지고 참다운 역사를 만들어가는 교회입니다. 그렇다면 과연 오늘의 한국 교회는 이 같은 이상형에 얼마나 가까울까요? 이러한 물음에 대답하려면 먼저 이상적인 공동체로서 교회의 특성을 좀 더 살펴볼 필요가 있습니다. 그렇게 한 후에 한국 교회가 반성해야 할 문제를 찾아보도록 하겠습니다.

유기체적 공동체의 특성

우리는 교회를 그리스도의 몸이라고 말합니다. 몸은 유기체입니다. 유기체는 유연한 통전성을 존중합니다. 부분과 부분 간의 관계는 밀접하고, 한 부분의 잘못과 아픔은 곧 전체의 아픔으로 번지고 공유됩니다. 손가락이 몹시 아프면 그 아픔은 손가락에만 국한되지 않습니다. 몸 전체가 아프기 시작합니다. 또한 유기체의 각 부분은 전체의 균형과 발전을 위해 기능합니다.

교회를 몸에 비유하는 것은 교회가 안으로 튼튼히 단합된 유기체적 공동체임을 뜻합니다. 이 같은 공동체는 다음과 같은 몇 가지 의식을 구성원에게 제공합니다. 구성원들이 이러한 의식을 가지게 될 때 비로소 이상적인 공동체가 형성되는 것이지요. 이 몇 가지 공동체 의식이 없으면 이상적 공동체라고 부를 수 없습니다.

첫째, 동지의식입니다. 한 공동체의 구성원들에게 서로 동지라고 하는 '우리 의식we-feeling'이 없다면 이상적 공동체는 존재하기 어렵습니다. '우리 의식'은 '저들they'이라는 대립 존재가 있을 때 더욱 뚜렷해집니다. 그리고 동지의식은 교회가 그들에게 적극적인 준거집단reference group 일 때 쉽게 형성됩니다.

준거집단이란 개인이 평소에 꼭 소속되고 싶어 하는 집단이며, 그 집단의 입장에서 모든 것을 조명하고 판단하고 싶어 하는 집단입니다. 교회가 이 같은 준거집단이 되면 구성원들은 자연히 끈끈한 동지의식을 가지게 됩니다. 그런데 동지의식은 집단 밖에 존재하면서 그 집단을 부당하게 위협하는 세력이 있을 때 더욱 날카로워집니다. 집단 밖의 세력이 '저들'을 이루어서 위협하기 때문입니다.

둘째, 공감적 신뢰의식입니다. 동지의식이 있으면 서로 믿고 의지하게 됩니다. 그런데 여기서 말하는 신뢰는 공감을 요청하는 신뢰를 말합니다. 공감이란 자기 입장에서 벗어나 남의 입장에 서서 남을 깊이 이해하는 것을 말합니다. 역지사지易地思之와 역지감지易地感之를 뜻합니다.

공감은 자기를 비우는 용기를 필요로 합니다. 자기를 비우고, 자기를 부정하고, 자기를 초월하여 남의 경험에 깊게 동참해야 합니다. 이것은 바로 그리스도가 우리에게 명령하신 것입니다. 이러한 공감적 신뢰의식은, 친구를 위하여 목숨을 버리는 것이 귀하다고 가르치시고, 자기를 부인하고 십자가를 지고 따르라고 하신 예수의 말씀에 기초하고 있습니다. 예수께서 그렇게 사셨습니다.

셋째, 사명의식입니다. 위의 두 의식이 공동체를 안으로 튼튼하게 만드는 힘이라면, 사명의식은 밖을 향하여 예언자적 외침을 발하게 하는 의식이요 힘입니다. 그러나 그전에 공동체 구성원들은 그 공동체 안에 자기의 역할이 분명히 있다는 생각을 먼저 해야 합니다. 자기 몫의 일이 분명히 있다는 현실 판단은 그 속에 남아 있는 것을 보람 있는 일로 느끼게 해줍니다. 이러한 역할 의식을 바탕으로 밖으로 용기 있게 예언자적 외침을 발할 수 있다고 느낄 때 비로소 더욱 이상적인 공동체로 나아가게 됩니다. 잘못된 역사를 바로잡고 새로운 역사를 창조하는 공동체라는 자각을 가지게 되면 사명의식이 더욱 뜨거워지는 법입니다.

넷째, 희망의식입니다. 사명의식은 곧 희망의식으로 이어집니다. 새로운 역사를 창조하겠다는 사명감은 새 역사가 오리라는 믿음과 소망이 없이는 결코 생기지 않기 때문입니다. 모든 의미 있는 운동이 나름대로 미래에 올 세계에 대한 열망에 뿌리를 두고 있다는 사실에 주목해야 합니다. 기독교에서는 하나님 나라에 대한 믿음을 소중하게 여깁니다. 미래라는 시간에 소망이라는 의미를 부여하면 오늘의 고난을 감내할 수 있는 힘을 얻을 뿐 아니라, 어려운 현실 상황에도 굴하지 않고 새로운 역사를 끈질기게 만들어가는 힘을 얻을 수 있기 때문입니다.

동지의식, 공감적 신뢰의식, 사명의식, 그리고 희망의식에 충만한 공동체가 있다면, 그것은 모름지기 이상적 공동체라 하겠습니다. 안으로는 인화단결이 잘 되고, 밖으로는 새로운 역사를 힘차게 만들어가려는 그러한 공동체입니다. 이것은 안으로 따뜻하기만 하여 한 자리에 머무르는 보수적 공동체도 아니고, 밖으로 힘차게 외치기는 하지만 안이 분열되어 힘이 없는 급진적 공동체도 아닙니다.

교회가 이러한 이상적 공동체의 특성을 회복할 때 급속한 사회 변화에서 오는 여러 문제 때문에 방황하는 많은 사람이 속속 교회로 몰려들게 될 것입니다. 이러한 의미에서 성공적인 교회 선교는 먼저 교회가 이상적 공동체가 될 때 가능합니다. 만일 교회가 사회 급변에서 오는 문제 때문에 방황하는 현대인들을 흡수할 만한 공동체가 되지 못한다면, 그럴 듯해 보이나 거짓된 공동체로 사람들을 현혹하고 유인하는 각종 사이비 종교가 판을 치게 될 것입니다.

급변하는 사회에서 오는 문제들

그렇다면 한국처럼 도시화로 말미암아 공업화가 이토록 빨리 진행되는 사회에는 어떠한 문제가 닥쳐올까요? 교회는 이 문제에 어떻게 대처해야 할까요?

세 가지 문제에만 주목해보도록 하겠습니다. 첫째는 사회 자체가 공동체적 성격을 상실하게 되고, 둘째는 가치관의 혼란으로 말미암아 정체성의 위기가 심각해지며, 셋째는 어지러운 극한 상황에서 궁극적 관심이 다시 생겨나게 될 것입니다. 교회 밖에서 공동체가 파괴되고, 정체성 위기가 생기고, 궁극적 관심이 새롭게 생겨날 때 교회는 적극적으로 이에 대응해야 합니다. 먼저 이 세 가지 문제부터 간단히 살펴보기로 합시다.

한국의 사회 변동은 주로 급속한 공업화와 도시화에서 옵니다. '고요한 아침의 나라'가 불과 10여 년 사이에 '분주한 정오의 나라'로 격변했습니다. 서구가 수백 년에 걸쳐 이룩한 산업화와 도시화의 내용을 우리는 수십 년 안에 이룩하려고 최대 속력으로 달려왔습니다. 이것은 분명히 압축 성장을 통한 역사의 단축이라고 부를 수 있습니다.

하지만 이렇게 비상하게 급변하는 와중에서 한국의 전통적 공동체가 급속히 허물어지기 시작했습니다. 인심이 각박해지게 되었습니다. 이른바 대중사회의 역기능들이 나타나기 시작했습니다. 우리는 이러한 추세를 하비 콕스Harvey Cox 식으로 낙관할 수만은 없습니다.

콕스는 현대 기술 도시의 도래가 기독교를 성숙한 종교로 만들 수 있다고 주장했습니다. 그는 도시화된 사회에서의 익명성과 이동성이 자유와 해방을 가져다주는 것으로 보고, 세속 도시의 두 가지 스타일인 실용주의와 불경건함이 인간의 창조 능력을 고양시키는 것으로 보았습니다. 콕스의 논리에 따르면, 현대 세속 도시 사회에서도 바람직한 공동체가 건재할 수 있습니다.

그런데 그의 낙관론이 미국 특유의 역사적 경험에 기초하고 있다는 사실을 깨달아야 합니다. 그가 말한 성숙한 종교로서의 성숙한 교회 공동체가 하루 속히 한국에서도 형성되어야 합니다. 그러나 우리는 한편 한국처럼 세속 도시가 너무나 급작스럽게 도래하는 경우 세속 도시의 익명성과 이동성을 적극적으로만 평가할 수 없다는 데 신경을 써야 합니다. 오히려 이것이 공동체의 와해를 촉진하여 인간을 소외시킬 수 있기 때문입니다.

뿐만 아니라 이것은 가치관의 혼란을 가져와서 급기야 심각한 정체성 위기를 유발하기도 합니다. 특히 젊은이들 가운데에서 이 같은 정체성 위기가 심각한 듯합니다. 정도의 차이는 있지만 기성세대 역시 정체성 위기에 사로잡혀 있다는 사실을 부인하기는 어렵습니다.

게다가 급속한 구조의 변화는 전통적 계층 규범에 묶여 있던 욕구를 상승시킵니다. 욕구 상승은 또한 경쟁의식을 조장합니다. 그런데 어느 사회에서나 경쟁자들에게 만족스럽게 배분할 자연자원이나 사회자원이 부족하기 마련입니다. 그래서 인간관계가 동물화되기 쉽습니다. 토머스 홉스Thomas Hobbes가 말하는 '인간이 인간에게 늑대가 되는Home Homini Lupus' 거친 자연 상태가 펼쳐지게 됩니다. 마르틴 부버Martin Buber가 말하는 '나와 당신I and Thou'의 아름다운 관계는 발붙이기 어렵습니다.

이렇게 어지러운 환경에서는 능률이라는 원리는 높임을 받지만, 절차를 중요시하는 도덕은 경시됩니다. 능률의 원리와 도덕의 원리가 분열됨으로써 빠른 목표 달성을 위해서라면 무슨 방법이라도 쓰겠다는 범죄적 용이성이 싹트게 됩니다. 이것이 바로 편법주의 성향이요 가치관입니다.

여기에다 급속한 구조 변화는 인간의 전통적 존재 양식을 뒤흔들어 버림으로써 정체성 위기 속에서 방황하는 현대인과 공동체의 뿌리를 상실하여 허전해 하는 현대인으로 하여금 생과 사의 문제를 새삼 진지하게 생각하게 만듭니다. 이른바 궁극적 관심이 수면에 떠오르는 것입니다.

현대인의 이러한 정신적 방황을 기성 교회가 바로잡아주지 못한다면, 이들은 사이비 공동체로 현혹하는 종교 세력이나 정치 세력에 휘말리게 될 것입니다. 진정한 공동체로부터 소외되어 뿌리 뽑힌 것 같은 느낌을 갖는 현대인, 정체성 위기에 깊이 빠져 내가 누구인지 어떻게 살아야 하는지를 알지 못해 안타까워하는 현대인이 늘어나면서 이들이 사이비 공동체, 곧 궁극적 관심을 즉각적으로 충족시켜 준다는 사이비 종교 집단에 휘말릴 가능성도 커졌습니다.

인간을 과열 경쟁 속에 살아남을 동물이나 물건으로 치부하는 현대인, 어지러운 상황 속에서 올바른 삶을 찾지 못하고 방황하는 현대인이 늘어나고 있습니다. 그리고 이들은 거짓 공동체, 거짓 정체성, 거짓 해결책을 제시하는 거짓 세력의 선전에 말려들기 쉽습니다.

이들에게 필요한 것은 정말 의미 있는 몸 된 공동체입니다. 예수의 사랑으로 새 역사를 끈기 있게 만들어가는 유기체적 공동체가 이들에게 필요합니다. 기성사회가 이 같은 공동체의 구실을 못하면 사이비 신흥종교 같은 세력이 들어서서 현대인에게 어떤 희망의 출구를 제시할 것입니다. 마치 1930년대 파시스트나 나치가 그랬던 것처럼, 1910년대 공산주의자들이 그랬던 것처럼, 그럴 듯한 미래 공동체를 제시하여 방황하는 많은 사람을 잘못된 길로 인도할 것입니다. 물론 그들이 제시하는 희망은 거짓 희망입니다.

오늘날 우리 주위에서 사이비 신흥종교가 여전히 위세를 떨치는 이유는 무엇일까요? 그 이유는 바로 그들이 '매력적'으로 보이는 희망 공동체와 궁극적 관심을 해결해줄 만병통치약 같은 해답을 부끄럼없이 대담하게 내놓기 때문입니다. 그리고 이러한 유혹에 이끌리는 사람이 적지 않은 것은 기성 교회가 바람직한 공동체가 되지 못하기 때문입니다. 따라서 기성 교회는 심각하게 반성해야 합니다.

한국 교회가 성장하고 부흥하려면 먼저 예수 그리스도의 몸 된 공동체로 돌아가야 합니다. 안으로는 예수의 피와 살로 뭉친 따뜻한 공동체가 되고, 밖으로는 새 역사 창조를 위해 예언자처럼 용기 있게 정의롭고 평화로운 사회를 건설하기 위해 힘써야 합니다. 그리할 때 방황하는 현대인이 교회의 품으로 들어올 수 있게 될 것입니다.

한국 교회의 문제점

가장 심각한 한국 교회의 문제는 잘못된 무속성에 있습니다. 무당종교가 갖는 개방성이나 관용성 같은 좋은 점을 지니고 있다면 다행입니다. 염려되는 문제는 기복신앙이라는 무당종교의 이기주의입니다. "나 하나 예수 잘 믿고 천당 가겠다"는 식의 믿음이 바로 이 같은 무당성의 표현입니다. 사사롭고 이기적인 자신의 욕망을 충족시키려고 교회에 찾아와 복을 기원하는 태도는 기독교적인 태도가 아닙니다. 신의 마술적인 능력을 빌어 자기의 복을 기원하는 것은 더더욱 기독교의 자세가 아닙니다.

예수는 개인의 영달을 위해 마술적 힘을 사용하는 것을 철저히 배격했습니다. 자기를 부인하고 십자가를 지고 고난의 골고다 길로 가는 것이 크리스천의 임무임을 분명히 밝혔습니다. 고난 속에서 그리스도를 만나고 그를 영접하는 기쁨은 크리스천의 특권입니다. 예수께서는 십자가 지심을 거부하지 않으셨습니다. 뿐만 아니라 마술적인 방법에 의존하여 십자가를 지는 것 또한 단호히 거부하셨습니다.

예수께서 누구를 위해 고난을 당하셨나요? 자기 자신을 위해서는 절대 아닙니다. 우리와 우리의 이웃을 위해서입니다. 그렇다면 우리의 이웃은 누구일까요? 공간적으로 옆에 사는 사람이 이웃이 아니라, 불한당에게 억울하게 피해를 받은 사람들이 우리의 이웃입니다. 우리는 이렇게 피해 받는 민중을 위해 그리스도의 고난에 동참하라는 요청을 받고 있습니다. 이것이 기독교가 가지고 있는 숭고하고 이타적인 고난입니다. 결코 무속적 이기주의가 아닙니다. 나 하나 예수 잘 믿고 천당에 가는 신앙이 아닙니다.

둘째, 한국 교회는 개인 구원도 아닌 개인의 영혼 구원에만 집착한 나머지, 인간을 온전케 한다는 뜻에서의 구원과는 거리가 먼 플라톤적인 관념론의 오류에 빠져 있습니다. 인간을 육과 영으로 분리해놓고 그 중에 영혼의 구원만을 강조하는 것은 지극히 관념론적인 환상에서 비롯된 것이라 하겠습니다. 이것은 결코 기독교의 입장이 아닙니다. 기독교는 육과 영을 다 존중합니다. 기독교는 육과 영이 합쳐진 전인全人의 온전한 구원을 중요시합니다.

개인의 영혼 구원만 강조하는 것은 죄를 철저히 개인 차원에만 국한시킴으로써 구조적 죄악을 알지 못하게 하거나 알려는 동기를 싹둑 잘라버리는 결과를 낳습니다. 나아가 이런 구조적 죄로 인해 부당하게 피해를 받는 이웃에 대해 냉담한 태도를 갖게 합니다. 결국 예수의 정신과는 거리가 먼 태도로 예수를 믿는다고 착각하게 되는 것입니다.

셋째, 한국 교회는 아직도 기독교가 역사적 종교임을 깨닫지 못하고 있는 것 같습니다. 기독교의 하나님은 '바알'처럼 공간에 갇혀 있는 신이 아닙니다. 콕스가 적절히 지적한 대로 야훼는 공간을 자유롭게 이동하는 유동적인 신입니다. 그러므로 하나님은 한 지역 문화에 갇힐 수 없는 분입니다. 한 걸음 더 나아가 기독교의 하나님은 시간 속에 들어오셔서 역사를 만들어가는 하나님이요, 기독교는 역사를 새롭게 하고 새로운 역사를 만들어가는 종교입니다.

따라서 기독교는 역사 속에서 전개되는 각종 불의, 부자유, 불평등, 비인간화를 외면할 수 없습니다. 왜냐하면 역사를 등질 수 없기 때문입니다. 그러므로 크리스천은 역사 속에서 새로운 인간뿐 아니라 더 바람직한 구조를 만드는 일에 앞장서야 합니다. 이러한 뜻에서 한국 교회는 성숙한 교회, 자유롭게 하는 교회, 해방되고 해방시키는 교회가 되어야 합니다.

넷째, 한국 교회는 경직된 이분법적 사고에 기초한 율법주의적 폐습과 독선주의를 극복해야 합니다. 경직된 이분법적 사고 양식은 작은 이견도 서슴없이 정죄합니다. 이견자, 특히 성서해석에서의 이견자는 영락없이 이단으로 봅니다. 우리는 이 같은 경직된 이분법적 사고를 근본주의 신앙을 가진 사람들 가운데서 쉽게 찾아볼 수 있습니다. 모든 것을 선과 악, 백과 흑, 천당과 지옥으로 양분해서 한 쪽만 옳다고 판단하여 다른 쪽을 무조건 정죄해버립니다. 조그마한 차이도 차별하는 까닭에 독선적 아집이 나오게 되고 분열의 씨앗을 뿌리게 됩니다. 오늘날 한국 교회가 계속 분열을 거듭해온 것도 따지고 보면 이러한 이분법적 사고 탓이 큽니다. 근본주의자들에게는 차이와 차별 간의 의미 있는 차이가 아무 의미가 없습니다.

율법주의적 사고도 마찬가지입니다. 율법주의적 사고에 매여 있는 사람은 겉모습을 보고 그 사람의 신앙의 깊이를 판단하려 합니다. 겉으로 얼마나 경건해 보이는지, 얼마나 경건하게 곡조를 넣어가면서 기도하는지 따위를 보고 신앙의 깊이를 재는 것입니다. 예컨대 주초酒草 문제를 봅시다. 술을 마시거나 담배를 피우면 다른 것은 알아볼 것도 없다는 식으로 대번에 정죄해버립니다. 성경구절을 얼마나 잘 외우는지를 성경 내용을 얼마나 깊이 이해하는지보다 더 중요하게 생각합니다. 신자인 척, 목사인 척, 장로인 척하는 외식에 관심을 쏟고, 예수 신자의 냄새를 풍기기 좋아합니다. 비신자들이 경멸하는 예수쟁이의 냄새를 피우기 좋아합니다. 이것은 결코 예수의 향기가 아닌데 말입니다.

　경직된 이분법적 사고와 율법주의 사고는 또한 비기독교적인 것, 비교회적인 것에 대해서는 마음의 문을 닫아버리게 합니다. 이른바 세속 사를 무조건 불순한 것으로 치부하여 경원시하고 기피합니다. 다른 종교는 모두 이교이고 사교이므로 그 원리를 알아볼 필요도 없다고 못 박아 버립니다. 심지어 인도주의까지도 애써 인본주의와 반신본주의로 착각하려 하고 이를 배척합니다. 이러한 교인일수록 예수를 마술적 존재로만 믿는 것 같습니다. 다른 종교와 대화할 필요가 조금도 없고, 더더구나 세속과는 타협할 수 없다고 믿습니다. 여기서 우리는 또 하나의 독선주의를 봅니다. 독선이야말로 결국 자기와 남을 함께 죽이는 독이라 하겠습니다.

공동체의 특성을 회복하라

한국 교회가 진실로 역사를 만들어가는 참다운 공동체가 되려면 교회 개혁에 힘써야 합니다. 먼저 교회의 제도적 개혁이 필요합니다. 그러나 가장 기본적으로 요청되는 것은 한국 기독교인들의 의식이 근본적으로 변화되는 것입니다. 예수 그리스도를 따르는 사람이 크리스천이라면, 우리는 예수 그리스도를 근본적으로 새롭게 깨달아야 합니다. 예수믿으미에서 예수따르미로 변해야 합니다.

우리가 마음속 깊이 아로새기고 있는 예수상을 보면, 거기에는 율법주의자 예수, 샤만 예수, 독선주의자 예수, 또는 맥 빠지고 힘없는 예수상이 나타납니다. 이 같은 예수상에는 문제가 있습니다. 무엇보다 우리는 두 가지 예수상을 중심으로 예수를 따라야 할 것입니다.

첫째, 공감자 예수, 곧 동고자 예수입니다. 자기의 입장을 초월하고 남의 입장에 서서 남의 고통과 기쁨에 깊이 동참하는 공감자 예수를 알아야 합니다. 그런데 예수가 공감했던 사람, 사랑했던 사람은 어떠한 사람이었습니까? 한마디로 부당하게 차별받는 이른바 소수집단minority group이었습니다. 수로는 결코 소수가 아니면서도 억울하게 차별받아온 사람들과 예수는 깊이 공감하셨습니다. 그리고 그들과 동고하셨습니다.

병든 자, 우는 자, 핍박받는 자, 포로된 자, 눌린 자, 애통하는 자, 죄인, 사마리아인, 여자, 어린 아이, 갈릴리 사람 등 당시 암 하아레츠 계층에 속했던 사람들과 공감하셨습니다. 물론 예수께서는 세리, 백부장, 일부 바리새인과도 공감하셨습니다. 그러나 대개는 이들이 부당하게 민중을 압제하던 자신의 죄를 회개할 때 더 뜨겁게 이들과 공감하셨습니다. 세리장 삭개오가 대표적인 예입니다. 예수는 낮은 곳으로 흐르는 물처럼 겸손하게 낮고 천한 곳으로 내려오셔서 죄인으로 낙인찍힌 인간들과 공감하신 것입니다. 특히 불한당을 만나 부당하게 피해를 입은 인간들에게 공감하셨습니다.

둘째, 거침없이 비판하시고 때로는 직설적으로 욕설을 하실 정도로 불의한 구조에 분노하신 예수입니다. 예수께서는 불의한 자들을 향해 '독사의 새끼들'이라고 극언하셨습니다. 우리 식으로 '개새끼'라는 표현보다 더 지독한 욕설입니다. 예수는 이처럼 부조리한 구조, 불의한 집단에 대해 불처럼 분노하고 가차 없이 비판하셨습니다. 크리스천은 무조건 양처럼 순해야 한다는 주장은 잘못입니다. 예수께서는 잘못된 역사, 불의한 구조를 태울 듯이 불처럼 분노하셨습니다.

우리는 예수를 거룩한 하나님의 아들로 믿기 때문에 이렇게 욕하고 분노하시는 예수의 상(마 23장 참조)을 우리 머릿속에서 애써 지우려고 합니다. 그저 얌전하고 점잖은 예수, 온유하고 겸손하기만 하신 예수, 속죄양으로 힘없이 끌려가시는 예수만을 생각하는 나머지, 성전 앞에 있던 잡상인들을 쫓아내시던 예수, 헤롯 대왕을 여우라고 비꼬신 예수, 외식하는 자들과 율법주의자들을 회칠한 무덤이라고 비판하신 예수상은 지워버리려고 합니다. 만일 우리가 이렇게 불처럼 분노하시는 의분義憤의 예수를 놓친다면, 우리의 신앙은 맥 빠질 수밖에 없습니다.

지금 한국 교회는 물처럼 겸손하게 비천한 사람들과 공감해야 할 때에는 쓸데없이 불처럼 분노하고, 불처럼 비판해야 할 때는 비겁하게 온유한 체하면서 타협하는 교회로 전락한 것 같습니다. 특히 이른바 보수 교회를 볼 때마다 이런 느낌이 강하게 듭니다. 불의한 구조에 대해서는 물처럼 쉽게 접근하여 아첨하고, 불의한 구조와 잘못된 역사에 도전하는 크리스천에게는 불처럼 분노하는 근본주의 신자들을 볼 때마다 무엇인가 잘못되어 있다는 느낌을 떨쳐버릴 수 없습니다.

이렇게 잘못되어 있으니 교회는 쓸데없이 안에서는 서로 이단으로 정죄하고 분열하면서, 밖에서는 정치 세력에게 아부하는 것 아니겠습니까? 이들 보수 교회는 "가이사의 것은 가이사에게, 하나님의 것은 하나님에게로"라는 예수의 말씀을 편리하게 갖다 붙입니다. 그래서 한편으로는 비판적으로 사회 참여하는 신자를 힐책하면서 다른 한편으로는 오늘의 가이사 세력에게 은밀한 추파를 던지고 있습니다.

한국 교회는 팔레스타인에서 숨 쉬고 활동하고 죽임을 당하셨으나 사흘 만에 부활하신 갈릴리 출신 예수를 새롭게 만나야 합니다. 역사적 예수는 서구 문화의 옷을 입은 예수, (특히 콘스탄틴 대제 이후) 가진 자와 부리는 자를 위해 변호인의 옷을 입은 예수, 율법주의자의 옷을 입은 근본주의자 예수, 이기적인 복을 마술적으로 내리는 무당 예수가 아닙니다.

자기를 부인하고 십자가를 지면서도 끝내 마술을 거부하고 골고다로 피 흘리며 올라가신, 그래서 감동적인 우리의 주님 예수, 골고다에서 우아하게 지셨기에 부활로 승리하신 예수를 다시 우리 중심에 모셔야 합니다. 우리 한국 교회는 하나님을 사랑하는 것만큼 불의한 구조와 역사에 의해 타박상을 입고 있는 현재의 여리고 언덕의 피해자, 민중과 깊게 공감해야 합니다. 바로 그 언덕에서 예수를 만나야 합니다. 그래서 한국 교회가 바로 그 언덕 위에 굳건히 서 있어야 합니다.

고 장 난 나 침 반

기존 가치체계가 무너지고 혼미한 상태에서
새로운 자극을 갈망하는 사람들은 사이비 신흥종교가
제시하는 만병통치약 같은 해결책에 쉽게 빠져들고 맙니다.

대체로 어떤 사회가 급격한 변동 때문에 기존 공동체가 깨어지고, 그 속에서 의미 있는 정체성을 발견했던 사람들이 자아를 상실하고 방황하게 되면, 무엇인가 따뜻하고 의미 있는 새로운 공동체와 분명한 자아를 찾아 헤매게 됩니다. 급격한 사회 변동의 충격으로, 또는 교회 자체가 경직되어 참다운 공동체가 되지 못할 때, 새로운 '우리 됨'과 '나 됨'을 제시해주는 체하면서 정신적으로나 신앙적으로 방황하는 사람들을 현혹하는 종파적 운동이 나타나기 쉽습니다. 이것을 우리는 사이비 신흥종파라고 부릅니다.

그러나 신흥종파를 반드시 부정적으로만 볼 필요는 없습니다. 때로는 신흥종교가 기존 사고체계와 기존 신앙의 준거점이 무너진 다음에 오는 격심한 좌절과 방황을 수습하는 대안이 될 수 있기 때문입니다.

신흥종교의 사이비성 판단

문제는 어떤 종파의 신흥성이 아닙니다. 이 신흥성이 사이비성을 동반하기 쉽다는 데 문제가 있습니다. 그러면 여기에서 우리는 두 가지 질문에 대답해야 합니다. 왜 신흥종교는 사이비성을 띠기 쉬울까요? 그리고 사이비성에 대한 판단을 어떻게 내릴 수 있을까요?

만병통치약 같은 급속한 해결책을 제시할 때 신흥종교는 사이비성을 띠기 쉽습니다. 기존 가치체계가 무너지고 혼미한 상태에서 새로운 자극을 갈망하는 사람들에게 그것이 쉽게 먹혀 들어가기 때문입니다. 상황적 여건 때문에 새로운 자극에 최면이 걸리기 쉬운 사람들은 대체로 신속하고 전폭적인 새로운 처방을 갈구하게 됩니다. 이때 사이비 종교가 만병통치약 같은 해결책을 들고 등장하기 쉽습니다. 그것이 거짓된 처방일수록 사람들은 무방비 상태로 받아들이는 경향이 있습니다.

특히 현대 산업사회처럼 구조가 아주 복잡하고 변화가 대단히 빠른 사회에서는 문제 자체가 복잡하기 때문에 단순한 방식으로 문제를 해결하기 어렵습니다. 현대 사회에서 만병통치약 같은 해결 방안은 처음부터 있을 수 없습니다. 제시된 해결책이 만병통치약으로 포장될수록 그것은 태반이 가짜일 수밖에 없습니다. 그런데 신흥종교일수록 만병통치약 같은 해결책을 제시합니다. 그렇기 때문에 사이비성을 띠게 되는 것입니다. 천당 가는 티켓을 파는 행위가 대표적인 예입니다.

우리는 위에서 사이비성을 판단하는 기준을 이미 시사했습니다. 신흥종교가 거짓 약속, 거짓 희망, 거짓 해결책을 제시하기 때문에 사이비라는 판단을 받게 되는 것입니다. 이런 맥락에서 보면 신흥종교뿐 아니라 새로 등장한 세속적인 세력, 즉 정치적 운동에서도 사이비성을 발견할 수 있습니다. 예컨대 1930년대 나치나 한때의 공산주의도 사이비성을 강하게 띠고 있었습니다.

여기에서 우리는 신흥종파의 사이비성이 '온전케 하는 역사'로서의 구원과 동떨어진다는 사실에 주목해야 합니다. 흩어진 것, 깨어진 것, 부서진 것을 온전케 하는 과정이 기독교의 구원이라면, 신흥종파는 온전케 되려는 인간과 집단들에게 온전케 해준다는 약속을 굳게 하면서도 실제로는 이들을 더욱 흩어지게 하고 깨어지게 합니다. 인간의 육과 영을 분리시켜 영혼 구원만을 강조한다든지, 개인의 사회성과 사회의 개인성을 무시하여 개인을 사회로부터 철저히 분리시키려 합니다. 뿐만 아니라 개인을 가족으로부터 떨어져나가게 합니다. 여기에 온전케 하는 힘으로서의 구원은 들어설 자리가 없습니다.

게다가 거짓으로 만병통치약 같은 '구원'을 제시하는 동기에는 교주의 탐욕스러운 독선이 깔려 있습니다. 대체로 경제적 수탈과 성적 비행 등이 신흥종파와 은밀히 연결되어 있는 이유가 여기에 있습니다. 교주의 신격화나 우상화를 통해 신도를 정신적으로 착취하는 것도 이러한 각도에서 파악할 수 있습니다.

자기의 치부와 성적 쾌락을 위해 많은 사람에게 종교적 최면을 걸어 그들을 악용하는 사실, 그리고 이 같은 악용을 정당화하려고 교주를 우상화하고, 교주에 대한 절대 충성을 강조한다는 사실 등이 모두 사이비성 판단의 기준이 될 수 있습니다. 이렇듯 신앙을 빙자한 극단적인 이기심에 따라 신도를 경제적으로나 정신적으로 수탈하는 행태는 사이비 신흥종교의 특징입니다. 이 같은 사이비성이 강하면 강할수록 그것이 제시하는 새로운 공동체와 자아 정체성은 아름다운 낱말과 수사로 포장되는 법입니다.

사이비 신흥종교 발생 요인

사이비 신흥종교가 발생하는 요인은 교회 밖의 사회구조적 요인과 기성 교회 안의 내부적 요인으로 나누어볼 수 있습니다. 그런데 이렇게 둘로 나눌 때 반드시 주의해야 할 문제가 있습니다. 이 두 요인은 각각 별개로 작용하지 않는다는 점입니다. 사이비 신흥종교가 등장하는 데 이 두 가지 요인이 각기 독립적으로 작용할 수도 있지만, 대체로 이것들은 함께 작용한다는 사실에 주목해야 합니다.

다시 말하면 교회 밖의 어지러운 사회구조적 현실과 문화적 상황이 의미 있는 새로운 공동체와 자아를 추구하게 하고 새로운 궁극적 관심을 불러일으키게 하는데, 이 같은 현실적 여건 속에서 기성 교회가 지나치게 비인격화되거나 관료화되어 사회적 여건이 요청하는 바에 둔감하게 되면, 그 대안으로 신흥종파가 사이비성을 띠고 훨씬 쉽게 등장하게 됩니다.

그러므로 사회적 요소와 교회 내적 요소가 상호작용하여 사이비 신흥종교를 배태시킨다고 할 수 있습니다. 사회적 요소가 마련되었다고 해서 자동적으로 사이비 신흥종파가 생긴다고 말하기는 어렵습니다. 또한 교회 내에 그럴 만한 요소가 있다고 해서 곧바로 사이비 신흥종파가 생겨나는 것도 아닙니다. 우리는 이 점을 충분히 이해해야 합니다. 그러면 먼저 교회 밖의 사회적 요인부터 살펴보기로 합시다.

사회적 요인

사회적 요인도 크게 두 가지로 나누어볼 수 있습니다. 하나는 전쟁이나 빈곤, 재난, 질병, 극심한 소외 등의 극단적 상황 때문에 인간이 새삼 절박하게 궁극적인 관심을 가지게 되는 경우입니다. 한국전쟁, 북한의 침략에 대한 불안, 극단적인 정치적·경제적 변화 등을 겪으면서 사람들은 생과 사, 특히 보람 있는 생이란 무엇이며 가치 있는 죽음이란 무엇인지를 생각하게 되고, 가치 있는 삶과 죽음을 어떻게 연결시킬 수 있는지 궁극적인 물음을 던지게 됩니다. 신흥종파가 생길 수 있는 사회적 요소가 마련되는 셈입니다.

우리의 역사에서 보면 일제의 탄압이 극심할 때, 한국전쟁과 같은 크나큰 비극적 상황에서 신흥종파가 발생하는 경향이 컸습니다. 물론 이러한 여건에서도 기성 교회가 그 같은 궁극적 관심을 성숙하게 만족시켜 줄 수 있다면 신흥종파가 발생할 가능성은 그만큼 줄어듭니다.

또 하나는 급격한 사회구조의 변동이 있고, 이로 말미암아 심각한 구조적 양극화가 생겨나고, 설상가상으로 가치관 혼란이 겹치게 되면 신흥종파가 발생할 또 다른 사회적 요소가 생기게 됩니다. 이 두 번째 사회적 요소를 좀 더 자세히 살펴보도록 하겠습니다.

먼저 급격한 구조적 변동이란 대체로 급속한 공업화와 비정상적인 도시화를 의미합니다. 구조적 변동이 신흥종파를 불러일으키는 데는 크게 두 가지 이유가 있습니다. 하나는 불균형한 구조, 곧 빈부 격차의 양극화이고, 다른 하나는 가치관의 혼란입니다.

불균형한 구조란 각종 양극화 현상을 뜻합니다. 경제적으로는 빈익빈 부익부와 산업 간 불균형(2차 공업의 비정상적인 비대나 3차 산업의 병적 확대 등)을 뜻하고, 사회적으로는 도시와 농촌 간의 구조적·심리적 격차를 뜻합니다. 문제는 이 같은 격차를 많은 사람들이 부당한 것으로 인식한다는 점입니다. 객관적 양극화를 주관적으로 부당한 것, 불의한 것으로 판단하여 사회정의가 형편없이 낮은 수준에 머물러 있다고 여기게 되면, 부당하게 수탈당하고 차별받고 있다고 느끼는 집단과 계층이 기존의 질서를 무시하거나 부정하는 움직임에 민감하게 반응하게 됩니다.

메시아적 사회운동은 이러한 상황에서 생겨나는 움직임으로 해석할 수 있습니다. 어느 시대나 예언자는 이러한 소수집단의 이익을 용감히 대변하는 사람입니다. 물론 이 경우에 예언자는 신흥종파를 내세울 수 있기에 그것을 반드시 사이비적인 것이라고 못 박을 수는 없습니다.

급격한 사회구조의 변동이 이와 같이 부당한 구조적 격차를 자아내는 동시에 가치관의 혼란과 전통적인 공동체의 와해를 가져온다는 사실에 주목할 때, 우리는 신흥종파 발생의 또 다른 요소를 찾게 됩니다. 급격한 공업화와 도시화는 무엇보다도 인간과 인간 사이를 묶어준 전통적 사회 관계를 혼란시키거나 와해시키기 쉽습니다.

혈연과 지연으로 굳게 맺어진 공동체의 유대가 파괴되면, 인간은 자기를 따뜻하게 감싸주던 보호자가 없어진 것 같은 허탈감과 불안을 느끼기 쉽습니다. 소속감도 희미해지고 정신적인 정박점이 없어지는 것 같아 방황하게 됩니다. 이른바 1차 집단적인 따뜻한 분위기, 서로 신뢰할 수 있는 굳건한 사회관계가 흐트러지게 됩니다. 대신에 공업화와 도시화가 가져다주는 영악한 2차 집단적 분위기는 인간을 인격적 존재에서 수단적 존재로 전락시키기 쉽습니다.

공동체의 와해와 함께 고려해야 할 문제는 가치관의 혼란입니다. 급속한 구조적 변동은 가치관의 혼란을 가져옵니다. 전통적 가치관이 완전히 무너지기 전에 도시화와 공업화에 따른 실용주의적 가치관이 생겨납니다. 신구 가치관이 난폭하게 혼재해 사람들은 무슨 가치관으로 살아야 할지 잘 모르게 됩니다.

한편으로는 유교적 가치관, 불교적 가치관, 무속적 가치관 등 전통적 가치관에서 벗어나지 못한 채 다른 한편으로 새로운 외래 가치관과 도시적 가치관을 수용하게 됩니다. 하루의 삶을 가만히 들여다보아도 도대체 오늘 하루 무슨 가치관을 가지고 살았는지 잘 모를 만큼 혼돈된 상태에서 살고 있습니다.

이렇게 되니까 의미 있는 생활의 방향 감각이 둔화되고, 도덕적 판단을 명쾌하게 내릴 수 없게 되어 정신적 방황을 하게 됩니다. 뿐만 아니라 내가 어떤 인간이 되어야 하고, 어떤 방향으로 살아야 하며, 어떤 집단에 소속되어야 하는지를 일관성 있게 알지 못합니다. 이른바 정체성 위기가 생기게 됩니다. 심하게 표현하면 '나'를 상실하는 것입니다. 자기 이름은 기억하지만 어떤 존재로 살아야 하는지를 분명히 알지 못하기도 합니다.

이러한 상태에서 한편으로는 의미 있는 공동체를 추구하게 되고, 다른 한편으로는 일관성 있는 자아를 추구하게 됩니다. 사람들이 정신적으로 방황하는 것도 이러한 공동체와 자아를 찾지 못했기 때문입니다. 방황이 심할수록 공동체와 자아의 갈망과 추구는 절실해집니다.

그러할 때 "바로 여기에 여러분이 그토록 갈구해오던 공동체가 있고, 여기서 바람직한 자아를 발견할 수 있습니다"라고 외치는 거짓 선동가들이 나타나 하나의 종파 운동을 벌일 가능성이 커집니다. 방황하던 사람들은 이러한 외침에 쉽게 말려듭니다. 그리고 사이비 신흥종교 창시자일수록 그럴 듯한 공동체와 자아 정체성을 제시하고 만병통치약 같은 해결책을 확실히 가지고 있다고 장담합니다.

결국 신흥종교가 발생하기 쉬운 요소란, 급격한 구조적 변동과 이에 따른 구조적 격차와 가치관의 혼란 때문에 사람들이 의미 있는 공동체나 바람직한 자아를 추구하게 될 때, 그리고 극단적인 불행한 조건으로 궁극적 관심에 절실히 사로잡혀 있을 때 생기게 됩니다.

그러나 이 같은 상황적 요소만으로 사이비 신흥종파가 생기는 것은 아닙니다. 앞에서도 지적했듯이 교회 밖의 상황이 공동체와 자아를 뒤흔들어놓고 궁극적 관심을 촉발시킬 때, 교회가 의미 있는 공동체와 바람직한 자아 정체성을 제시할 수 있고, 삶과 죽음에 대한 의미 있는 해명을 설득력 있게 내려준다면, 사이비 신흥종파가 발생할 여지는 그만큼 줄어들기 때문입니다.

교회 내적 요인

우리는 교회 자체가 신흥종교를 발생시키는 원인이 될 수 있음에 주목해야 합니다. 기성 교회가 인간적이고 인격적인 공동체가 되지 못하거나 바람직한 정체성을 권위 있게 제시하지 못할 때 교회 밖의 사회적 요인과 상승 작용하여 사이비 신흥종파가 나타나기 쉽습니다. 교회 내의 원인으로서는 다음의 몇 가지를 생각할 수 있습니다.

첫째는 지나친 근본주의와 권위주의 풍토, 둘째는 지나친 관료주의 조직, 셋째는 율법주의 경향, 넷째는 타계 지향적이고 신비주의적인 경향을 들 수 있습니다. 이 몇 가지 교회 풍토가 교회를 매력 없게 하고, 기성 교회 안에서는 뭔가 허전하다고 느끼게 합니다. 그리고 이른바 권위 있는 교회, 공동체적 교회, 자아 형성에 도움 되는 교회, 역사를 만들어가는 창조적 교회가 되지 못하는 이유가 바로 이러한 기성 교회의 잘못된 풍토 때문이기도 합니다.

첫째, 근본주의 풍토를 들 수 있습니다. 이것은 경직된 사고 양식으로서 만사를 두 극으로 나누어 판단하는 이분법적 사고를 뜻합니다. 근본주의 풍토가 신흥종교를 발생시키는 이유는 바로 경직되고 독선적인 판단으로 말미암아 교회가 파괴적인 분열을 거듭하게 되기 때문입니다.

근본주의적 사고는 이견을 이단으로 몰아붙이기 쉬운 정죄형 사고라서, 교회를 하나의 관용적인 공동체로 보지 않고 '지순한' 독선의 아성으로 만들어버립니다. 기성 교회가 근본주의 사고 때문에 계속 분열하면, 교인들은 방황하게 되고, 새로운 공동체를 찾으려는 마음이 생기게 됩니다. 그러니 기성 교회가 고질적으로 분열될 때 신흥종파가 생길 가능성이 그만큼 커지는 것입니다.

둘째, 교회의 지나친 조직화 또는 관료화가 교회의 매력을 떨어뜨려 신흥종파에 흥미를 느끼게 합니다. 교회는 예수의 몸 된 공동체입니다. 몸 된 공동체는 긴밀한 유기적 관계를 중요시합니다. 손가락이 눈의 중요성을 무시할 수 없고, 코가 입을 경멸할 수 없듯이, 교회는 여러 종류의 인간이 하나의 전인격적 존재로서 서로 긴밀하게 유기적으로 연결되어 있는 공동체이어야 합니다. 유기적인 한 몸이어야 합니다. 몸이라 할 때 인간과 인간의 관계는 피처럼 진하고 뜨거워야 합니다. 따뜻한 인격적 관계가 지배해야 합니다. 그리고 관용과 용서, 화해가 넘쳐나야 합니다.

그런데 교회 조직이 지나치게 관료화되어 인간관계가 비인격적이 되면 몸으로서 공동체는 상실됩니다. 세속적 사회 같은 하나의 이익단체처럼 되어버립니다. 당회는 회사의 중역 회의 같이 되어버리고, 의사소통 과정이 차갑거나 닫히게 됩니다. 위계질서가 너무 엄격하여 젊은이들의 의사는 당회에 제대로 반영되지 못하고, 여신도회의 의견은 차갑게 거부될 수도 있습니다. 이렇게 되면 사람들은 기성 교회를 의미 있고 따뜻한 공동체로 보지 않습니다. 그리고 그러는 만큼 교회 밖에서 따뜻한 공동체를 모색하게 됩니다.

셋째, 율법주의적 성격이 강한 교회는 인간을 교리나 율법주의로 측정하려 하기 때문에 인간을 소외시킵니다. 마치 예수 당시의 서기관들처럼, 율법주의적 규범을 지키지 못하면 인간을 죄인으로 천대하는 비극이 생겨납니다. 주초 문제에 대한 지나친 금기, 외식에 대한 존중 등이 인간의 잠재 능력을 질식시킵니다. 인간을 해방시키는 것이 아니라 오히려 구속합니다. 교리로 인간의 사고와 행동을 제약합니다. 이러한 율법주의의 경향은 인간다운 인간이 되려는 교인들을 소외시키고 맙니다.

그래서 창백한 완전주의자만 교회에 남게 되면 자연히 교회 밖에서 새롭고 인간적이고 따뜻한 공동체를 갈구하게 됩니다. 대체로 사이비 신흥종파가 겉으로는 퍽 인간적인 공동체처럼 보이게 하려고 애쓰는 것은 율법주의적인 기성 교회에서 소외된 교인들을 노리기 때문입니다. 교주를 어버이처럼 모시고 교인은 모두 한 가족이라고 강조하는 이유가 바로 여기 있습니다.

넷째, 신비주의를 들 수 있습니다. 기성 교회가 지나치게 신비주의에 기울어 신비한 체험을 중요시하면 거기에 훈련된 교인은 기성 교회가 충분히 만족할 만큼 신비적이 아니라고 판단하게 되어 곧 교회를 떠나 사설 제단을 쌓든지, 기도원에 다니든지, 부흥회에 지나치게 의존하든지, 충분히 신령하다고 생각되는 신흥종파에 귀의하게 됩니다. 신령성에 대한 끝없는 추구와 여정이 시작되는 것입니다.

만일 기성 교회가 값싼 성령의 은사를 지나치게 강조하여 그 은사의 징표로 방언이나 신유의 권능만을 높이 존중하면, 기성 교회는 자승자박의 결과를 낳게 됩니다. 신비주의적 체험에 훈련된 신자는 일단 기성 교회에 은혜가 없다는 판단이 들면 당장 신흥종교로 옮겨 갈 것이기 때문입니다.

그런데 이렇게 교회 내적 요인을 살펴볼 때 한 가지 분명해지는 사실이 있습니다. 즉 이른바 교조적인 교회일수록 사이비 신흥종파를 배태시킬 소지가 아주 많다는 점입니다. 그런 교회는 그렇지 않은 교회에 비해 상대적으로 더 근본주의적이고, 관료적이고, 율법주의적이고, '신령'하기 때문입니다. 그런데 흥미로운 것은 교조적인 교회일수록 신흥종교에 대한 규탄의 소리가 높고 증오가 격심하다는 점입니다. 그것은 아마 자기와 너무 닮았기 때문인지 모릅니다.

사이비 신흥종교의 특징

일반적으로 신흥종교의 특징은 에른스트 트뢸취 Ernst Troeltsch 가 말하는 섹트sect, 밀턴 잉어 J. Milton Yinger 가 말한 섹트와 컬트cult, 네일 스멜서 Neil J. Smelser 가 지적한 '가치 지향적 집합 행동' 등의 개념으로 파악할 수 있습니다. 그런데 여기에서 우리는 사이비 종파에 주목하여 신흥종교의 특징을 대략 여덟 가지로 나누어 살펴보려고 합니다.

첫째, 새로운 성원을 받아들이기 위하여 사람들을 현혹시키는 기술이 대단히 발달해 있습니다. 마치 자기 종파에 들어오면 천국이 곧 이루어질 것처럼 과장합니다. 아름다운 말로 포장된 공동체와 자아가 제시됩니다. 포장 기술이 대단히 발달해 있는 것입니다. 이것은 일종의 종교적 허위의식입니다.

둘째, 일단 들어간 다음에는 자유롭게 그곳을 떠나지 못합니다. 여러 가지 심리적 또는 관계적 강압과 협박 때문에 떠나지 못하게 되어 있습니다. 이것은 그 집단의 폐쇄성을 뜻합니다. 세속적으로 보면 전체주의 정당이 그렇습니다. 사이비 종교에 일단 들어가게 되면 나오기가 퍽 어려운 줄로 압니다. 배신자로 낙인이 찍혀 엄청난 고통을 당하기도 합니다.

셋째, 성원들에 대한 경제적 수탈과 착취가 제도화되어 있습니다. 가산을 헌납하도록 요구한다든지, 노동력을 값싸게 산다든지, 아예 노동력을 착취하기도 합니다. 그리고 이렇게 경제적 수탈이 심할수록 그것을 합리화하고자 종교적 신앙이나 헌신을 미친 듯이 강조합니다. 사이비 신흥종파일수록 경제적 착취를 통해 치부를 합니다. 거대한 공장과 기업체와 같은 영리업체를 가지고 있습니다.

넷째, 경제적 착취와 함께 성의 착취가 이루어집니다. 사이비 신흥종교와 성 착취 문제가 심심찮게 연관되는 것을 볼 때 교주와 여신도 간의 관계가 전제주의 시대의 왕과 궁녀들과의 관계와 크게 다르지 않은 것 같습니다. 교주는 적어도 돈과 성은 자유롭게 누릴 수 있는 특권을 보장받습니다. 물론 이 같은 횡포에 대한 종교적 윤색 또한 찬란합니다. 성을 착취하면서 거기에 종교적 의미를 아름답게 부여하는 것입니다.

다섯째, 일단 자기 집단에 들어온 사람을 계속 잡아두는 데 필요한 재사회화 resocialization 훈련이 잘 발달해 있습니다. 종교적 세뇌 기술이 아주 발달해 있는 것입니다. 자기들의 교리에 대한 훈련이 철저합니다. 이 점은 이미 자기 집단에 들어온 성원에게는 가혹하고, 남의 집단에 대해서는 속으로 경계하되 겉으로는 퍽 관대해 보이려고 애쓰는 것과 같습니다. 이것이 곧 사이비 집단의 이중성입니다.

여섯째, 교주의 우상화를 들 수 있습니다. 교주를 신이나 예수 그리스도와 비슷한 자리에 올려놓아 살아 있는 신이나 현대의 메시아로 추앙합니다. 그것이 감람나무든 우주의 아버지든 간에 오늘의 구세주로 모십니다. 사이비 종파일수록 자신의 교주를 신격화하기에 여념이 없습니다. 온갖 좋은 권위를 담은 모든 종교적 술어를 동원합니다. 이 점은 극단적인 공산주의 체제에서 개인 우상화를 위한 표현이 아주 장엄하다는 사실과 일맥상통합니다.

일곱째, 사이비 신흥종교는 세속 정치에 무관한 듯하면서도 실은 기존 권력 체계와 밀접한 연줄을 가지려고 애씁니다. 기존 권력의 정당성에 대한 질문 없이 무조건 세속 권력의 비위를 건드리지 않으려고 안간힘을 씁니다. 때로는 권력에 아부하거나 결탁하기도 합니다.

여덟째, 사이비 종파일수록 자기 집단만이 정당한 공동체이고, 그 속에서만 올바른 자아를 찾을 수 있다고 강조합니다. 자기 종파 밖에는 일절 구원이 없다는 것입니다. 그래서 다른 종교 집단과는 절대로 솔직한 대화를 하지 않습니다. 교화와 설득만 있지 대화는 없습니다. 지독한 독선주의와 아집에 사로잡혀 있는 것입니다. 그들은 참다운 공동체는 자기 집단뿐이라고 믿기 때문에 그곳에만 참다운 동지의식, 사명의식, 상호신뢰, 희망이 있다고 선전합니다. 그러니 타 집단과 마찰하지 않을 수 없습니다.

참다운 공동체로 다시 태어나라

오늘 한국의 정황에서는 사이비 신흥종파가 생겨날 수 있는 소지가 적지 않습니다. 역사의 단축이라고 부를 수 있을 만큼 빨리 변화하는 사회 구조와 이에 따른 가치관의 혼란은 인간적 따스함이 있는 공동체와 의미 있는 자아 정체성을 뒤흔들어 놓았습니다. 급격한 도시화, 지나치게 빠른 공업화의 소용돌이 속에서 오늘의 한국인 중에는 의미 있는 생활의 방향 감각을 상실하고, 도덕적 판단력을 잃고 방황하는 사람이 많고, 정체성 위기에 빠진 사람도 허다합니다. 이들은 참다운 공동체와 올바른 자아를 찾고 있습니다. 참다운 '우리'와 올바른 '나'를 추구하고 있는 것입니다.

그런데 오늘날 한국 교회는 자체적으로 너무나 어려운 문제를 안고 있어서 이들에게 참다운 공동체와 올바른 자아를 제시하지 못하고 있는 것이 현실입니다. 그래서 예수 당시 디도와 같은 거짓 예언자가 나타나 방황하는 무리를 현혹했듯이, 오늘 우리의 현실에서도 여러 가지 사이비 신흥종파가 많은 무리를 현혹할 수 있습니다.

교회는 자체의 율법주의, 근본주의적 독선, 관료주의적 경직성, 타계 지향적 신비주의 등으로 인해 깊은 상처를 입고 있습니다. 아직도 본훼퍼가 말한 '성년이 된' 기독교가 되지 못하고 있습니다. 게다가 기복주의적인 무속주의에 깊이 빠져 있어 종교적 이기주의를 극복하지 못하고 있습니다.

한국 교회는 예수께서 골고다 언덕으로 죽음의 십자가를 지고 가시면서도 마술에 의존하지 않고, 끝까지 의연하게 인류를 위해 자기를 부정하면서 고난을 받은 사실을 까맣게 잊고 있습니다. 마술적인 방법을 통해서라도 복을 받겠다고 떼쓰는 유치한 종교, 무속적 종교, 이기적 종교에 머물러 있습니다. 이러한 수준에 머물러 있는 한, 한국 교회는 결코 사이비 신흥종교를 제거하지 못할 것입니다. 아니, 오히려 사이비 신흥종교의 발생을 더욱 자극할 것입니다.

그러나 다른 한편, 한국 교회가 정신을 차려 자체 개혁에 힘쓴다면, 교회 밖에서 방황하는 많은 사람들을 교회 안으로 인도할 수 있을 것입니다. 만일 기성 교회가 참다운 공동체임을 역사 속에서 밝히 드러내 보이고, 그 속에서 의미 있고 올바른 정체성을 찾을 수 있음을 뚜렷하게 드러내 보인다면, 사이비 신흥종교는 발붙일 수 없을 뿐 아니라 한국 교회에도 바람직한 부흥이 올 것입니다.

소 금 에 절 인 배 추

'젊음' 그 자체였던 예수는 부당한 구조를 개혁하는 예언자적
삶을 살았고, 불의에 상처받은 인간을 사랑했습니다. 그러므로
예수를 따르는 신자들과 교회도 젊음의 기백을 회복해야 합니다.

-

-

-

한국 교회 젊은이들이 최근 들어 갑자기 맥이 빠진 것은 아니지만, 교회 젊은이들이 맥이 빠져버린 것만은 부인할 수 없는 것 같습니다. 게다가 이 젊은이들이 기백만을 상실한 것이 아니라, 더 깊숙한 곳에서 정체성 위기에 시달리고 있다는 사실이 우리를 슬프게 합니다. 젊은이들이 한 시대, 한 상황에서 정체성 위기에 함몰되어 소금에 너무 절인 배추처럼 호연지기를 잃어버린 이 현실이 단순히 젊은이들만의 비극이 아니기 때문에 그렇습니다. 이것은 그 사회와 역사의 기백을 빼놓는 비극이요, 사회의 미래를 어둡게 하고, 그 사회와 역사의 동력을 약화시키는 비극입

니다. 그렇다면 교회 젊은이의 고뇌를 말하기 전에 먼저 우리 모든 젊은이의 문제를 한번 생각해봅시다.

경쟁 구도에 내몰린 상처 입은 승자

먼저 우리는 가족 안의 개방적인 환경과 가족 밖의 경직된 환경 간의 격차가 어린이와 청소년에게 주는 문제에 주목해야 합니다. 다 아시다시피 한국의 전통 육아 방식은 세계 어디에 내놔도 뒤떨어지지 않는 개방적인 방식입니다. 어릴 때부터 부모가 자식을 훈련시킨다는 의식을 갖지 않고 자유롭게 크도록 방치하는 셈입니다.

그저 귀여워하고 사랑스러워하며 안아주고 업어주고 하기 때문에 초기 사회화 과정은 지나치게 자유방임적입니다. 아이들의 기를 꺾지 않는 가정교육입니다. 이런 분위기 속에서 어린이의 기본 성격이 여물게 됩니다.

한편 구미의 초기 사회화는 상대적으로 엄격하여 젖 먹는 것, 뒤 가리는 것, 잠자는 것을 위시한 모든 활동을 훈련하여 다스립니다. 이것에 비해 우리의 가정교육은 소탈하고 개방적이고 자유롭습니다. 이런 의미에서 한국 어린이의 기본 성격은 구미 어린이에 비해 훨씬 개방적이고 관용적이어서 민주적이라고 해도 과언이 아닙니다.

그런데 이 같이 자유롭게 형성된 기본적인 민주형의 성격이 취학과 더불어 12년 동안 계속 비민주적 환경 속에서 수난을 당하게 됩니다. 유치원보다 더 폐쇄적인 초등학교 분위기, 초등학교보다 더 강압적인 중학교 환경, 중학교 시절보다 더 무섭고 강한 감독과 훈시를 받는 고등학교, 이 모든 과정이 기초적으로 형성된 개방형의 성격을 옥죄고 굴절시킵니다. 여기에 청소년의 고민과 좌절이 있습니다. 그들의 기백이 상처받고, 정체 의식이 혼미해지는 이유가 여기에 있습니다.

그러다가 대학에 진학하면서 또 한 차례 전혀 다른 교육 환경에 부딪히게 됩니다. 경쟁에만 강한 인간으로 다듬어진 젊은이들은 치열한 경쟁 속에서 개방적인 성격을 훼손시키다가 대학에 입학하면서 12년간의 교육 환경에 비해 너무나 개방적인 대학 분위기 속에 내동댕이쳐지는 곤혹감을 느낍니다. 대학에까지 오는 과정에서 상처투성이의 승자가 된 자신의 모습을 보고 당황하게 되는 것입니다. 여기에서 정체성 위기의 다른 측면을 살필 수 있습니다.

이와 같이 한국의 가정과 학교 간의 환경적 차이와 학교별 분위기 차이는 한국의 젊은 지성들의 정체성을 어지럽게 하는 근본적이고 문화적인 요인입니다. 이것 이외에 정치적 환경에서 오는 원인은 구태여 지적할 필요가 없겠습니다.

젊은이의 맥과 정체성을 앗아가는 이 같은 국내 정황 속에서 과연 한국 교회가 방황하고 고민하는 젊은이들에게 기쁜 소식을 던져주고 있습니까? 그들이 잃었던 정체성을 되찾고, 기백을 회복할 계기를 마련해주고 있습니까? 이 같은 물음 앞에서 한국 교회는 냉혹하게 공범자적 회개를 해야 합니다. 교회 자체가 젊은이의 기백을 앗아가고, 젊은이의 정체성을 더 흐리게 하기 때문입니다.

한국 교회의 과거를 돌이켜보면, 적어도 두 번은 젊은이의 기백을 약화시킨 역사적 계기를 발견하게 됩니다.

젊은이의 기백을 빼놓은 근본주의

첫 번째로, 1880년대에 개신교가 이 땅에 들어왔을 때는 선교사나 토착 세력이 다 같이 젊음의 기백을 가졌습니다. 인간을 교리나 종교적 율법으로 얽어매려 하지 않았습니다. 우리의 전통에서 기독교를 억지로 떼어놓으려고 하지도 않았고, 세속에서 무조건 격리시키려고 하지도 않았습니다. 오히려 전통 의식과 세속에 대한 성숙한 관심을 북돋우면서, 조국의 자강과 자립, 개화를 위해 안타깝게 애썼던 역사의 선각자와 선구자의 마음 밭에 기독교가 깊숙이 뿌리를 내릴 수 있었습니다. 원래 선각자와 선구자는 젊음의 기백을 지닌 사람들이 아니던가요?

그런데 20세기에 접어들어 근본주의가 이 땅에 들어오면서부터 교회가 젊은이나 젊음을 지닌 사람들을 교회에서 추방하거나 기백을 빼놓기 시작했습니다. 세속적인 문제와 교회 문제를 날카롭게 구별하여 전자를 차별하게 되었고, 우리 전통의 가치를 깎아 내린 것입니다. 교회의 젊은이들은 늙은 율법주의자나 외식하는 자로 훈련되기 시작했습니다.

술을 마시고 담배를 피우느냐의 여부가 신앙의 순수성을 판가름하는 가장 중요한 기준처럼 되었습니다. 기독교인의 이미지는 이렇게 외형적인 것으로 굳어지고 말았습니다. 게다가 종교적 이기심에 기초한 개인 구원 일변도의 교리가 젊은이의 숨통을 막아놓았습니다. 여기서 우리는 한국의 초대 교회가 가졌던 민족주의적 기백과 민주적 개방성을 상당히 상실하게 된 것입니다.

주지하다시피 한국 기독교는 초창기부터 아주 다행스러운 역사적 환경에서 자라게 되었습니다. 오늘날 제3세계에 속하는 나라들 대부분은 기독교를 서구 제국주의의 앞잡이로 보고 반민족적 종교라며 배척했습니다. 하지만 우리의 경우에는 19세기 말 국제 환경에 비추어 서구의 팽창주의에 비교적 냉담한 데다 고립주의 정책을 취했던 미국 선교사들이 기독교를 전해주었습니다. 또한 우리의 민족과 국가를 삼키려 했던 제국주의 세력이 같은 황인종인 일본이었기에 기독교를 친親제국주의로 보기보다 오히려 반제국주의 민족 운동의 정신적 활력으로 간주하게 되었습니다. 이러한 다행스러운 역사적 배경 아래에서 출범한 한국 교회가 안타깝게도 근본주의의 영향 때문에 민족주의적 정열, 전통에 대한 애정, 성숙한 민주적 개혁 의지를 모두 잃어 맥이 빠지게 된 것입니다.

자유당 시대의 교회 부패

또 다른 이유는 해방 후 자유당 시대에서 찾을 수 있습니다. 일제 강점기에는 근본주의가 강했다 하더라도 일본이라는 적을 앞에 두고 한국 교회가 일치단결하는 데 이바지했습니다. 이 점은 인정해야 합니다. 그러나 해방 후 일본 정치 세력이 사라지게 되자, 근본주의는 교회를 분열시키는 정신적인 원천이 되어버렸습니다. 이분법적인 경직된 사고방식과 독선적인 행위 양식은 교회의 파괴적 분열을 부채질했습니다.

이것보다 더 심각한 원인은 자유당 시대에 기독교가 정치 세력에 지나치게 밀착되어 정치적 부패와 함께 교회도 부패한 사실에서 찾아야 합니다. 가진 자, 부리는 자의 변호인으로 나선 한국 교회에서는 젊음에 찬 개혁 의지가 비집고 들어갈 틈이 없었습니다. 더구나 교회는 한국전쟁 이후 복구 과정에서 구호물자를 얻는 데 모범적으로 앞장서게 되었습니다. 그런 비주체적 자세가 더욱더 기독교인의 맥을 빼앗아 갔던 것입니다. 이 시절은 세상의 빛과 소금의 역할을 강조할 상황도 아니었고, 기독교 지도자들에게 청지기 소명을 강조하기에는 너무나 삭막한 시대였습니다. 한국 기독교의 암흑기라고나 할까요.

그러다가 1960년대에 들어와서 교회의 젊은이들은 천천히, 그러나 착실히 젊음의 기백을 회복하기 시작했습니다. 이 젊은이들은 한국 교회의 초대 전통을 긍정적으로 평가했습니다. 그들은 기독교 신앙과 세속적 관심, 개인 구원과 사회 구원을 반드시 상극으로 보지 않으려 했지요.

오히려 빛과 소금의 사명을 다하기 위해서라도 썩어가는 세속과 어두운 세계 속에 깊숙이 뛰어들려고 했습니다. 여기에 민족주의적 정열, 전통의 재발견, 사회정의의 실현, 민주화에 대한 열망 등이 교회의 젊은이들 속에서 착실히 움트기 시작한 것입니다. 이 같은 움직임 속에서 잃었던 젊음의 기백을 되찾고, 상처받은 정체성을 다시 한 번 정리해보려는 노력이 나타나기 시작했습니다.

젊음의 기백을 회복하라

한편 교회 젊은이의 맥을 앗아가는 원인을 우리의 과거 역사 속에서만 찾아서는 안 됩니다. 현재의 교회 제도 속에서도 그러한 원인을 찾아보아야 합니다. 과연 교회 내의 최고 기관인 당회가 제도적으로 젊은이의 기백을 키우고 있는지 반문해봅시다.

교회 안에서 청년회, 학생회가 활발히 활동 계획을 짜고 과감히 그 계획을 밀고 나갈 수 있습니까? 젊은 층의 발언과 요구를 장려하는 제도적 장치가 교회 안에 있습니까? 안타깝게도 지금의 현실에서는 이러한 질문에 부정적인 대답이 나올 수밖에 없습니다.

그러기에 오늘 한국 교회에서 젊은이의 수는 상대적으로 줄어만 가는 것 아닌가요? 젊은이는 산으로 강으로 빠져나가거나 운동장이나 카페로 몰려갈지언정 고리타분한 교회에는 큰 매력을 느끼지 못하는 것 같습니다. 왜 산과 바다, 강과 운동장, 카페에 교회의 젊은이를 빼앗기게 되었을까요? 대답은 자명합니다. 교회가 젊음을 질식시키기 때문입니다.

이런 의미에서 한국 교회는 하루 빨리 청년성을 회복해야 합니다. 예수가 젊었을 뿐 아니라 젊음의 상징, 아름다운 젊음의 힘 자체였기 때문입니다. 그분은 젊음을 지녔기에 부당한 구조를 개혁하는 예언자적 삶을 살았고, 젊음을 지녔기에 불의에 상처받은 인간을 사랑했습니다. 예수가 젊음 그 자체라면, 예수를 따르는 신자도 젊어야 하고, 교회도 젊어야 합니다. 부활과 영생은 영원한 젊음의 상징이 아니겠습니까? 여기에 기독교의 힘과 매력이 있는 것 아니겠습니까?

"한국 교회여, 예수의 젊음을 회복하라!"

이것보다 더 절실한 외침이 어디 있겠습니까.

예 수 를   등 지 고   바 울 을   따 르 다

여성 해방과 여권 신장에 모범을 보여준 기독교가
역설적으로 교회 안에서는 여성을 더 부당하게
억압해왔다는 사실에 주목하지 않을 수 없습니다.

–

–

–

 한국 교회는 여성교회라고 해도 지나침이 없을 것입니다. 그 숫자로 보아 다수 집단임에 틀림없습니다. 대체로 교인 수의 70퍼센트가 여성인 것 같습니다. 이렇게 여성이 양적으로 비대해졌지만, 이것을 하나의 청신호로 받아들일 수 있겠는가는 따져보아야 합니다.

 우리는 한국 교회가 한편으로는 여신도회의 거대한 잠재력을 인정하면서도, 다른 한편 그것이 부당하게 차별받는 소수집단의 수준에 머물러 있음을 잘 알고 있습니다. 여성 해방과 여권 신장에 모범을 보여준 기독교가 역설적으로 교회 안에서는 여성을 더 부당하게 억압해왔다는 사실에 주목하지 않을 수 없습니다. 왜 이 같은 역설과 이중성이 생기는 것일까요?

여성 차별의 벽을 허무신 예수

먼저 기독교 전통에서 그 원인을 찾아낼 수 있습니다. 모두 이해하는 대로 기독교와 유대교는 강력한 가부장적 전통 위에 서 있습니다. 하나님도 남성으로 이해될 뿐 아니라, 교회 스스로 막강한 가부장의 권위를 드높였습니다. 예수 당시만 하더라도 여성의 사회문화적 지위는 보잘것없었습니다. 천대받는 소수집단의 전형이었던 것입니다.

예컨대 여성은 성전 뜰 중에서도 일정한 지역에 한해서만 들어갈 수 있었고(이른바 여자의 뜰이 있었습니다), 회당에서나 공적 회합에서도 정족수로 인정받지 못했습니다. 노예나 어린이와 함께 모든 부정적 계율을 지킬 의무는 있었으나, 적극적 계율을 지킬 필요는 없었습니다. 따라서 여자는 율법을 배울 필요가 없었습니다. 이 때문에 여성들은 당시의 '죄인'들과 비슷한 취급을 받았습니다. 여자는 법정의 증인으로 설 수도 없었습니다. 아마도 여성의 발언은 믿을 것이 못된다고 생각했기 때문인 듯합니다. 그리고 예수 당시의 점잖은 남자 양반들은 여자와 말을 많이 해서도 안 되는 것으로 되어 있었습니다.

이렇게 여성을 경멸하고 차별했던 예수 당시의 사회·문화 상황에서 예수는 어떠한 태도를 취하셨을까요? 한마디로 예수는 이 점에 있어서 파격적이고 혁명적이었습니다. 어떤 의미에서 예수는 열렬한 페미니스트였습니다. 예수와 여자의 관계가 성서 여러 군데에 나옵니다. 마리아와 마르다, 막달라 마리아, 사마리아 여인 등…. 비록 예수의 열두 제자 중에는 여성이 없었지만, 우리는 예수의 실존적 고뇌를 누구보다 깊이 이해했던 소수 가운데 여성이 있었다는 사실을 놓쳐서는 안 됩니다.

간음하다 현장에서 잡힌 여성에 대한 예수의 태도, 혈루증에 걸린 여성에 대한 예수의 자세, 우물가에서 만난 사마리아 여인과 대화하신 예수, 막달라 마리아의 극진한 충성과 존경을 받으신 예수, 이 모든 극적 장면에서 우리는(당시의 기준에서 볼 때) 예수의 개혁적 행동, 혁명적 자세를 뚜렷이 엿볼 수 있습니다.

예수께서 깊이 공감하신 당시의 사람들은 거의 예외 없이 억울하게 눌리고, 가난하고, 핍박받고, 소외되고, 병든 사람들이었습니다. 가난하고 무식하여 율법을 몰라 천대받던 '죄인'이 그러했고, 사마리아 사람이 그러했습니다. 정신적으로나 육체적으로 병든 사람들과 갈릴리 지역에 사는 소외된 사람들도 예수의 공감을 받았던 사람들이었습니다. 여기에서 우리는 여성을 빼놓을 수 없습니다. 천대받던 어린이나 노예와 더불어 예수께서는 여성의 딱한 입장을 누구보다 용기 있게 역지사지, 역지감지하셨고 그들의 인간적 지위와 품위를 온전케 해주셨던 것입니다.

여전히 억압받는 여성들

그런데 왜 제도화된 교회에서는 여성이 여전히 억압받는 소수집단에 머물러 있는 것일까요? 여기에 문제의 핵심이 있습니다. 예수의 개혁적 태도와는 달리 초대교회 때부터 여성은 계속 열등한 자리에 머물러 있도록 강요받았습니다. 디모데서와 디도서의 권고가 단적으로 이러한 사정을 잘 나타냅니다. 여자는 모름지기 교회에서 잠잠해야 한다고 가르쳤던 것입니다. 이 같은 잘못된 교훈이 오늘날까지 전통으로 내려온 것을 보아 여성에 관한 한 기독교는 가장 반예수적이고 '친바울적'이라 할 수 있겠습니다. 우리는 예수의 행동보다 '바울'의 말을 더 높이 받들고 있으며 믿고 있다고 해도 과언이 아닙니다. 우리는 곧 '바울 신자'가 된 것입니다. 그러나 바울이 쓴 다른 서신들에는 예수의 체취가 풍기는 변혁적 메시지가 충만하다는 것도 반드시 기억해야 합니다.

이러한 모습이 한국 교회에도 잘 나타납니다. 기독교가 한국 문화와 만났을 때에는 대체로 여성의 지위를 아주 낮추어보는 유교문화에서 벗어나려는 선구자적 여성에게 기독교가 크게 먹혀 들어갔던 것 같습니다. 이것은 개화기의 여성들 중 상당수가 교회 신도였다는 사실에서 여실히 드러납니다. 남존여비의 유교 전통을 극복하려 했던 여성들은 신교육과 새로운 종교였던 기독교에서 힘을 얻었습니다. 한국의 신교육 요람이 주로 기독교 계통의 학교였음을 상기할 때, 이 같은 현상은 당연한 것인지도 모르겠습니다.

이렇게 볼 때 한국 개신교의 초기 역사는 퍽 다행스러운 역사였습니다. 첫 출발부터 한국의 여성 해방 운동과 연관될 수 있었기 때문입니다. 기독교를 받아들인 여성들은 비단 교회 안에서만 두각을 나타낸 것이 아니라, 교회 밖 사회에서도 한 시대의 선각자로서, 여성 지도자로서 큰일을 하였고, 일제와 싸우는 민족주의 운동에도 적지 않은 공헌을 하였습니다.

또 초기에는 여전도사도 교회 안팎에서 중요한 기능을 담당했습니다. 단순히 교인들의 종교적 지도만 담당한 것이 아니라, 글도 가르치고 계몽운동에도 앞장섰습니다. 금주 운동과 축첩 반대 운동에도 앞장섰으며, 지역 봉사 활동에도 모범을 보였습니다. 이들의 활동 범위는 넓었고, 그만큼 역사를 만들어가는 전위적 사명을 잘 감당해나갔습니다.

그런데 오늘의 한국 교회에서는 왜 여신도나 여전도사의 지위가 이토록 낮은 수준에 머물러 있는 것일까요? 아니, 왜 오히려 퇴보한 것 같은 인상을 주는 걸까요? 예수께서는 여성의 지위 향상에 파격적인 역할을 하셨는데, 그의 카리스마를 오래 보존하기 위해 창설된 교회라는 제도 속에서는 왜 여성의 지위가 격하되어 버렸을까요? 그래도 초대 한국 교회에서는 훌륭한 여성 지도자가 많이 배출되고 여교역자의 역할이 그토록 넓었는데, 시간이 흐름에 따라 교회 안에서 여성의 지위가 향상되지 않고 억압을 받고 있음에 우리는 주목해야 합니다. 여기서 우리는 한국적 이중성과 역설을 봅니다.

여성들이 교회에 몰리는 이유

오늘날 한국 교회는 여신도들이 없으면 가능할 수 없을 만큼 여신도의 수는 양적으로 비대해졌지만, 질적으로는 원시적인 수준에 머물러 있습니다. 이것을 비판적으로 본다면 한국 교회는 양적으로 여성의 수가 많아졌지만, 질적으로는 남성 중심의 운영으로 말미암아 무역사 의식, 무

사회 의식으로 충만한 교인들의 집합소가 되어 그 상태에 머물러 있다 할 수 있습니다. 그렇다면 '왜 한국 교회는 여성에게 매력적인가' 하는 문제를 진지하게 다루어야 합니다. 무엇 때문에 여성들이 교회에 몰리는지 그 문제를 깊이 따져보아야 합니다.

우선, 비단 기독교만 아니라 다른 종교의 경우에도 여성들이 종교 활동에 더 적극적입니다. 불교 사찰을 보십시오. 불공드리는 사람 중 태반이 여성이요, 무당을 찾아가는 사람도 여성이 남성보다 압도적으로 많습니다. 어쩌면 기독교의 경우는 타종교에 비해 여성 집중 현상이 덜할지 모릅니다. 그러나 현상적으로 볼 때 70퍼센트의 신도가 여성이라는 사실을 가볍게 보아 넘길 수는 없습니다. 과연 여성이 본질적으로 종교적 심성이 강한 탓일까요? 여성이 남성에 비해 정감이 넘치고 종교적이라는 사실을 부인할 수는 없겠습니다.

그러나 이것만으로는 한국 교회의 여성 비대화를 충분히 설명할 수 없습니다. 저는 이것보다 더 중요한 원인이 있다고 봅니다. 바로 여러 가지 형태로 눌려 있는 사람일수록 그 압박으로부터 벗어나기 위해 초월자에게 귀의하려 할 것이고, 나아가 자신이 당하는 고통스러운 현실에 의미를 부여하고 싶어 할 것이라는 사실입니다. 의미가 있는 고통은 참아낼 수 있기 때문입니다. 따라서 교회에 여성이 몰리는 이유는 그들이 남성에 비해 더 많이 고통을 겪고 있기 때문이라 할 수 있습니다. 그리고 이러한 고통은 대부분 남권 중심의 사회구조가 낳은 부당한 차별에서 오는 것들입니다.

오늘날 교회 안에 '신앙 과부'가 많은 사실에 주목하면 이러한 이유를 쉽게 이해할 수 있을 것입니다. 신앙 과부란 남편은 믿지 않고 자기 혼자만 교회에 다니는 여성 신도를 말합니다. 사회에서, 특히 가정에서 정당한 대우를 받지 못하는 여성들도 교회 안에서 의미 있는 자기 역할을 발견할 수 있고, 교회 밖에서 소속감을 갖지 못하는 여성들도 교회 안에서는 따뜻한 소속감을 느낄 수 있습니다. 가정에서 부당하게 학대받을수록 교회라는 공동체 속에서 새로운 보람과 의미를 찾게 되고, 가정에서 자아실현이 제대로 되지 않아 안타까워하는 여성일수록 교회를 자아실현의 거룩한 마당으로 인식할 수 있습니다. 이런 의미에서 교회는 그들에게 '기쁜 소식'을 전하고 있습니다.

그러나 여기에도 문제가 있습니다. 한국 교회가 지나치게 율법주의적인 잣대로 비신자 남편을 판단하게 되면, 신앙 과부의 가정생활이 더욱 불행해질 위험이 있기 때문입니다. 즉 비신자 남편이 주초 문제로 교회에 갈 수 없다고 가정해봅시다. 주초 문제를 신앙의 본질적인 문제로 보는 폐습을 한국 교회가 버리지 않는 한, 신앙 과부의 가정이 온전해질 희망은 극히 적습니다. 다시 말해 신앙 과부의 가정을 교회가 계속 불행하게 분열시킬 수 있습니다.

만일 오늘의 신앙 과부 모두가 남편을 부담 없이 자유롭게 교회에 오도록 하고, 이들이 교회 공동체의 충실한 성원이 되도록 한국 교회가 열리게 되면, 교회는 더욱 활기찬 공동체가 되고 교회의 남녀 비율도 점차 정상화될 것이라 생각합니다. 그러면 가족 중심의 예배도 가능해질 것입니다. 이것은 교회와 가정이 함께 온전해지는 길이기도 합니다.

여성을 세워주는 교회

마지막으로 한국 교회 여성 신도가 오늘의 차별받는 자리를 박차고 나와 그들의 무한한 잠재력을 교회와 사회, 역사를 위해 펼칠 수 있으려면 먼저 선행되어야 할 일들이 있습니다.

첫째, 교회 제도 개선입니다. 하루 빨리 여성도 당회원이 될 수 있게 해야 합니다. 실세 장로의 자격으로, 실세 목회자의 자격으로 당회에 참석할 수 있어야 합니다. 이것을 위해 여신도회는 먼저 비토권veto power을 교회 안에서나 연합회에서 과감히 행사해야 할 것입니다. 그러면서 남성 신도 가운데 제도적 개선에 호응하는 동지들과 힘을 합쳐 노력해야 합니다.

둘째, 여성 신도 자신의 의식화 운동이 필요합니다. 오랫동안 남권 중심 체제에서 살다 보니 남자들이 자기들의 지배를 항구화하기 위해 만들어놓은 남성우월이라는 허위의식을 여성들이 너무 당연하게 받아들이고 거기에 길들여졌다는 사실을 새삼 깨달아야 합니다. 즉 남성이 교묘하게 다듬어놓은 여성 열등성이라는 이데올로기를 여성 스스로가 정당한 가치로 내면화하는 어리석음을 범하지 말아야 합니다. 뿐만 아니라 이미 그러한 어리석음을 저질렀을 경우 이 어리석음을 의식 속에서 걸러내는 작업이 필요합니다. 일반적으로 여권 신장 운동에 여성 스스로가 남성 못지않게 방해되는 것을 감안할 때, 여성의 자기비하 경향을 없애야 합니다. 이것이 곧 의식화 작업입니다. 갈릴리 예수께서 여성을 어떻게 배려했는지를 새롭게 공부해야 합니다.

셋째, 신학교에서 여성 신학도의 교육에 대해 새롭게 비판적인 검토를 하면서 신학교에서부터 남녀 차별을 추방해야 합니다. 그리고 교회는 능력 있는 여신학자를 십분 활용해야 합니다. 신학교는 구태의연한 여교역자의 이미지에 사로잡히지 않은 참신한 여성 교역자를 많이 배출하고, 교회는 이들을 크게 활용해야 합니다.

넷째, 한국 교회가 여성에 관한 한 '바울'의 가르침에서 예수의 가르침으로 속히 복귀해야 합니다. 이것이 가장 중요합니다. 우리는 우리 믿음의 주체요 사랑의 주체요 소망의 주체이신 예수께서 우리에게 보여주신 여성해방자의 모습을 본받아야 합니다. 우리는 한국 교회가 기독교나 예수를 교조적으로 믿는 나머지 예수를 따르지 않게 되는 이 비참한 역설의 현실을 교회 여성 문제에서 다시 한 번 보게 됩니다. 이제 우리는 옥합을 깬 마리아의 행적을 기억하고 기념하라고 당부하신 예수의 마음으로 돌아가야 합니다.

우리 모두 예수께로 돌아갑시다. 우리는 부당하게 차별받던 여인에게 공감하셨던 예수와 깊게 공감해야 합니다. 그리하여 오늘의 한국 교회 여성들이 그들의 풍부한 잠재력을 발휘할 수 있게 될 때 한국 교회는 바람직하게 갱신될 것이요, 한국 사회와 역사에도 창조적인 충격을 줄 수 있을 것입니다. 우리 모두 예수의 입장에 굳건히 섭시다.

알 맹 이 빠 진 껍 데 기

한국 교회는 보이는 물량적 교회에 대한 집념이
너무나 강합니다. 사람 머리 하나가 교회 건물을 증축하는
데 필요한 벽돌 하나로 보일 정도입니다.

-

-

-

한국 교회는 한마디로 모이는 교회입니다. 모여도 조용하게 모이는 것이 아니라 요란하게 모이는 교회이지요. 새벽의 단잠을 깨우는 종소리를 내면서 모이는가 하면, 맘모스의 인파를 만들면서 모입니다. 진실로 모이는 데 열심입니다. 마치 홍수로 세상이 멸망하기 전에 노아의 방주로 몰려왔던 짐승들을 방불케 합니다. 아니, 그때 노아를 깔보고 비웃던 조상의 어리석음을 반복하지 않겠다는 결의를 다지면서 오늘의 방주인 교회로 열심히 모여드는 노아의 후예를 방불케 합니다.

  이 같은 양적 성장과 대규모 집회는 한국 교회의 특성이 되었습니다.

눈부시게 빠른 성장을 보인 한국 경제처럼 한국 교회의 양적 팽창도 눈부시리만큼 빠릅니다. 이러한 양적 팽창을 가능하게 한 요인은 무엇일까요? 여기에서는 새벽 기도와 헌금, 심방을 중심으로 팽창의 원인과 문제점을 짚어보도록 하겠습니다.

한국 교회의 새벽 기도

신학적 요인 말고 현재 한국 교회의 관행적 행태 속에서 이 요인을 찾자면 새벽 기도를 생각하지 않을 수 없습니다. 새벽 기도가 중요한 이유는 무엇일까요? 여기에는 문제점이 없을까요?

새벽 기도가 중요하다는 사실을 부인할 사람은 많지 않을 것입니다. 비록 새벽 기도에 참여하지 않는 신자라 할지라도 새벽 기도가 본인의 신앙을 향상시키고, 교회의 기능을 순조롭게 한다는 사실을 부인하지 못할 것입니다. 하루 중 가장 엄숙한 시간을 바쳐 하나님 앞에서 자기의 모습을 겸허하게 드러내고, 철저하게 자성하고, 새로운 결의를 다짐함으로써 예수의 삶을 닮도록 노력한다는 것은 대단히 뜻 깊고 중요한 일입니다.

이런 조용한 시간에 자기의 부족함을 깨닫고 잘못을 뉘우치면서 이제 이 순간부터는 남을 위해 더욱 성실하게 살아야겠다고 결심한다면, 새벽 기도는 신자 개인뿐 아니라 교회라는 공동체를 위해서도 대단히 필요합니다. 즉 새벽 기도가 하나님 앞에서 자기를 성찰하는 계기가 될 때 은혜의 시간이 됩니다.

그런데 만일 새벽 기도의 출석 여부를 가지고 남의 신앙을 판단하려 한다면 심각한 문제가 생깁니다. 새벽 기도에 참석하는 사람만 신앙이 돈독하다고 믿는 것은 분명히 독선적인 생각입니다. 그리고 새벽 기도에 열심인 교회와 신자가 그렇지 못한 교회와 신자를 비판한다면, 이것은 새벽 기도의 정신과는 정반대임을 깨달아야 합니다. 새벽 기도는 자성의 계기이지 남을 정죄하는 계기가 되어서는 안 되기 때문입니다.

새벽 기도에 참석하는 신자들의 성격을 보면 여기에도 문제가 없지 않습니다. 주로 여성과 노년층이 다수를 차지합니다. 그렇다면 왜 새벽 기도가 젊은이들에게는 매력이 없는 것일까요? 젊은 층이 바쁘기 때문에 새벽 기도에 못 나가는 것이 아니라 근본적으로 새벽 기도 자체에 대해 회의적인 시각을 지니고 있기 때문에 나오지 않는 것이라면 문제는 심각합니다. 여기서 우리는 기도에 대한 한국 교인들의 인식이 잘못되어 있음을 주목해야 합니다.

첫째, 기도하는 사람의 동기가 문제입니다. 기도를 마술의 수단으로 삼는 사람에게는 하나님께 비는 것이 산신령에게 복을 비는 것이나 신통한 무당에게 복을 비는 것이나 별반 다르지 않습니다. 혈육의 복을 비는 기복적 자세가 문제입니다. 이러한 기도의 동기는 예수가 가르쳐주신 기도의 내용과 너무나 다릅니다. 예수께서 겟세마네 동산에서 하셨던 기도와는 사뭇 다릅니다. 자기 뜻대로 하지 말고 하나님 뜻대로 이루어지게 해달라고 기도해야 하는데, 한국 교인들은 자기 뜻을 실현해달라고만 조르고 있습니다. 이웃과 하나님 나라를 위해 기도하는 것이 아니라 주로 나와 내 자식, 내 가족의 안녕을 위해 빕니다. 이러한 이기적이고 기복적인 기도는 아무리 열심히 해도 개인의 신앙이나 교회의 발전에 도움이 되지 않습니다. 우리도 예수처럼 남들을 위해 고난을 받고 십자가에 달릴 수 있는 용기를 달라고 눈물로 호소하는 것이 기도의 정신 아니겠습니까!

둘째, 기도가 하나님과 대화하는 활동이라고 한다면, 이것이 어떤 특정한 시간과 공간에 한정되어야 할 필요는 없습니다. 하나님은 특정 장소에만 계시지 않습니다. 새벽이어도 좋고 정오여도 좋습니다. 길거리여도 좋고 밀실이어도 좋습니다. 걸어가면서도 좋고, 뛰면서도 좋고, 앉아서도 좋고, 누워서도 좋습니다. 예수를 생각하고 그분으로부터 위로와 용기를 얻는 것도 귀중한 기도입니다. 반드시 새벽이라는 시간에, 교회라는 공간에서 하는 것만 성스러운 기도라고 말할 수는 없습니다. 성스러운 하나님은 시간과 공간에 매여 있는 분이 아니기 때문입니다. 오히려 하나님은 인간의 분주한 역사 속에서 현존하십니다. 신앙이 깊을수록 시간과 공간을 가리지 않고 기도할 수 있는 것입니다.

셋째, 기도의 형식과 스타일에 관한 것인데, 우리는 때때로 기도를 자기 과시의 계기로 삼는 것 같습니다. 그래서 기도를 오래하는 것을 당연하게 생각합니다. 특히 장로들은 주일예배 시간에 대표 기도를 길게 하는 경향이 있습니다. 이것은 바리새인의 기도입니다. 길게 할수록 권위 있는 기도가 되기 힘들고, 오히려 권위주의에 사로잡히기 쉽습니다. 혼자 기도할 때에는 얼마든지 길게 할 수 있습니다. 그러나 전체 교인을 대표해서 기도할 때에는 자기의 입장을 떠나서 전체의 소망을 간략하게 대변해야 합니다. 교조적 교회일수록 장로의 기도가 긴 것 같습니다. 이렇게 되면 교인들은 주일에 두 번 설교를 듣는 셈입니다. 한 번은 눈을 감고 듣는 장로의 설교요, 또 한 번은 눈을 뜨고 듣는 목사의 설교입니다. 눈을 뜨고 듣는 설교는 그래도 준비한 내용에 따른 것이기에 느끼고 배우는 점이 있으나, 눈을 감고 듣는 설교는 질서가 없는 경우가 많습니다. 횡설수설, 판에 박은 듯한 종횡무진, 틀에 박힌 무질서로 일관합니다.

　이러한 때 한국 교인들은 기도에 대한 새로운 인식을 가져야 합니다. 따라서 목회자부터 기도의 목적, 기도의 내용, 기도의 스타일에 대해 새롭게 인식하고 제대로 잘 가르쳐야 합니다. 특히 장로들은 기도에 대한 새로운 깨달음에 이르러야 합니다. 흔히 기도는 성령의 이끄심대로 해야 한다고 믿어 준비 없이 하는 경우가 허다합니다. 그렇다면 성령이 '판에 박은 듯한 무질서'의 주역이란 말인가요? 준비 없이 기도하는 자에게 성령이 역사할까요? 한번 생각해볼 문제입니다.

　기도는 오늘 우리의 구체적인 상황에서 불의한 구조 때문에 부당하게 학대받는 사람들을 위해 내가 선한 사마리아인 같은 이웃이 될 수 있는가를 점검해보고, 그렇지 못했음을 회개하고, 그렇게 살 수 있도록 용기를 달라고 간구하는 영적 행위입니다. 이 점은 아무리 강조해도 지나침이 없을 것입니다. 그러므로 기도는 이기적인 마술의 수단이 아니요, 자기 과시의 계기도 아닙니다. 자기와 자기 가정, 자기 교회만 위하는 이기적인 기도는 기도 본래의 정신을 어기는 행위입니다. 기도는 남을 위한 행위이며, 남을 위해 존재하는 자기를 확인하고 채찍질하는 행위입니다.

헌금을 통한 외양 성장

다음으로 우리는 한국 교회의 양적 성장의 문제를 교회 건물의 확장이라는 시각에서 따져볼 필요가 있습니다. 한국 교회는 보이는 물량적 교회에 대한 집념이 너무나 강합니다. 교인 수를 늘려야 한다는 생각 뒤에는 교회를 증축해야 한다는 생각이 도사리고 있습니다. 마치 사람 머리 하나가 교회 건물을 증축하는 데 필요한 수단, 곧 벽돌 하나로 보일 정도입니다. 그러므로 한국 교회의 외양적 성장은 헌금과도 직결됩니다. 우리가 앞서 기도를 이야기할 때 무엇을 위한 기도인지를 살펴보았듯이 헌금도 도대체 무엇을 위한 헌금인지를 따져보아야 합니다.

헌금은 신자가 하나님께 감사를 드리는 하나의 구체적인 결단의 증거입니다. 받은 은총에 감사해서 하나님께 바치는 것입니다. 그렇다면 헌금을 받으시는 분이 하나님이라면, 그 돈은 하나님의 뜻에 맞게 사용되어야 합니다. 즉 하나님의 선교에 활용되어야 합니다.

선교란 가난한 자, 눈먼 자, 눌린 자, 포로가 된 자, 병든 자, 소외된 자와 같이 억울하게 비뚤어진 인간을 온전케 하는 일이라고 봅니다. 매주 들어오는 막대한 헌금이 과연 이 같은 하나님의 선교 활동에 쓰이고 있는지 차분히 검토해보아야 합니다. 헌금이 주로 물량적 교회 확장을 위해 쓰이거나, 불행한 이웃을 위해 사용될 때에도 '자선'의 차원에서만 활용된다면, 인간을 이토록 불행하게 만든 구조를 지탱하는 일에 이바지하는 결과를 가져올 수도 있습니다.

우리는 헌금에 대한 한국 교회의 인식에서 하나의 역설을 봅니다. 이 것은 위선적인 역설입니다. 가장 신령한 집회를 여는 동기가 가장 물질적이라는 사실입니다. 이른바 신령한 부흥회가 여기저기서 많이 열리고 교인들은 아직도 거기에 열광합니다. 그런데 교회 운영자 측에서 이 같이 신령한 집회를 대규모로 여는 이유가 교인의 전인격적 신앙 성장에 있기보다는 교회의 양적 확장에 있는 경우가 더 많은 것 같습니다. 교회를 신축하거나 증축하려 할 때는 주로 부흥 집회를 엽니다. 부흥 집회에서도 이른바 은혜가 가장 고조되었을 때 급작스럽게 돈 얘기가 튀어나옵니다. 부흥 강사는 대체로 부흥회 마지막 날이나 그 전날에 교인들이 '자발적'으로 헌금을 내도록 설득합니다.

이것은 확실히 하나의 역설입니다. 가장 신령할 때 가장 '세속적'인 돈 문제가 튀어나오기 때문입니다. 어떻게 보면 가장 신령한 것을 빙자해서 가장 덜 신령한 것을 얻어내는 한국 교회의 행태야말로 가장 저질적 행태라 해도 지나침이 없을 것입니다.

이렇게 추론할 때 우리는 교조적인 한국 교회일수록 겉으로는 구령과 신령한 것을 강조하지만, 안으로는 물량적 팽창을 강조하는 가장 덜 신령한 성격을 지니고 있음을 알 수 있습니다. 양두구육羊頭狗肉이라고 할까요? 아니면 종교적 최면으로 교인을 착취한다고 할까요?

다음으로 우리가 생각해야 할 것은 헌금하는 교인들의 타산적 자세입니다. 헌금을 많이 낼수록 은근한 공리적 이해타산은 더욱 강할지도 모릅니다. 즉, 내가 수입의 10분의 1을 내면 하나님께서 그 이상으로 넉넉하게 주실 것이라는 계산 아래 십일조를 바칩니다. 하나님께 받을 반대급부를 계산에 넣고, 또 그것을 믿고 헌금하는 것입니다. 이 같은 타산적 자세에 문제가 있습니다. 만일 반대급부가 없다면, 그러한 헌금은 헌신의 계기가 되는 것이 아니라 교회와 신앙을 헌신짝처럼 버리는 계기가 되기 쉽습니다. 은근한 상업적 타산에 기초한 헌금은 성숙한 신앙의 표현이 아니라 유치하고 미숙한 신앙의 표현입니다.

기독교 신앙은 고난을 감사할 수 있는 신앙입니다. 그러므로 반대급부가 없더라도 더 감사하고 헌신할 수 있을 때 비로소 헌금의 뜻이 빛납니다. 이 같은 참 뜻을 가르치지 않고 오히려 하나님이 주실 반대급부를 역설함으로써 교인들로 하여금 열심히 헌금하도록 강요하는 목회자가 아직도 한국 교회에 많다면, 나아가 그러한 목회자가 무당 수준을 벗어나지 못한 자신의 모습을 회개하지 않는다면, 목회자 자신과 한국 교회의 미래가 다 같이 암담하다고 하겠습니다.

심방을 통한 관계 형성

한국 교회의 심방은 세계적으로 모범이 됩니다. 새벽 기도와 헌금이 모범이 되는 것과 마찬가지입니다. 심방이란 일종의 조직체의 자기 점검인 동시에 조직체의 응집력을 높이는 행동입니다. 교회 역시 하나의 사회 조직인 만큼 심방은 대단히 중요합니다. 더구나 교회 같은 신앙 공동체는 이익단체와는 달리 인간관계가 탈공리적이어야 하고, 계산을 떠나서 따뜻한 공동체가 되어야 합니다. 때문에 이 같은 '인간적 만남'과 '인격적 만남'을 가능하게 해주는 심방은 아주 중요합니다. 더욱이 교회 규모가 커서 목회자와 신자의 관계가 피상적일 수밖에 없을 때 목회자를 자기 집에서 만나는 것은 대단히 중요한 의미를 지닙니다.

그러나 한국의 실정에서는 심방을 통해 인격적 만남이 이루어지기가 쉽지 않습니다. 왜 그럴까요?

우선, 목회자가 목회자라는 직분의 마스크를 벗기가 어렵기 때문입니다. 목회자는 목사이기 전에 한 인간입니다. 결점도 많고 부족한 점이 적지 않은 존재입니다. 평신도와 마찬가지로 인간입니다. 이 같은 인간의 모습을 소탈하게 드러낼 수 있어야 '인간적 만남'이 가능하고, 나아가 '인격적 만남'도 가능합니다. 그런데 대체로 한국의 목회자는 신성한 목사의 마스크를 너무나 두껍게 쓰고 있어서 교인들과 인간적 만남이 이루어지기 어렵습니다.

그런데 목회자가 이렇듯 마스크를 쓸 수밖에 없는 것은 반드시 목회자의 탓만은 아닙니다. 의식이 없고 의존성이 강한 평신도들이 목회자로 하여금 경건과 신령의 마스크를 쓰도록 강요합니다. 목사는 보통 인간과 달라야 한다고 믿는 것입니다. 그들은 하나님께서 낮고 천한 인간의 모습으로 세상에 오신 사건의 참 뜻을 이해하지 못합니다. 하나님 같이 지고지선하신 분이 죄인의 모습으로 오셨는데, 죄인인 목사가 인간적인 모습을 보여주는 것을 평신도들이 허락하지 않는다는 것은 너무나 위선적입니다. 오늘날 한국 땅에 위선적인 경건의 모습을 강조하는 목회자가 있다면, 이것은 일부 평신도의 구속적 기대 때문임을 알아야 합니다. 따라서 목회자가 안심하고 인간적으로 평신도를 만날 수 있도록 그들을 위선의 짐으로부터 해방시켜줄 필요가 있습니다. 따뜻한 인간과 인간의 만남을 위해서 말입니다.

심방을 통해 이 같은 만남이 가능해지면 예배 못지않게, 아니 그보다 더 중요한 행사가 될 수도 있습니다. 더구나 현대 사회 같이 한 인간이 전인격적인 존재로 대접받지 못하고, 파편적이고 파열된 존재로 취급당하는 상황에서 목회자와 전인격적인 만남이 이루어진다는 것은 대단히 가치 있는 일입니다.

심방을 통해 얻는 인격적 관계 형성은 교회 분위기를 더욱 따뜻하게 할 것이고, 교회는 그만큼 의미 있는 공동체의 구실을 할 것입니다. 현대와 같이 공동체가 조직적으로 파괴되는 비극적인 시대에 교회라는 공동체가 건재하다는 사실 자체는 교회가 세상이라는 바다에서 방주의 역할을 하고 있음을 말해줍니다.

그런데 도시 교인들 중에는 심방을 반가워하지 않는 이들이 있습니다. 자신의 사생활이 침범당하는 것을 용납하지 못하는 데다 세속 생활을 이해해주지 않는 목사의 방문이 부담스럽기 때문입니다. 이럴 때에는 목회자가 이러한 신자들끼리 어울릴 수 있는 분위기를 마련해주고, 그들끼리 서로 방문하여 코이노니아를 형성하게끔 도와주는 것이 좋습니다. 이 같은 신자일수록 소탈한 모습으로 접근하는 목회자를 더 환영할 것입니다. 그러므로 주중에 만나 함께 식사를 한다든지 하여 서로 인격적으로 만날 수 있는 계기를 마련해야 합니다.

이렇게 볼 때 심방은 반드시 한 가지 형식에 매일 필요가 없습니다. 권사와 여전도사를 대동하고 교인 집을 찾아가서 천편일률적으로 예배를 드리고 대접받고 나오는 형식에 매일 필요가 없다는 뜻입니다. 시간과 장소에 구애받지 않고 어디서나 만날 수 있어야 합니다. 목회자는 교인과 산에서, 마당에서, 회당에서, 사무실에서, 운동장에서, 어디에서나 만날 수 있어야 합니다. 목회자는 자기 양의 삶의 터전을 찾아가 거기서 양을 만나야 합니다. 세속적 삶의 마당에서 숨 쉬고 살아가는 교인들의 참 모습을 직접 보고 그들을 이해해야 합니다.

매주일 낮 11시는 모든 교인이 가장 경건해지는 시간입니다. 그 경건한 순간의 모습만을 보고 그를 인도할 수는 없습니다. 그가 사는 구체적인 삶의 현장 속에서 그를 찾아보고, 그와 역지사지하면서 인간적으로 만나고, 인격적으로 지도할 수 있어야 비로소 산 목회가 될 수 있습니다. 목회자는 교인들을 삶의 현장 한가운데서 솔직하게 만나야 합니다.

새벽 기도와 헌금, 심방 문제를 놓고 볼 때, 우리는 지금 새로운 각오를 다져야 합니다. 기도는 새벽에만 할 것이 아니라 삶의 현장 속에서 시간과 장소를 가리지 않고 해야 하며, 부당하게 피해를 보는 이웃을 위해 최선을 다하지 못한 죄를 참회하고, 다시 분발할 수 있는 힘을 달라고 간구하는 일에 기도의 초점이 맞추어져야 합니다.

헌금도 일차적으로 하나님의 선교를 위해 활용되어야 합니다. 이 구체적 역사 상황에 종의 모습으로 오셔서 불의한 구조 때문에 부당하게 피해를 받는 쪼개진 인간들, 소외된 인간들을 위해 일하시는 하나님의 사업에 동참하는 일에 사용되어야 합니다. 헌금은 모이는 교회인 에클레시아ecclesia의 양적 팽창을 위해서 쓰일 것이 아니라, 세상 속에 흩어져 있는 민중을 위해 봉사하고 헌신하는 교회인 디아스포라Diaspora의 질적 향상을 위해 쓰여야 합니다. 그리고 헌금을 내는 교인은 상업적인 타산이 아니라, 고난을 당해도 감사할 수 있는 신앙의 감격으로 헌금을 바쳐야 합니다. 헌금은 이런 경우에만 헌신이 되는 것입니다.

심방 또한 사랑의 예수 안에서 목회자와 교인이 인간적으로 만나고, 그 관계를 인격적 관계로 승화시키는 계기가 되어야 합니다. 심방은 그리스도의 몸이라고 하는 유기체적 공동체를 만드는 일에 초점이 맞추어져야 합니다. 교회가 안으로 따뜻하고 튼튼한 공동체가 될 때, 밖으로 하나님 나라 확장에 용감히 동참할 수 있는 시대와 상황의 전위 집단이 될 수 있기 때문입니다.

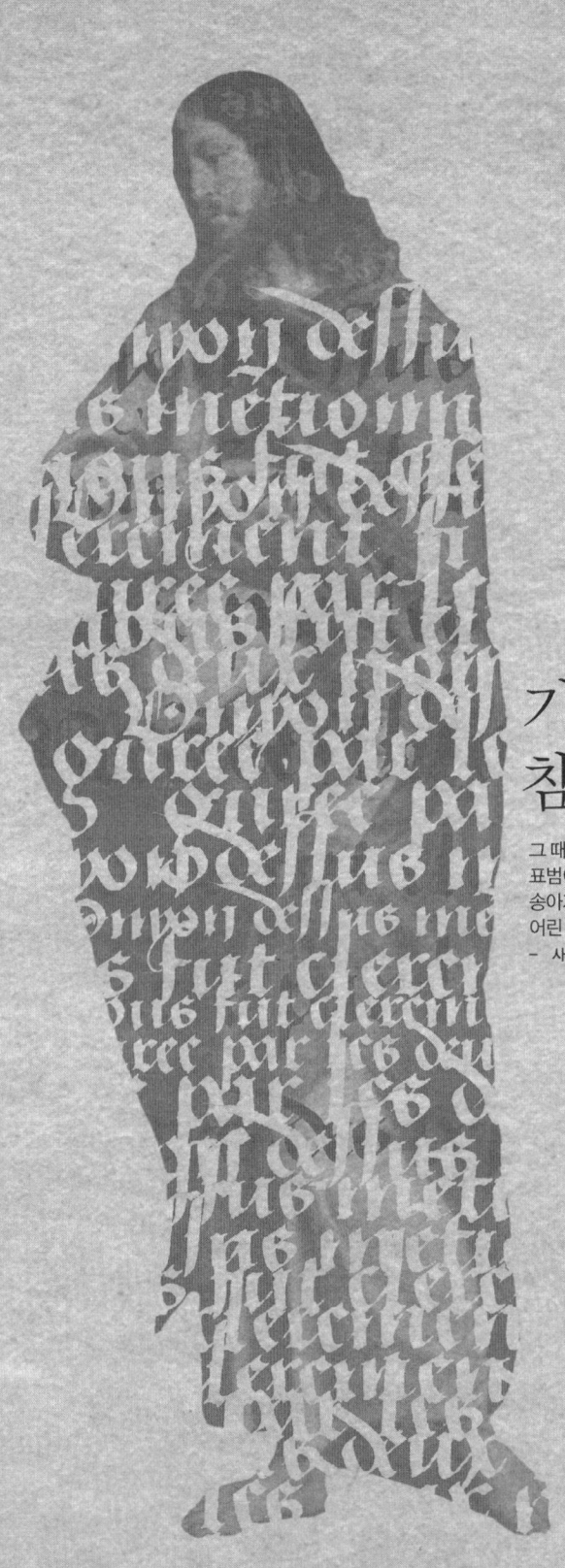

기독교 사상의 참된 실현 3

그 때에 이리가 어린 양과 함께 살며
표범이 어린 염소와 함께 누우며
송아지와 어린 사자와 살진 짐승이 함께 있어
어린 아이에게 끌리며
- 사 11 : 6 -

꼭두각시에서 자유인으로

인간은 연약하기 때문에 누구든 높은 자리에 오래
있게 되면 낮은 처지에 있는 인간의 존엄성을 제대로
깨닫지 못하고, 그들이 얼마나 소중한지 잊어버리기 십상입니다.

―

―

―

　20세기의 인간은 비극적인 성격을 진하게 지니고 있습니다. 주체이기보다는 객체로, 주인이기보다는 나그네로, 본체이기보다는 대상으로 취급되기 때문입니다. 현대의 대중사회를 보더라도 대중이라고 하는 현대인은 모래알처럼 흩어져 있는 무기력한 무리임에 틀림없습니다. 막강한 지배 세력의 자극에 힘없이 반응하는 객체에 불과합니다. 대중은 양적 규모는 크지만 질적 힘은 보잘것없는 모래알과 같은 존재입니다.
　현대 사회를 급속히 변화하는 산업사회로 보더라도 현대인은 지나치게 빠른 변화의 소용돌이 속을 표류하면서 '나 됨'과 '우리 됨'을 상실하고 파편화한 객체로 변질되고 있습니다. 게다가 급속한 변화가 가져다주는 심각한 양극화 현상 때문에 부당하게 눌리고, 억울하게 수탈당하고, 비참하게 차별받기 쉬운 대상으로 전락하고 있습니다.

현대 사회를 탈공업사회로 보고 현대인의 모습을 조명해보더라도 비극적이고 초라한 양상은 여전합니다. 인간은 막강한 소비 자극을 받아 정신없이 소비에 몰입하는 '소비 꼭두각시'로 변하고 있습니다. 주체적인 창조자가 아니라 자기도 모르는 사이에 거대한 상업광고의 마력에 휩쓸려 소비에 열중하는 소비 꼭두각시 말입니다.

자율성을 지닌 인간

여기에 현대인이 갖는 공통적인 어두운 그늘이 있습니다. 자율 능력을 상실해가고 있는 무력한 객체라는 사실입니다. 현대인은 스스로 선택하고 거기서 보람을 느끼며 사는 자율인이라기보다 여러 가지 정치 선전, 상업광고, 문화 자극의 홍수 속을 힘없이 표류하는 타율적 존재라 할 수 있습니다. 인형극에 나오는 인형 같은 피동적인 꼭두각시가 바로 현대인의 모습은 아닐까요?

그런데 현대 교회와 현대 기독교 안에서도 이러한 타율적 인간의 모습이 강렬하게 드러나고 있습니다. 객체적 인간상과 타율적 인간상이 근본주의적 보수 신앙과 신학 속에 굳건히 자리를 잡고 있습니다. 이것은 더 심각한 불행이요 비극입니다. 보수 신앙인은 자율적 인간을 경원시합니다. 그들은 '자율 인간 = 인본주의자 = 반신본주의자'라는 독단적인 방정식을 굳게 믿고 있습니다. "인간은 자율적인 존재다"라는 말을 "인간은 창조주 하나님을 반역하는 자다"라는 말과 같은 뜻으로 이해합니다. 그들은 인간이 철저한 피조물로서 하나의 기계와 같다고 봅니다. 인간을 개성 없는 기계 부속품, 자율 의지가 없는 빈 그릇으로 보려 합니다.

이들에게는 성서 기자도 객체의 도구일 뿐입니다. 보수 신앙인은 성서 기자도 하나님의 영이 불러준 내용을 기계적으로 그대로 기록한 기계에 지나지 않는다고 믿습니다. 그래서 성경에 대한 창조적인 해석을 단호히 거부합니다. 그들은 설교할 때나 기도할 때에도 자기들이 하나님 앞에서 한낱 기계나 도구 같은 객체로 존재하기를 원하며, 또 그렇게 되도록 간구합니다.

그런데 이렇게 인간의 자율성, 자유 선택권을 무시하다보면 간접적으로 하나님을 굉장한 폭군, 무섭고 무자비한 권력자로 부각시키게 됩니다. 한발 나아가 인간의 기본권을 박탈하는 인권유린자로 드러내기도 합니다. 참으로 기가 막힐 노릇입니다. 과연 이것이 바람직한 기독교적 인간관이라 할 수 있을까요?

창세기에 나타난 인간의 자유와 자율성, 창조 행위를 한번 살펴봅시다. 하나님은 인간을 자기 형상대로 창조하셨습니다. 하나님은 궁극적 자유의 존재 자체이십니다. 그래서 당신의 그 자유로움을 인간에게도 불어넣어 주셨습니다. 동물과 식물들이 도저히 지닐 수 없는 자율 선택권을 인간에게 주셨습니다. 선악과를 따먹지 말라는 하나님의 명령도 따지고 보면 인간에게 선택의 자유가 주어졌음을 뚜렷하게 전달하는 메시지입니다.

어디 그뿐입니까? 하나님은 들의 짐승과 공중을 나는 새들에게 이름을 붙일 수 있는 자유와 권리를 아담에게 주셨습니다. 이름 붙이는 행동은 자유로움의 극치입니다. 이름 붙일 수 있는 권한은 자유 중에서도 가장 핵심적인 자유를 행사하는 특권입니다. 인간은 이름을 붙임으로써 비로소 환경과 세계를 의미 있게 파악하고, 의미 있게 활용하기 때문입니다. 인간은 이름이라는 인식의 창구를 통해 비로소 세계를 파악합니다. 따라서 이름을 지어주는 사람은 바로 창조하는 사람입니다.

인간은 하나님의 피조물입니다. 들의 짐승이나 공중의 새나 나무나 강처럼 하나의 피조물입니다. 그러나 이 모든 피조물과 근본적으로 다른 것은 그가 현실을 주체적으로 구성하는 창조적 피조물이라는 사실입니다. 이 얼마나 자랑스러운 기독교의 유산입니까!

출애굽기를 한번 보십시오. 여기에서 인간은 막강한 정치권력으로부터 자신을 탈출시킬 수 있는 해방자로 나타나지 않습니까? 절대화하고 신성화한 세상 권세에 당당히 대결할 수 있고, 용감하게 거부할 수 있으며, 종국에 가서는 거기에서 탈출할 수 있는 모세라는 인간상이 바로 하나님이 사랑하시는 인간상입니다. 하나님은 연약한 자를 택하여 강한 자로 만드십니다.

하나님은 출애굽을 지나간 과거의 역사로 가두어두지 않습니다. 출애굽은 단절된 역사적 사건이 아니라 역사 속에서 끊임없이 전개되는 오늘의 과정이요, 보다 밝은 내일을 여는 오늘의 흐름입니다. 이 흐름을 창조적으로 움직여나가는 자율적 인간이 바로 모세 같은 인간입니다. 모세는 용기 있게 해방시키는 해방자요, 새 역사를 주체적으로 엮어가는 선구자입니다. 이것이 바로 자랑스러운 기독교의 유산입니다.

예수를 보십시오. 그는 하나님께 받은 인간의 온전함을 부당하게 깨뜨리는 사탄의 세력과 죄의 세력으로부터 인간을 해방하고 온전케 하시기 위해 이 땅에 오셨습니다. 그는 '주의 은혜의 해'를 선포하고 실제로 비뚤어진 인간을 바로잡는 선교 활동을 하셨습니다. 지체장애인, 청각장애인, 시각장애인, 농아인, 가난한 자, 빼앗긴 자, 헐벗은 자, 옥에 갇힌 자들의 인권이 깨어졌을 때 회복을 선포하셨고 실천하셨습니다.

예수는 구원자요 해방자였습니다. 사탄의 쇠사슬을 끊어버린 자율적 존재 그 자체였습니다. 심지어 사망의 구속마저 깨뜨려버린 해방자였습니다. 우리는 이러한 예수 안에서 날마다 순간마다 자유인으로 소생하는 은총을 받은 자들입니다. 따라서 예수를 믿는 사람은 자유인이요 자율인일 수밖에 없습니다.

인간을 타율적 객체나 조종 대상으로 보는 입장은 기독교의 탈을 썼든, 정치 및 사회 이념의 탈을 썼든, 인간을 근본적으로 깔보고 미워하는 태도에서 나온 것입니다. 인간을 편리한 도구로 악용하려는 마음에서 나온 것입니다.

사랑하는 사람을 생각해봅시다. 그를 진정 인격적으로 사랑한다면 그가 원하는 것을 하도록 도와주지 않겠습니까? 만일 잘못된 것을 원할 때에는 먼저 따뜻하게 이해하려고 애쓰고 올바른 선택을 하도록 도와줄 것입니다.

하나님은 인간을 사랑하십니다. 그래서 하나님은 처음부터 인간을 자유로운 주체, 자율적인 주인으로 창조하셨습니다. 인간이 부족하여 잘못된 선택을 하게 되면 올바른 선택을 할 수 있도록 성령을 통해 도와주십니다. 우리가 그분을 믿기만 하면 도와주십니다.

타율적 인간이 되라고 명령하시는 것이 아니라 사랑하기에 올바른 자유인이 되라고 성령을 통해 뜨겁게 격려하십니다. 이 성령의 사랑과 감화에 힘입어 하나님의 뜻이 하늘에서 이룬 것 같이 이 땅과 역사 속에서도 그의 사랑과 평화가 이루어지도록 우리는 우리의 자유를 모두 바쳐야 합니다.

성육신과 인권

착륙 지점에 가까이 다다르면 비행기는 머리를 땅으로 조금씩 내리고 앉을 자리를 찾는 새처럼 조심스럽게 내려갑니다. 창문을 통해 밑을 내려다보면 큰 학교 건물이나 공장 건물이 성냥갑처럼 작아 보이고, 학교 운동장에서 뛰노는 학생들은 개미처럼 작아 보입니다. 장난감처럼 보이는 집들과 개미처럼 보이는 인간들은 정말 대수롭지 않게 여겨집니다. 저 집을 냉큼 집어 이리로 옮기면 될 듯하고, 인간들은 한 곳에 모여 있는 점들의 집합처럼 훅 불면 모두 날아가 버릴 것 같습니다.

이렇게 쓸데없고 위험한 생각에 사로잡혀 있다 보면 어느덧 기체가 종착점인 비행장을 아주 느리게 기어가고 있습니다. 이제 눈에 보이는 건물은 다시 웅장해 보이고, 사람들의 이목구비는 또렷하게 살아납니다. 건물의 육중함, 인간의 고귀함이 새삼스럽게 다시 인식됩니다. 도대체

이러한 생각의 변화는 무엇을 의미할까요? 우리는 여기서 두 가지 중요한 뜻과 교훈을 깨달을 수 있습니다.

먼저 기독교에서 말하는 성육신 사건입니다. 하나님과 동등한 예수께서 그 높은 신의 자리를 박차고 내려와 스스로 낮고 천한 종의 모습으로 세상에 오신 사건의 뜻을 이해할 수 있을 것 같습니다. 높은 신의 자리에서는 인간의 고귀함을 제대로 깨닫기 어렵고, 인간의 애환에 깊이 동참하기가 어려울지 모릅니다. 높은 창공을 나는 비행기에 앉아 인간 세계를 보면 현미경에 나타나는 미시 세계처럼 보이고, 그 미시 세계가 시시해 보이듯 인간과 동떨어진 높은 신의 자리에서는 어쩌면 인간을 이해하고 사랑하기 어려울지 모릅니다. 그래서 높은 자리에 계신 신이 직접 이 땅에 인간의 몸을 입고 내려와 자기가 사랑하는 인간을 이해하고, 인간을 전체적인 존재 또는 전인격적인 존재로 사랑하려 하신 것 아닐까요.

인간 가까이, 인간과 동등한 선상에 서야만 비로소 인간됨의 뜻을 제대로 이해할 수 있다고 생각하신 것 아닐까요? 여기서 인간의 모습으로 오시되 정치적·경제적·문화적으로 가장 어렵고 처절했던 2000년 전의 팔레스타인 땅에 오셔서 억울하게 눌리고 가난했던 사람들을 특별히 사랑하셨던 예수를 생각하지 않을 수 없습니다. 그분의 고마움을 새삼 느끼게 됩니다.

그런가 하면 인간의 교만과 횡포에 관해서도 교훈을 얻게 됩니다. 인간이 너무 높은 자리에 있게 되면 개인의 성품이 어떠하든 간에 다른 인간들을 개미처럼 깔보게 되고, 다른 사람들의 재산을 장난감처럼 업신여기기 쉽습니다. 높은 자리에 오래 머물러 있을수록 밑에 있는 인간들이 점이나 개미처럼 작아 보여서, 아무렇지 않게 짓밟을 수도 있다는 위험한 생각을 할 수 있습니다. 인간 경시 풍조는 높은 자리로 올라갈수록 짙어질 가능성이 큽니다.

따라서 개인 기업체든, 학교든, 종교단체든 권력이 집중되면 인간 경시의 위험성이 커집니다. 특히 권력 집중이 한 나라의 울타리 안에서 일어나면 인간 일반, 그중에도 서민들을 깔보는 경향이 쉽게 나타납니다. 역사상 많은 폭군이 인권을 짓밟는 악행을 자행했던 것은 그들의 자리가 민중으로부터 너무 멀리, 너무 높이 떨어져 있었기 때문이었습니다. 그렇게 멀리 떨어진 높은 곳에서 아래를 내려다보면 당연히 인간이 우스워 보일 수 있기 때문입니다. 여기서 우리는 권력의 절대화가 비인간화를 낳는다는 교훈을 쉽게 이해할 수 있습니다.

인간은 연약하기 때문에 누구든 높은 자리에 오래 있게 되면 낮은 처지에 있는 인간들의 존엄성을 제대로 깨닫지 못하고, 그들이 가진 재산이 얼마나 소중한지 잊어버리기 십상입니다. 따라서 높은 자리에 올라간 사람일수록 항상 마음의 문을 열고 낮은 곳에 있는 사람들과 공감하려고 애써야 합니다. 그리고 날마다 낮은 곳으로 내려오려고 애써야 합니다. 그리하여 가까이서 서민들의 전체 모습을 보아야 합니다. 이렇게 낮은 곳으로 내려가는 것이 예수의 마음이 아닐까요?

구조적 차원의 인권 문제

세계교회협의회 WCC 제5차 총회 주제는 '그리스도는 자유하게 하시며 하나 되게 하신다'는 것이었습니다. 제분과 위원회에서는 '불의의 구조와 해방을 위한 투쟁'에 대해 다루었는데, 불의의 양태를 인권·여권·인종 문제로 나누어 살펴보았습니다.

현대 인간의 구체적이고 현실적인 문제에 관심을 표명해온 WCC는 불의의 구조와 해방의 문제를 다루면서 세 가지 이념을 제시했습니다. 주제 강사였던 니일루스에 따르면 이 세 가지 이념은 상호연관된 것이고, 어느 하나가 없이 다른 것이 성취될 수 없는 불가분의 관계에 있습니다. 정의가 실현되면 각 계급과 계층 간의 갈등이 해소되어 화해가 성립되고, 또 거기서 평화가 이루어진다는 점에서 이러한 논리는 타당해보입니다.

원래 공정한 법 집행을 뜻했던 정의라는 말이 지금 우리의 상황에서는 정당한 분배의 문제로 인식됩니다. 공정한 분배라고 해서 부자가 가진 것을 빼앗아 가난한 자에게 주자는 것이 아니라, 가난에 처해 있는 사람들이 능력대로 노력한 만큼 그 몫을 주자는 것입니다. 노동자들이 애써 일한 과실을 기업주가 탈취하는 불평등한 사태를 막자는 것입니다. 따라서 우리 상황에서는 '정당한 불평등'을 어떻게 제도화하느냐 하는 문제가 생깁니다. 만일 이 정당한 불평등으로서의 사회정의가 이루어진다면, 능력 없고 노력하지 않는 사람들은 불평이 없어질 것이고, 결국 화해와 평화의 바탕이 이루어질 것입니다.

어쨌든 니일루스가 제시하는 정의, 화해, 평화의 이념과 오늘 우리의 상황에서 더 절실히 필요한 자유, 평등, 인간화의 이념을 조화시키는 것은 우리에게 주어진 과제입니다. 니일루스는 정치에 대한 일반적인 편견을 불식시키려 합니다. 그가 말하는 편견은 이런 것입니다. "정치는 더러운 것이니 기독교인이 관여할 바가 아닙니다." "정치는 너무 큰일이기 때문에 아예 입을 열지 않겠습니다."

모든 문제가 '정치적인' 성격을 띠는 오늘날의 상황에서 이러한 패배주의적인 선입견은 불식되어야 합니다. 니일루스의 탁견은 우리 사회에서도 아주 타당합니다. 그런데 니일루스는 또한 불의를 고발하고 비난하는 것을 능사로 할 것이 아니라, 이웃을 구체적으로 도우려면 근본 원인을 이해하고 불의의 뿌리를 캐내야 한다고 말합니다.

그는 오늘날 인권유린이 전 세계에 전염병처럼 퍼져 있음을 직시하고 "인권은 양심의 자유 등 개인의 권리로만 고립된 것이 아니라, 구체적인 상황에서 정치·경제·사회·문화·종교 등 모든 문제와 연관되어 있다"고 지적했습니다. 사실 인권은 기독교의 본질적인 관심사라 할 수 있습니다. 따라서 우리는 인권 문제를 개인적인 차원에서만 볼 것이 아니라 사회 전반의 구조적인 맥락에서 해결해야 합니다. 이러한 구조적인 시각이 없으면 개인의 인권 문제는 절대 해결할 수 없을 것입니다. 소위 개인 구원과 사회 구원의 밀접한 관계도 이런 각도에서 이해해야 합니다.

그런데 교회가 이런 문제에 관심을 갖는다고 해서 과연 이것을 해결할 수 있는 전략적 자산이 있는가 하는 문제가 나옵니다. 니일루스에 의하면 교회는 특별히 두 가지 면에서 유리한 입장에 서 있습니다.

첫째, 교회는 세속적인 힘의 근원인 물리력이나 군대와 같은 힘의 뒷받침이 없다는 것이 교회의 큰 자산입니다. 세상을 주름잡는 정치인이나 권력 집단이 신뢰를 받지 못하는 상황에서 이 같은 교회의 무능력이 큰 힘을 발휘할 수 있다는 애기입니다. 무능력한 교회에 대한 민중의 신임 때문에 그렇습니다.

둘째, 교회는 가장 밑바닥에 사는 사람들에 관해서도 훌륭한 정보를 얻을 수 있습니다. 일차적으로 일선 교회에서 이런 정보를 입수하면, 이런 교회가 모인 세계 교회는 민중의 문제를 분명히 더 잘 인식할 수 있습니다. 따라서 교회는 이런 정보를 활용하여 일반 대중매체가 문제 삼기 전에 혹은 대중매체의 시선이 닿지 않는 문제를 신속히 거론할 수 있어야 합니다. 교회가 이런 훌륭한 정보망을 가지고도 이를 활용하지 못하고, 대중매체의 뒷바라지나 해서는 안 됩니다. 교회는 힘없는 자와 더 많이 대화하고, 이들의 복지를 신장시키고, 인권을 옹호하는 일에 전력을 다해야 합니다.

니일루스는 또 하나의 중요한 사실을 언급하고 있습니다. 앞에서 언급했듯 이 땅의 크리스천이 강자의 왜곡된 허위의식을 폭로해야 한다는 사실입니다. 이 문제는 인종차별 문제를 다룰 때 다시 이야기하겠습니다. 다만 현실에 대한 허위의식과 참된 현실 인식을 구별하는 것이 쉽지 않다는 것만 말해두고 싶습니다.

여권과 인종차별 문제

우리는 보통 억압당하는 사람들을 소수집단이라고 하는데, 여성은 역사적으로 가장 오래된 소수집단입니다. 어떤 사람은 여권 문제를 서구의 문제로만 보려 합니다. 여성에게 주어지는 기회가 많고 적음에 따라 문제의 형태나 심각성이 다른 것도 사실입니다. 그럼에도 여성이 여전히 억압당하는 위치에 있다는 것은 부인할 수 없는 현실입니다.

한국 사회에서 여권 문제를 다루려면 우선 이 문제가 전반적인 사회문제에서 어떤 비중을 차지하는지부터 짚어보아야 할 것입니다. 따라서 전반적인 인권 문제와 여성 문제의 관련성을 살펴보는 일부터 시작하려 합니다.

한국 교회에서 여성은 어떤 대접을 받고 있습니까? 한국에서 그래도 약간은 자유주의적이라는 장로교 통합 교단에서 여성을 장로로 세우는 문제가 종종 총회 안건으로 상정되기는 하지만 여전히 통과되지는 못하고 있습니다. 흔히 우리나라에서 여성 문제를 거론하면 으레 유교 사회의 전통으로 내려온 가부장제를 운운하고 여성 천대 사상의 원인이 전적으로 유교 사상에 있는 것처럼 말하는데, 이 부분은 재고할 필요가 있습니다. 한국 기독교의 가부장제 역시 유교 사회만큼이나 엄격하기 때문입니다. 가령, 우리는 당연히 하나님을 가부장제하의 남성으로 생각하는데, 이런 생각도 재고해야 하지 않을까요? 가장 엄마다운 아빠가 바로 예수의 하나님, 아바가 아닙니까?

인종차별 문제 역시 빼놓을 수 없습니다. 대체로 인종차별 추방 운동에서 인종 문제를 다루는 전략은 세 가지로 요약됩니다. 첫째, 인종차별을 없애는 활동을 효과적으로 진행시키려면 먼저 인종 문제의 근본 원인을 찾아야 된다는 것입니다. 둘째, 억압당하는 자나 억압하는 자가 서로 밀접하게 관련되어 있기 때문에 억압하는 자 역시 해방해야 할 대상에 포함시켜야 한다는 것입니다. 셋째, WCC는 인종차별이 구체적으로 이루어지고 있는 사태에 대한 정확한 정보를 바탕으로 행동을 결정해야 한다고 말합니다.

앞으로 우리 사회에 어떤 변화가 있을지 모르지만, 다행히 아직까지는 인종차별의 문제가 그리 심각하지 않은 것 같습니다. 아직은 우리 사회가 동질적인 사회를 이루고 있기 때문일 것입니다. 하지만 우리에게 인종차별과 맞먹는 편견은 없는지 살펴볼 필요가 있습니다. 외국인 노동자에 대한 우리의 인식은 어떻습니까. 앞에서도 잠깐 언급했지만, 인종차별의 기본 바탕은 잘못된 혹은 신화적인 상황 판단에서 비롯됩니다. '흑인은 본질적으로 머리가 둔하다'든지 '흑인은 본질적으로 도덕적이지 못하다'는 식의 왜곡된 판단이 대표적인 예입니다. 인종차별의 구체적인 사례보다 이런 잘못된 현실 인식이 더 심각한 문제입니다.

그렇다면 우리 사회에 어느 계층 혹은 집단이 본질적으로 나쁘다는 왜곡된 현실 인식은 없을까요? 나는 여기서 두 집단을 얘기하고 싶습니다. 하나는 문제의식이 강한 젊은이에 대해 잘못된 판단을 내리고 있는 부분입니다. 다른 하나는 지난 1~2년간 일부 기독교 지식인과 산업 선교자들에 대해 기득권층이 갖는 잘못된 현실 인식입니다. 기득권층은 이들 집단을 두고 공산주의에 취약하다든가(WCC가 용공단체로 비난받는 것도 이와 같은 맥락이라 할 수 있습니다), 위험하다든가, 애국심이 부족하다든가, 문화적 주체성이 없다든가, 좋게 말하면 세계주의지만 나쁘게 말하면 사대주의라는 식으로 잘못된 판단을 내리고 있습니다. 더 큰 문제는 이러한 인식이 어느 한두 사람의 지도자에게만 국한된 것이 아니라 집단적인 현실 인식으로 굳어지고 있다는 데 있습니다.

그러면 이런 잘못된 허위의식을 어떻게 극복할 수 있을까요? 이에 대한 답변은 앞으로 기독교 지식인과 젊은이들이 앞장서서 진지하게 모색해야 할 부분입니다. 우리 스스로 해결해야 할 과제인 것이지요. 우리 교회나 교단의 상황에서는 강력한 민주적 압력단체의 활동을 기대하기도 어렵습니다. 설령 그런 집단이 있다 해도 니일루스가 말했듯 사회 고발 이상을 해낼 수도 없습니다. 지도층을 각성시키는 나단 선지자 같은 인물이 여러 분 계신다면 좋겠지만, 몇 사람의 힘으로 구조적인 악을 제거할 수는 없습니다.

마지막으로, 한국 교회가 구조적인 시각에서 모든 정치·사회 문제를 다루어야 한다는 사실을 강조하고 싶습니다. 인권·성차별·인종차별, 이 모든 문제는 구조적인 문제로 구조적인 맥락에서 해결해야 할 것들입니다. 이런 각도에서 한국 교회는 개인 구원과 사회 구원의 문제에 관해 보다 명확하고 포괄적 입장을 취해야 할 것입니다. 인간이 직면한 문제를 구조적인 시각에서 보고 전체 구성원의 삶의 질을 강조하지 않는 곳에서는 개인 구원도 이뤄질 수 없습니다. 따라서 개인 구원과 사회 구원은 상호보완 관계에 있음을 분명히 해두고 싶습니다.

지극히 개인적인 생각이지만, 한국에서는 부유하고 큰 교회일수록 개인 구원을 더 강조하는 경향이 있는 것 같습니다. 때로는 개인 구원을 사회 구원과 상반되는 것으로 가르치기도 합니다. 개인 구원을 강조함으로써 양심의 가책에 시달리는 교인들의 영혼을 달래줄 수 있기 때문입니다. 그래서 개인의 기복적인 욕구를 자극하여 육신의 복을 받으려면 교회 출석 잘하고 헌금도 많이 하라고 가르치는 것입니다.

교회에는 메마른 심령의 욕구를 채워주는 메시지를 원하는 교인들도 있겠지만, 그렇다고 이들에게 종교적 자장가를 들려주는 것으로 교회의 임무가 끝난다고 볼 수는 없습니다. 지금 한국 교회는 갈릴리에서 활동하신 예수와 무당처럼 종교적 주술로 복을 불러다주는 예수 중 하나를 선택해야 하는 기로에 서 있는지도 모릅니다.

능력에 따라, 필요에 따라

능력에 따라 노동의 보상이 이뤄져야 하고,
필요에 따라 보상이 나누어져야 합니다.
이것이 바로 기독교의 노동관입니다.

─

─

─

역사적 예수는 분명히 어떤 계층에 대해서는 지극히 따뜻한 태도를 보이셨고, 어떤 집단에 대해서는 신랄한 비판의 태도를 취하셨습니다. 예수의 따뜻한 보살핌과 관심을 받았던 무리는 부당한 사회구조 때문에 가난하고 눌린 자들이었습니다. 특히 예수는 가난한 자들에게 많은 관심을 보이셨습니다. 그래서 그들을 위로하고 축복하고, 그들에게 기쁜 소식을 전하셨습니다.

마리아는 예수를 성령으로 잉태하고 나서 성령의 감동을 받아 이렇게 고백합니다. "주리는 자를 좋은 것으로 배불리셨으며 부자는 빈손으로 보내셨도다"(눅 1:53). 제자들과 함께 산에 오르신 예수는 또 이렇게 가르치셨습니다. "예수께서 눈을 들어 제자들을 보시고 이르시되 너희 가난한 자는 복이 있나니 하나님의 나라가 너희 것임이요"(눅 6:20). 공관복음서 전체에 가난한 자에 대한 예수의 관심과 사랑이 깊게 깔려 있습니다. 세례 요한의 제자들에게서 질문을 받았을 때나 나사렛 회당에서 이사야 61장을 읽었을 때에도 예수는 일차적으로 가난한 자를 겨냥하여 복음을 외치셨습니다.

기독교의 노동 윤리

그렇다고 예수가 가난 자체를 칭송한 것일까요? 가난 자체를 하나의 덕목으로 본 것일까요? 부자와 강자를 본질적으로 증오하셨을까요? 그렇지는 않습니다. 예수 당시의 정치 및 경제 상황에서 민중들은 아무리 부지런히 일해도 구조적인 부조리 때문에 결국 채무자가 되거나 노예로 팔려갈 수밖에 없는 딱한 형편에 놓여 있었습니다. 가난은 노동과는 무관했습니다. 구조 악에 의한 가난은 개인의 노력과 노동을 피곤한 일로 만들어버렸습니다.

그런데 부 역시 개인의 노력에 관계없이 기득이권既得利權의 자기 확장 생리에 의해 지탱되었습니다. 부나 가난이 개인의 성실한 노력과는 상관없이 부조리한 구조 속에서 자리를 굳히게 된 것입니다. 이런 상황에서 예수는 희년의 기쁜 소식, 즉 주의 은혜의 해를 선포하셨습니다. 적어도 이 은혜의 해에는 빚진 자가 탕감 받고 노예가 해방되기 때문입니다.

예수는 구조적 해방을 선포하신 것입니다.

기독교의 노동관에는 적어도 두 가지 중요한 요소와 기준이 있습니다. 하나는 능력에 따라 노동의 보상이 이뤄져야 한다는 점이고, 다른 하나는 필요에 따라 보상이 나누어져야 한다는 점입니다. 달란트 비유에 나오듯이 능력 있는 일꾼은 그만큼 크게 칭찬을 받게 되어 있습니다. 이 노동의 원리는 모든 개방체제가 지향하는 분배 원리입니다. 능력 있는 만큼, 능력에 따라 노력한 만큼 보상을 받아야 부지런한 사람과 능력 있는 사람이 정당한 대접을 받게 됩니다.

그런데 이 능력이라는 기준이 일단 강자에게 초점이 맞춰지면 출발선상의 불평등을 강화해주는 결과를 낳습니다. 그리고 사회정의를 낮은 수준에 묶어놓게 합니다. 즉, 부자 아들 역시 부자가 되기 쉽고, 빈손으로 출발하는 사람은 출발선상에서부터 심각한 핸디캡을 안게 됩니다. 이러한 잘못을 시정하려면 필요에 따라 노동의 대가를 분배한다는 새로운 기준을 적용해야 합니다. 필요에 따른 분배는 초대교회 성도들이 모범을 보여주었습니다(행 4:35).

필요에 따라 나누는 사회가 되려면 사회 구성원들이 이기심을 버리고 공동선을 이루겠다는 결단을 해야 합니다. 이기적 충동으로 필요한 양을 제시하게 되면, 또 다른 불의와 부조리를 낳게 될테니 말입니다. 기독교는 공동선을 전제로 하여 노동과 필요에 따른 노동의 대가를 강조합니다.

이상적인 경제 공동체를 이루려면 이런 두 가지 분배 기준이 조화를 이뤄야 합니다. 그런데 오늘날 한국 사회는 능력이 있고 온갖 노력을 기울여도 정당한 대가를 받기 어려운 상황에 처해 있습니다. 사도행전에서 보여준 필요에 따른 분배는 더더욱 기대하기 어렵습니다. 교회와 크리스천이 이런 상황에서 정당한 대우를 못 받는 근로자를 위해 기쁜 소식을 전하지 못한다면, 우리는 예수의 마음을 품고 그를 따르는 자라 할 수 없을 것입니다.

가난한 자에게 기쁜 소식을 전하려고 이 세상에 오신 예수, 배고픈 사람에게 좋은 것으로 배불리고 싶어 하시는 예수의 정신을 우리 현실에서 다시 한 번 되살려야 할 때입니다. 가난한 자, 배고픈 자, 정당한 대우를 받지 못하는 근로자를 외면하고 학대하는 교회와 크리스천이 있다면, 이는 결국 예수를 외면하고 학대하는 것과 같습니다. 우리 주님이 지극히 작은 우리의 형제와 이웃에게 한 것이 바로 주님에게 한 것이라고 말씀하셨기 때문입니다.

한국의 시대 상황과 도전

오늘날 기독 경제인이 당면한 시대적 도전은 실로 막중합니다. 그리고 이 도전은 하나의 심각한 시험과 시련이 될 수 있습니다. 이 도전에 창조적으로 응전應戰하지 못하면, 기독 기업인은 크리스천으로서도 실패할 것이요, 기업인으로서도 성공하지 못할 것이기 때문입니다. 그렇다면 이 도전의 성격은 무엇일까요? 도전의 성격을 이해하려면 먼저 우리의 시대 상황을 살펴보아야 합니다. 이 도전은 어디까지나 상황의 요청이기 때문입니다.

우리가 처한 상황이 보여주는 가장 두드러진 특징은 급격한 사회변동입니다. 이 같은 급격한 변동은 정부의 산업화 정책을 토대로 추진한 것입니다. 거의 4000년간 무변화의 상황에서 살아온 우리 국민들은 1860년대 개항을 계기로 새로운 외부 충격을 받아 사회 변화를 경험하게 되었습니다. 그러나 이 경험은 대개 타율적인 것이었습니다. 우리 자신의 필요에 따라 사회 변화가 급속히 진전된 것은 해방 이후이겠으나, 더 정확히 지적하자면 1960년대라고 보아야 합니다. 1960년대에 정부가 산업화 정책을 추진함에 따라 한국 역사에서 유례가 없는 급속한 사회 변화가 일어난 것입니다.

한국은 이제 '고요한 아침의 나라'나 '은둔자의 왕국'이 아닙니다. 오히려 '분주한 정오의 나라'요, '참여자의 공화국'이 되었습니다. 구미 사회가 오늘날의 발전을 이루기까지 수세기가 걸렸다면, 우리는 이 장구한 기간을 최대한 단축시키려고 몸부림치고 있는 것입니다. 그래서 사회 변화가 빠를수록 바람직하다고 생각하기도 합니다. 그러나 여기에 몇 가지 심각한 문제가 있습니다.

첫째, 주류 문화가 붕괴하는 현상이 생겨났습니다. 급속한 사회 변화로 말미암아 전통문화는 크게 약화되었습니다. 그렇다고 새로운 문화가 완전히 자리를 잡은 것도 아닙니다. 그래서 지금 우리 사회에는 신구문화가 뒤섞여 있습니다. 이러한 상황에서는 삶의 방향 감각이 둔화되고, 명쾌한 윤리적 판단을 내리기가 어렵습니다. 따라서 "내가 어떻게 사는 것이 올바른가?"라는 의문이 생깁니다. 이른바 '정체성 위기'가 심각해집니다. 내가 누구인지 모르고, 어떻게 사는 것이 의미 있는 삶인지 모르면 각종 일탈 행동이 일어날 가능성이 커집니다. 그리고 이러한 정체성 위기는 기독 기업인에게 더 심각하게 나타납니다.

둘째, 한국의 산업화는 뚜렷한 산업 윤리를 바탕으로 추진된 것이 아니라는 데 문제가 있습니다. 구미에서는 기독교 윤리를 충실히 따르며 살아온 사람들 가운데서 합리적 자본주의 정신이 발생했습니다. 합리적 경제활동은 프로테스탄트 윤리의 결과물이라고 할 수 있습니다. 산업화나 근대화는 사회구조를 크게 변화시키는 구조적 변화인데, 이것이 정당한 윤리나 철학 없이 급속히 진전되었다면 심각한 사회문제를 일으킬 위험이 있습니다.

서구화의 물결에 직면했던 중국이 동도서기東道西器의 입장을 심각히 고려했다는 것은 서구의 산업 기술과 물리적 이기를 자신들의 도나 윤리를 토대로 받아들여야 한다고 생각했다는 뜻입니다. 산업 윤리를 바탕으로 시작해도 산업화 과정에서 심각한 부작용이 생길 수 있는데, 아무런 윤리 기준 없이 산업화를 추진하면 더 심각한 문제가 생기기 마련입니다. 각종 사회·정치·경제의 부정부패를 돌아보면 이 문제의 심각성을 알 수 있습니다.

셋째, 자원이 적은 나라에서 급속한 산업화를 추진하면 경쟁이 과열될 수 있습니다. 과열 경쟁은 각종 편법주의를 부채질합니다. 목적 달성을 위해서라면 부당한 방법이라도 거리낌 없이 사용하려는 조급증이 늘어나는 것이지요. 목표에 대한 과도한 관심은 목표에 이르는 절차에 대한 무관심을 낳습니다. 그래서 목표에 이르기 위해 정당한 절차를 밟으려는 태도는 상대적으로 줄어듭니다. 절차를 지키면 늦어지니까 절차를 무시하고 최대한 빨리 목표를 달성하려고 하는 것입니다. 그리하여 절차 윤리가 파괴됩니다. 이렇게 되면 목적만 좋으면 수단은 나빠도 괜찮다는 풍조가 생기기 쉽습니다. 당연히 도덕의 타락은 심화될 수밖에 없습니다.

도道는 길이요 절차입니다. 도 자체가 목적일 수도 있지만, 목표에 이르는 길이기도 합니다. 길로서 도는 정당한 절차를 의미합니다. 정당한 절차를 밟으면 부당한 절차를 밟는 것보다 시간이 더 걸린다는 생각에 정당한 절차를 무시한다면 사회질서는 근원적으로 파괴되고 맙니다. 질서는 순서입니다. 그리고 순서는 절차를 의미합니다.

오늘 우리 사회에서 절차 윤리가 파괴되었다는 것은 곧 경쟁 윤리가 파괴되었다는 것과 같습니다. 이렇게 되면 규칙이 없는 운동경기처럼 인간은 야만스런 원시상태로 되돌아갑니다. 마르틴 부버가 지적한 '나와 당신'의 관계보다 토머스 홉스가 지적한 '이리와 이리'의 관계가 우세하게 됩니다. 인간은 목적의 자리에서 수단의 자리로 전락하게 되고, 인간의 가치는 여지없이 떨어지게 됩니다. 이런 상황에서 절차와 순서를 지키는 사람은 오히려 미련하고 바보 같은 사람으로 지탄을 받게 됩니다. 약삭빠른 편법주의자와 요령주의자가 빨리 출세하는 부조리가 생기게 되는 것입니다.

기독 경제인은 한국 사회가 이러한 시대 상황에 처해 있다는 사실을 정확하게 직시해야 합니다. 이러한 시대 상황에서 어떠한 도전에 직면해 있는지를 알아야 합니다. 비록 늦은 감이 있긴 하지만, 산업 윤리와 절차 윤리, 경쟁 윤리를 시급히 확립해야 합니다. 우리 상황에 맞는 경제 윤리를 확립해야 하는 것입니다. 그래서 천천히, 착실히, 깨끗하게 목적을 달성하려는 예수따르미 선구자가 필요합니다.

시대의 요청에 무관심한 교회

이 시점에서 사회 문제에 대해 한국 기독교가 취해 온 자세를 반성할 필요가 있습니다. 이 땅에 예수의 복음이 들어왔을 때 복음을 가장 절실하게 받아들였던 계층이 있습니다. 하나는 조선시대 말 외세의 침략으로부터 나라를 지키고자 자강과 자립을 강조했던 계층입니다. 이들은 애국애족하는 지적 엘리트층이었습니다. 복음의 씨앗은 먼저 이들의 마음 밭에 뿌려졌습니다. 또 하나는 조선시대 말 삼정의 문란으로 도탄에 빠지고 관리들의 가렴주구에 시달렸던 서민층입니다. 한마디로 예수 복음의 씨앗은 내외적으로 소외된 국민의 마음 밭에 뿌려졌습니다.

이렇게 뿌려졌던 씨앗이 자라 일제 강점기에는 민족 해방을 열망하는 민족주의의 힘으로 표출되기도 했습니다. 단순하게 민족주의 감정에만 호소했던 것이 아닙니다. 거기서 한 걸음 더 나아가 해방과 독립을 쟁취할 힘을 기르려면 교육과 사회복지에 힘써야 한다고 믿어 기독교가 교육 사업과 의료 복지 사업에 앞장섰습니다. 크리스천들은 상업계에도 활발하게 진출했습니다. 교육계와 상업계에서 크리스천들이 모범적으로 시대의 요청과 도전에 용기 있게 대응했던 것입니다.

그런데 해방 후 한국 기독교는 이상하게도 독선과 아집에 사로잡혀 자체 분열에 귀한 에너지를 소비해왔습니다. 교회가 가슴 아픈 분열을 거듭하면서 한국 기독교는 시대의 요청과 도전을 외면하게 된 것 같습니다. 그 전에 보여주었던 모범과 리더십은 사라져버렸습니다. 세속 사회에 대해 소금과 빛의 사명을 감당하지 못하게 된 것입니다.

초기 한국 기독교는 예수의 신상보훈처럼 배고픈 자, 우는 자, 억눌린 자에게 기쁜 소식을 전했으나, 해방 후에는 기독교의 목소리가 기쁜 소리가 아니라 불길한 소리로 변해왔다는 사실을 우리는 반성해야 합니다. 자체 분열에 급급한 나머지 사회의 도전과 요청에 관심을 가질 수 없었던 것입니다.

한편으로는 신비주의에 빠져 각종 신흥종교의 온상처럼 여겨지기도 했고, 다른 한편으로는 지나친 율법주의에 사로잡혀 바리새인처럼 경직된 차별주의에 빠지기도 했습니다. 한국 기독교에서 예수가 보여준 사랑과 용서의 정신을 찾아보기 어렵게 되었습니다. 형제를 이단으로 정죄하는 기풍이 생겼고, 이 문제를 세속 법정으로까지 끌고 가서 분열의 추태를 내보이기까지 했습니다.

이 같은 자리를 박차고 나오지 않는 한 한국 기독교는 예수 그리스도와 상관없는 종교가 될 수밖에 없습니다. 한국 기독교에 가까워질수록 예수 그리스도와는 멀어지는 역설이 성립되는 것입니다. 이러한 비극적인 교회 상황을 감안하고 시대의 도전을 생각할 때 한국의 기독 경제인이 이뤄야 할 사명은 무엇일까요?

깨끗한 부자를 만드는 경제 윤리

우선 교회 내적으로 기독 기업인이 한국 교회의 화해와 개혁에 앞장서야 합니다. 하지만 무엇보다 강조하고 싶은 것은, 기독 기업인이 이 시대와 상황의 도전에 성공적으로 응전할 수 있는 경제 윤리를 세우고 모범적으로 실천하는 것입니다. 오늘 우리 상황에서 경제 윤리를 확립하고 실천하는 일은 정치 윤리와 사회 윤리를 정립하고 실천하는 데에도 큰 도움이 됩니다. 그런데 경제활동과 윤리가 과연 상용적相容的 관계를 맺고 있는 것일까요? 특히 우리나라의 유교적 전통에서 이 둘이 화합을 이룰 수 있을까요?

조선시대 사대부 계층이 지키던 윤리 기준에는 경제활동을 경시하는 풍조가 있었던 게 사실입니다. 첫째, 중의경리重義經利의 윤리가 그것입니다. 의義를 중히 여기고 이利를 가볍게 여기는 것은 귀한 가르침입니다. 그런데 당시 상황에서 말하던 의가 보편적 의가 아니라는 데 문제가 있습니다. 이 의가 가족과 씨족 중심의 의라면 의를 중히 여기는 것이 과연 오늘의 상황에 적합한 것일까요? 자기 가족이나 친척에게 의가 되는 것이 타인에게도 그대로 적용된다면, 이러한 의는 중히 여겨야 마땅합니다. 그러나 가족이나 씨족만을 위하는 의는 불필요한 것입니다.

이利를 가볍게 여긴다는 부분에서도 이가 사리私利를 의미한다면 마땅히 가볍게 여겨야 합니다. 선공후사의 정신으로 사리를 버려야 합니다. 그러나 만일 이가 경제적 이윤을 의미한다면 경리經利를 정당한 것으로 볼 수 없습니다. 오히려 합리적인 이윤 추구는 적극 장려해야 하는 것 아닌가요?

둘째, 우리의 전통 경제 윤리에는 청빈淸貧이란 것이 있습니다. 가난하지만 깨끗하게 산다는 태도는 어느 시대에나 높임을 받아야 합니다. 그러나 가난한 것을 곧 깨끗한 것으로 보는 것은 잘못입니다. 가난을 합리화하고자 청빈을 강조하는 것은 잘못이라는 말입니다. 가난을 윤리 덕목으로 보면 부가 윤리를 거스르는 것으로 간주하기 쉽습니다. 이것은 분명히 잘못입니다. 가난한 사람은 돌보아야 하지만 가난은 극복해야 할 대상입니다. 가난 자체를 사랑해서는 안 된다는 뜻에서 청빈은 잘못된 표현일 수 있지요. (그러나 청빈인은 훌륭한 존재입니다.) 실제로 우리 사회에서는 부를 깨끗함의 상징이 아니라 졸부猝富와 같이 부정적으로 표현하는 경우가 많습니다. 청빈과 졸부는 어떤 의미에서 서로 통하는 것도 같습니다. 우리는 이 둘을 모두 극복해야 합니다.

청빈과 탁부濁富를 모두 불식하고 우리가 세워야 할 새로운 경제 윤리는 청부淸富의 윤리입니다. 가난을 깨끗한 것으로 볼 것이 아니라, 부자라도 깨끗하게 산다는 것을 보여줄 필요가 있습니다. 청부인은 청빈인을 존경합니다. 그래서 가난 퇴치에 앞장서게 됩니다. 그래서 청부입니다. 그러므로 우리는 깨끗하게 부자가 되는 생활양식을 마련해야 합니다. 산업화는 부를 축적하는 과정입니다. 부 자체를 부정한 것으로 보는 것도 시대착오적입니다. 문제는 부에 이르는 길이 정당하냐는 것입니다. 만일 정당한 절차를 통해 부를 얻는다면 이는 청부요, 편법을 통해 부를 얻는다면 이는 탁부입니다. 그러므로 우리 사회에 청부의 모범을 보여준 기업인이 과연 얼마나 되는지 반성할 필요가 있습니다.

청부의 윤리를 정립하고 이를 실천하려면 일차적으로 기업인들이 인간과 재산에 대한 철학을 확립해야 합니다. 서구에서는 프로테스탄트 윤리가 곧 청부의 윤리였습니다. 여기에는 두 가지 기독교 정신이 필요합니다. 하나는 청지기 의식이요, 다른 하나는 소명의식召命意識입니다.

오늘 우리 상황에는 인간의 생명과 재산에 대한 청지기 의식이 절실히 필요합니다. 청지기는 주인이 아닙니다. 따라서 이기심을 극복해야 합니다. 생명과 재산의 궁극적 주인은 하나님입니다. 청지기는 관리자에 불과합니다. 그래서 청지기에게는 충성과 헌신이 있어야 합니다.

기독 기업인이 이러한 청지기 의식을 가질 때, 그는 자기 재산과 기업이 갖는 공익성과 공공성을 인식하지 않을 수 없습니다. 자기 재산이 자기 것이 아니기 때문입니다. 자기가 고용한 사람들의 생명도 자기 것이 아닙니다. 기업주는 하나님의 집사執事일 뿐입니다. 따라서 그는 생산에 주력하면서도 공정한 분배에 신경을 써야 합니다.

이를 통해 급격한 산업화의 역기능으로 지적되는 부익부 빈익빈이라는 사회 불의를 치유할 수 있는 바탕이 마련됩니다. 19세기 말 미국이 여러 차례 경제 공황에 직면했을 때, 기독교 사회학자들이 지적한 노블리스 오블리제, 즉 사회지도층에게 요구한 높은 도덕적 의무는 어떤 의미에서 청지기의 의무를 자본가에게 촉구한 것이라 할 수 있습니다. 자본주의를 건강하게 유지하려면 자본주의가 안고 있는 부조리를 청지기 의식으로 극복해내야 합니다. 청지기 의식은 기독 기업인에게 가장 절실히 필요한 경제 윤리입니다.

한편, 소명의식은 모든 사람이 가져야 할 직업의식입니다. 그러나 그 중에서도 경제인에게 더 시급하게 필요한 것이지요. 한 사회의 안정도는 그 사회 구성원의 직업 만족도와 정비례합니다. 각종 직업에 종사하는 사람들이 자기 직업에 만족하지 않는다면, 그것은 개인의 비극일 뿐 아니라 그들이 속한 직장 전체의 비극이요, 나아가 사회 전체의 비극입니다. 사회는 불평분자로 가득 차게 될 것입니다.

그러면 자기 직업에 만족을 느끼는 데 필요한 조건은 무엇일까요? 임금일까요? 원만한 인간관계일까요? 무엇보다 먼저 인간답게 사는 데 필요한 만큼의 보수는 보장되어야 합니다. 그런데 이것 못지않게 중요한 것이 자기 직업에서 가치와 보람을 찾는 마음의 자세입니다. 이는 직업을 신의 소명으로 여길 때에만 가능한 태도입니다. 우리들은 부르심을 받는 것, 즉 소명의식을 성직에만 국한시키는 잘못을 범할 때가 많습니다. 모든 직업은 소명으로서 성직입니다. 특히 경제계의 직업을 소명으로 보아야 합니다.

소명의식은 개인의 보람과 자아 발견, 자아실현, 자아 발전의 계기가 되고, 직업 만족의 원천이 되며, 생산성의 기초가 됩니다. 나아가 사회 전체 안정의 바탕이 됩니다. 기업에 종사하는 직원이 기업주를 위해 일하는 것이 아니라 자기 발전과 자아실현을 위해 일한다고 믿을 수 있어야 이른바 책임 있는 '분수 의식'이 생깁니다. '하나님의 부름이 곧 현재의 직장'이라는 인식이 근면하고 합리적인 경제활동의 필요조건이 되는 것입니다. 하나님의 부르심에 '예' 하고 응답하는 자세에서는 부정과 부조리가 나올 수 없습니다. 독일의 사회학자 막스 베버는 소명의식이 경제 윤리 및 합리적 자본주의 정신과 밀접하게 관련되어 있다고 밝혔습니다.

소명의식이 있는 기업인은 자기 기업을 자기 개인 소유로 보지 않고, 자기 직업을 하나님의 부르심으로 믿기 때문에 절차 윤리를 지키지 않을 수 없습니다. 그렇기 때문에 그들은 청부의 모범을 보여줄 것이고 청부의 전통을 세워줄 것입니다. 경제활동과 윤리는 불상용不相容의 관계를 맺는다는 단견短見과 편견, 산업화와 사회정의는 일치할 수 없다는 단견과 편견을 불식시켜 줍니다. 그리하여 이 시대와 상황이 요청하는 경제윤리와 산업화 윤리를 제공할 수 있게 됩니다. 이때 비로소 크리스천이 되는 것과 기업인이 되는 것이 모순을 이루지 않고, 착실한 크리스천일수록 모범적인 기업인이 될 수 있는 것입니다.

예수가 졸부나 탁부를 나무라셨지 청부를 꾸짖지 않았다는 사실을 강조하고 싶습니다. 설령 졸부나 탁부였다 하더라도 삭개오처럼 부정으로 축재한 것을 사회에 환원하겠다고 회개할 때 예수는 그에게 구원을 선포하셨던 사실을 다시 한 번 상기해야 합니다. 예수는 부당하게 축재한 사람을 꾸짖었고, 억울하게 가난하게 된 자를 위로하셨습니다. 마찬가지로 예수는 근면하고 부지런하게 노력하여 청부에 이른 사람을 칭찬하실 것입니다. 한국의 기독 기업인은 청부의 윤리를 확립하고 이를 모범적으로 실천하여 불안하고 부조리한 사회에서 소금과 빛의 사명을 감당해야 합니다.

마지막으로 기독 기업인은 세상에 있으나 세상에 속해 있지 않음을 깨닫고 '그리스도를 위한, 크리스천에 의한, 민중의 사업Business for the Christ, by the Christian, and of the People'을 추진해야 합니다. 그리스도를 위한 사업은 곧 사회복지와 사회정의를 위한 사업이고, 크리스천에 의한 사업은 청부의 실현자들이 주관하는 사업이며, 민중의 사업이란 민중을 수탈하지 않고 근로자를 저임금으로 착취하지 않으며 민중의 이웃이 되는 일에 모범이 된다는 뜻입니다. 그리하여 민중에게 사랑받는 기업인이 된다는 뜻입니다.

기독 기업인이 예수를 믿지 않는 기업인보다 더 인색하고 근로자를 더 악랄하게 수탈한다는 세상의 평판에 대해 깊이 반성하고 회개해야 합니다. 한국 기업인은 예수를 찾아온 부자 청년같이 자기 재산에 대한 지나친 애착 때문에 영생을 놓치는 어리석은 짓을 되풀이하지 말아야 합니다.

'나 됨'과 '우리 됨'을 찾아

한국 교육은 인간을 비인간화시키는 탈도덕 교육임을
부인할 수 없습니다. 이 때문에 사람들은
'나 혼자 경쟁에서 이기려는 늑대'가 되어가고 있습니다.

오늘날 한국 교육의 비극은 비인간화를 재촉하는 데 있습니다. 비인간화를 부채질하고 악화시키면서 정체성 위기를 가중시키는 작용마저 하고 있습니다. 이 같은 한국 교육의 비극적 현실을 우려할수록 우리는 정체성 위기를 창조적으로 해결하면서 동시에 인간화를 촉진하는 교육이 필요하다는 사실을 절감하게 됩니다. 이러한 의미에서 기독교 학교의 중요성과 사명을 새삼 검토해보지 않을 수 없습니다.

우리는 또한 한국의 신학 교육이 이대로 좋은지 반성해보아야 합니다. 우선 신학 교육이 길러낼 인간상에 관련된 문제를 차분히 따져보아야 합니다. 또한 신학 교육이 과연 적합하게 이뤄지고 있는지, 신학 교육의 적합성relevance을 높이는 방법은 무엇인지도 함께 조명해보아야 합니다.

그러면 기독교 학교의 사명과 한국의 신학 교육 문제를 하나씩 살펴보도록 하겠습니다.

한국 교육의 문제점

무엇보다 한국 교육이 이토록 비극적인 결과를 내놓고 있는 이유를 먼저 점검하지 않고는 이 모든 문제를 풀 수 없습니다. 과연 한국 교육의 문제점은 무엇일까요?

첫째, 눈을 학교 제도 안으로 돌려보면 교육 목적과 교육 제도의 심각한 불일치 현상을 볼 수 있습니다. 가장 중요한 교육 목적을 자율적 인간 양성으로 규정한다면, 각 교육 기관은 이 목적을 실현하는 데 도움이 되는 자유로운 분위기를 마련해야 합니다. 교육 기관의 자유로운 분위기 없이 자율적인 인간을 기를 수 없기 때문입니다. 그러므로 상급 학교로 올라갈수록 자율적인 인간이 길러져야 합니다. 그러려면 상급 학교로 올라갈수록 교육 분위기도 더 자유로워야 합니다.

그런데 한국의 교육 제도는 이 점에 있어서 완전히 실패작입니다. 유치원보다 초등학교가, 초등학교보다 중학교가, 중학교보다 고등학교가 덜 자유롭습니다. 결국 유치원에서 가장 자율적인 인간이 길러질 수 있는 반면, 고등학교에서 가장 타율적인 인간이 만들어질 수 있습니다. 주체적이고 자율적인 인간 양성을 위해 선택의 폭을 넓히고 가장 많은 자유를 보장해야 할 고등학교에서 통제가 가장 심합니다. 이것은 엄청난 역설이요 비극입니다. 그렇다면 대학은 어떻습니까? 고등학교까지는 엄동설한처럼 통제적 분위기가 지배하다가 대학에서는 갑자기 모든 것이 풀어지는 여름처럼 느슨해집니다. 물론 최근에 와서는 대학의 분위기도 많이 달라지고 있습니다.

이 같은 교육 분위기의 불일치는 배우는 사람들에게 심각한 정체성 위기를 가져옵니다. 어떤 인간이 되어야 하고, 어떻게 살아야 하고, 어떤 집단에 속해야 하는지 교육이 제시해야 하는데, 한국의 교육 기관은 오히려 반대로 젊은이에게 '나 됨'에 대한 혼돈을 조장하고 있습니다. 따라서 '우리 됨'도 찾기 어렵습니다.

둘째, 한국 교육은 '경쟁'을 실제적인 교육 목적으로 채택함으로써 경쟁에만 강한 인간을 기르고 있습니다. 경쟁에 강한 인간이란 타인을 모두 라이벌로 보는 인간입니다. 이렇게 생각함으로써 자기와 다른 사람과의 관계를 동물과 동물의 관계로 전락시키고, 사람을 물건으로 전락시킵니다. 결국 경쟁에만 강한 인간은 남을 물화하거나 동물화하는 비인간화의 주역이 됩니다. 그리고 자기는 지독한 이기주의자가 되고 맙니다. 나를 제외한 모든 사람은 라이벌이어서 이들을 제쳐놓고 자기 홀로 승리해야 한다고 믿기 때문입니다. 처절한 비극의 독주자가 되는 것입니다.

한국 사회 전반이 급격한 공업화와 도시화 때문에 경쟁 구조 속에서 만신창이가 되어가고 있는데, 교육 제도가 이 경쟁 구조를 더욱 추악하게 부채질합니다. 오늘의 젊은이가 내일의 한국을 이끌어갈 미래의 지도자들인데, 이들이 영악한 이리떼가 되도록 교육받는다고 생각하면 우리의 미래는 암담하고 아찔해집니다.

경쟁에 강한 인간이 대체로 편법주의자임을 생각할 때 더 섬뜩해집니다. 그들은 목표를 신속하고 능률적으로 달성하는 데 방해가 되는 것은 무엇이나 경멸하고 내어버립니다. 경쟁에는 능률주의만 숭상됩니다. 이 때문에 도덕의 원리마저 경시되어 내동댕이쳐진다는 것은 심각한 비극입니다. 도덕은 정당한 방법과 절차를 강조하기 때문에 비록 비능률적이라고 하더라도 꼭 지켜져야 합니다.

그러나 경쟁에 강한 인간은 도덕의 원리를 비능률의 상징으로 보기에 이 원리를 무시하고 천대합니다. 여기에서 그들이 반도덕적 존재가 되거나 탈도덕적 인간이 되는 이유를 알 수 있습니다. 그들은 결코 협동하는 인간이 아닙니다. 오로지 '나 혼자 경쟁에서 이기려는 늑대'가 되어가고 있습니다.

이렇게 볼 때 한국 교육은 인간을 비인간화시키는 탈도덕 교육임을 부인할 수 없을 것입니다. 오늘의 교육 제도에서는 남을 위해 희생할 수 있는 협동적 인간, 불의를 보고 분노하면서 고쳐나갈 수 있는 개혁적 인간, 자기 속의 창조적 씨앗을 나무로 키울 수 있는 창조적 인간을 길러내기 어렵습니다. 또한 자유롭게 선택하되 자신의 선택에 대해 책임질 수 있는 자율적 인간을 기르기도 어렵습니다.

그렇다고 이러한 인간을 가르치고 기르는 일을 포기해야 할까요? 물론 그럴 수 없습니다. 학교 밖의 사회가 경쟁 구조에 휘말려들수록 더욱더 교육을 통해 협동적 인간, 개혁적 인간, 창조적 인간, 자율적 인간을 길러내야 합니다. 그러면 일반 학교가 교육 기능을 감당하지 못할 때 어느 기관이 이 기능을 떠맡아야 할까요?

기독교 학교의 사명

여기서 오늘 한국 기독교 학교의 막중한 사명을 인식하지 않을 수 없습니다. 물론 기독교 학교라고 해서 일반 고등학교의 경쟁식 교육을 전혀 무시할 수는 없습니다. 그러나 일반 학교가 할 수 없거나 하지 못하는 일을 해야 합니다. 즉 인간화 교육을 해야 합니다. 안으로는 자아실현을 도모하는 교육을 하고, 밖으로는 불의한 사회구조와 역사를 인식하는 눈을 키우고, 나아가 이를 과감히 비판하고 개혁할 수 있는 주체적 인간을 기르는 교육을 해야 합니다. 미션 스쿨의 사명은 바로 이런 것인지도 모릅니다.

우리는 기독교 학교의 사명을 곧 예수의 품격을 심어주는 것으로 이해합니다. 여기서 문제가 되는 것은 예수의 품격이 구체적으로 무엇을 의미하는지 확실하지 않다는 사실입니다. 교회의 성격에 따라 그의 품격이 다르게 이해되기 때문입니다.

개인의 영혼 구원을 강조하는 예수상이 있는가 하면, 사회 구원을 강조하는 예수상도 있습니다. 점잖고 성스러운 예수상이 있는가 하면, 형식적인 규율과 허위에 대해 지독한 비판을 퍼붓는 '성스럽지 못한' 성난 예수상도 있습니다. 경건한 예수상이 있는가 하면, 죄인과 세리와 먹고 마시면서 잔치를 좋아하는 '너무나 인간적인' 예수상도 있습니다. 영혼의 상처만 어루만지시는 예수상이 있는가 하면, 온 인간과 사회의 온전함을 위해 투쟁하는 예수상도 있습니다. 과연 오늘날 기독교 학교에서는 어떤 예수의 품성을 젊은이들에게 심어주어야 하겠습니까? 적어도 오늘의 상황에서는 다음 두 가지 문제를 고려하지 않으면 안 됩니다.

첫째, 인간이 동물로 취급되고 물건으로 전락되는 한국의 경쟁 상황을 고려해야 하고, 또 한국의 교육이 그러한 비인간화를 더욱 촉진시킨다는 사실에 주목해야 합니다. 여기서 초점을 맞추어야 할 예수의 품격은 동물화되고 물화된 인간을 온전케 하는 일과 관련되어 있습니다. 깨어진 인간이 온전한 존재가 되도록 도와주는 일에서 예수의 품격을 찾아야 합니다. 이것은 곧 누가복음 4장 18절, 마태복음 11장 4~5절의 정신과 상통하고, 누가복음 1장에서 노래한 마리아의 정신과도 이어집니다.

둘째, 예수의 품격은 더 의로운 역사를 만들고, 더 자유로운 사회를 만들고자 노력하는 인간 속에서 찾아야 합니다. 다시 말하면 더 정의롭고 자유로운 사회구조와 역사를 창조하고자 오늘의 불의 앞에 기꺼이 고난을 감당하려는 노력 속에서 예수의 품성을 발견해야 합니다.

예수가 자기를 부인하고, 당시 정치범이 치러야 했던 고통(십자가)을 짊어지고, 골고다를 향해 고난과 죽음의 길을 걸어갔듯이 우리도 그 길을 걸어감으로써 그리스도인이 될 수 있는 것입니다. 예수의 품성은 바로 이런 고난 속에서 우리 안에 형성되는 것입니다. 기독교 학교는 보람 있고 가치 있는 고난의 중요성을 가르쳐야 합니다.

이러한 관점에서 볼 때 오늘의 기독교 학교는 어떠한가요? 먼저 교장과 교감, 교목들이 학교의 사명을 제대로 인식하고 있는지 의심스럽습니다. 도대체 그들이 미션의 내용을 정확히, 그리고 올바르게 이해하고 있는 것일까요?

성경을 기계적으로 가르치고, 기계적으로 외우도록 강요하지는 않는다 하더라도, 학생들의 관심과는 무관하게 일방적으로 주입시키는 식으로 성경을 가르친다면, 과연 그러한 교육이 예수의 품성을 심어주는 데 도움이 될 것인지 깊이 반성해야 합니다. 아니, 이러한 교육이 오히려 예수의 품성을 흐리게 하지는 않았는지 겸허하게 돌아보아야 합니다.

기독교 학교의 자기반성

이러한 반성을 철저히 하려면 기독교 학교 학생들은 물론 교회에 다니지 않는 학생들과 교사들이 성경 과목과 교목실을 어떻게 생각하고 있는지 정확히 이해하는 일이 선행되어야 합니다. 그들의 불만과 비판을 비선교적인 것이라든지 반기독교적인 것이라고 묵살할 것이 아니라 그들에게 스며들지 않는 현행 기독교 교육의 맹점을 찾아내야 합니다.

채플을 생각해봅시다. 모든 학생이 의무적으로 채플 시간을 엄수해야 한다면, 이것이 과연 예수의 품성을 심어주는 일에 도움이 될까요? 이것부터 반성해보아야 합니다. 심지어 대학에서까지 학점과 연결시켜 채플 시간을 강제로 밀고 나갈 때 부작용은 없을까요? 문제는 어떻게 하면 학생들이 이 시간을 꼭 필요하고 유익한 시간으로 여기게 할 수 있느냐 하는 것입니다.

자율적인 인간이 되도록 교육받지 못하고 경쟁에 강한 영악한 인간으로 훈련되고 있다면, 이 시간을 통해서나마 진정한 '나 됨'을 찾고, 공동선을 위해 헌신할 수 있는 '우리 됨'도 찾을 수 있어야 하지 않을까요? 학교 강의실에서 항상 듣는 건조하고 딱딱한 주입식 교육과는 달리 성경 시간과 예배 시간은 전인격적 감동과 각성을 경험하는 따뜻한 시간이 되어야 합니다.

젊은이가 이 시간을 통해 갈릴리에서 분주하게 활동하시던 공감자共感者 예수를 만날 수 있어야 합니다. 예수의 활동과 말씀에 감격했던 당시의 소외된 사람들, 불온전한 인간들처럼 비인간화되어가는 오늘의 젊은이들도 성경 시간과 예배 시간에 예수를 만남으로써 상처가 아물고 깨어진 인격이 온전케 되어야 합니다. 타율성이 자율성으로 전환되고, 눌림이 풀어지는 해방과 구원의 감격을 누릴 수 있어야 합니다.

이렇게 볼 때 교목의 역할과 사명은 참으로 중요하고 큽니다. 한국 사회가 조직적 인간을 비인간화시키고, 교육 제도가 인간을 물화하고 동물화하는 상황에서 교목은 비인간화라는 반구원적 상태에서 인간을 해방시켜 온전케 하는 구원의 작업을 해야 합니다. 이것이 곧 선교입니다.

예수 믿고 천당 가라고 가르치는 것이 선교가 아니라 치열한 경쟁과 급변하는 물결 속에 '나 됨'과 '우리 됨'을 상실하고 표류하는 젊은이들에게 예수 안에서 '나 됨'과 '우리 됨'을 찾을 수 있게 도와주는 것이 선교입니다. 이 선교의 주역이 곧 교목입니다. 이렇게 볼 때 오늘의 교목은 단순한 종교 교사가 아니라 전체 사회와 역사를 바로잡는 사회의 교사요 역사의 교사로서 사명을 띠고 있습니다.

현대는 어른의 권위는 퇴조하고, 권위주의는 기승을 부리는 시대입니다. 특히 한국의 상황이 그렇습니다. 권위를 인정받는 어른이 집안에서도 학교에서도 점점 사라지고 있습니다. 권위의 공백 지대가 늘어나고 있습니다. 그리고 이런 공백을 각종 대중매체가 메우고 있습니다. 전파 매체나 인쇄 매체들이 권위의 공백 속에서 날뛰고 있습니다. 어린이와 청소년들은 매체의 꼭두각시로 전락하고 있습니다.

이러한 상황에서 누가 어른의 권위를 모범적으로 보여주어야 하겠습니까? 물론 모든 어른이 권위주의를 버리고 권위를 회복해야 하겠지만, 우선 사회에서는 교회 지도자가, 기독교 학교에서는 크리스천 교사, 특히 교목이 모범적으로 권위를 확립해야 합니다.

오늘날 방황하고 좌절하는 젊은이들에게는 권위 있는 길잡이가 필요합니다. 목마른 사람이 시냇물을 갈급해 하듯, 젊은이들이 권위 있는 어른을 사모하고 있습니다. 파리하고 나약한 지식인이 아니라 따뜻하고 용기 있는 스승을 갈구하고 있습니다. 건조한 지식 판매자로서의 선생이 아니라 인격적인 감화를 줄 수 있는 은사를 사모하고 있습니다. 크리스천 교사들은 이 같은 요구에 응답해야 합니다. 기독교 학교에서 먼저 응답해야 합니다. 그리하여 세상 사람들이 "사람을 만들려면 기독교 학교에 보내야 한다"고 고백할 수 있게 해야 합니다. 이것이 바로 전도입니다.

오늘날 한국 교회에서는 구원과 해방의 예수를 만나기가 쉽지 않습니다. 교회는 분열과 구속의 장소로 인식되어 젊은이들이 들로 산으로, 바다와 강으로, 운동장과 카페로 빠져나가고 있습니다. 젊은이들에게 외면당하는 한국 교회가 되어가고 있습니다. 이들에게 구원의 기쁨과 해방의 감각을 줄 수 있는 열린 공간이 필요합니다. 적어도 기독교 학교만큼은 이러한 분위기를 조성해야 합니다. 또한 교회가 자체 개혁을 통해 이런 분위기를 만들어야 미션 스쿨에서 예수를 만난 젊은이들을 받아들일 수 있을 것입니다.

따라서 기독교 학교는 예수의 품성을 학생들에게 심어주는 사명을 이루기 위해 '예수 됨'에 대해 전반적으로 새롭게 인식해야 합니다. 비인간화되는 인간과 사회를 온전케 하기 위해 기독교 학교는 자신의 사명을 새롭게 인식해야 합니다. 구원자 예수, 해방자 예수의 에토스$_{ethos}$가 학교에 흘러 넘쳐야 합니다.

신학 교육이 지향하는 인간상

그러면 다음으로 한국 신학 교육의 문제를 살펴보도록 하겠습니다. 무릇 어떤 교육이 정당하고 효과적인 것이 되려면, 그 교육을 통해 '어떠한 인간을 길러낼 것인지'에 대해 명확하고 일관성 있는 해답을 제시할 수 있어야 합니다. 더욱이 신학 교육은 이러한 인간상을 명확히 제시해야 합니다.

이 물음에 부딪힐 때 우리는 강한 교파성을 의식하게 됩니다. 교파에 따라 신학 교육을 통해 길러내려는 인간상이 다르다는 점에 주목해야 합니다. 단순히 다른 것이 아니라 때로는 서로 마찰을 일으킬 정도로 다른 인간형을 제시하는 것 같습니다. 이것은 이상적인 크리스천에 대한 이해가 신학마다 교파마다 다르기 때문일 것입니다. 더 깊이 따져 보면 교파와 신학에 따라 예수의 모습이 다르게 부각되기 때문인지도 모릅니다.

보수성이 강한 교파와 신학에서는 예수를 개인 영혼의 안위와 구원을 위해 보혈을 흘리신 무한히 자비로우신 주님으로 부각시킵니다. 한편 진보적인 교파와 신학에서는 예수를 가난과 불의, 부자유한 역사와 구조에 저항하다 인간화와 정의, 자유를 위해 십자가를 지고 죽으셨다가 영광의 부활로 새 역사를 여신 주님으로 부각시킵니다.

어느 신학교에서는 기독교와 토착 전통과의 만남을 못마땅해 하는가 하면, 또 어떤 신학교에서는 이 만남을 과감하고 진지하게 연구하기도 합니다. 어떤 신학교는 신앙과 비판적 사회참여를 본질적으로 상호 배타적인 것으로 보지만, 다른 신학교에서는 이 두 가지를 상호 보완적인 것으로 봅니다.

그러므로 교파에 따라 신학 교육을 통해 길러내는 인간형도 다릅니다. 맥이 없더라도 경건하고 점잖은 신학생, 분노하고 비판하는 신학생, 토착 문화를 존중하는 신학생, 토착 전통을 무조건 경원시하는 신학생, 무당과 기독교의 관계, 유교와 기독교의 관계에 흥미를 느끼는 신학생 등 가지각색입니다. 이렇게 다른 인간형들이 서로 마음의 문을 활짝 열고 차이를 존중하고 대화하려 한다면 문제될 것이 없습니다. 그런데 과연 오늘의 한국 상황은 어떠합니까?

그런가 하면 신학 교육을 통해 과연 목회자만 길러내야 하는지, 아니면 다양한 봉사 diverse ministry를 할 수 있는 인물을 길러내야 하는지 제대로 답변을 하지 못하고 있습니다. 어쩌면 그럴 필요가 없을지도 모릅니다.

신학교에 따라 졸업생이 목회에 종사하는 비율이 다릅니다. 어떤 신학교에서는 졸업생 거의 모두가 일선 목회를 지망하는 반면, 어떤 신학교에서는 목회자가 되는 경우가 아주 드뭅니다.

과연 신학교 졸업생은 교회 목사의 길로만 나아가야 하는 걸까요? 아니면 교계의 여러 다른 일에도 적극 참여해야 하는 걸까요? 교계를 떠나 정치계, 경제계, 사회계, 문화계로 진출하여 지도적 위치에서 예수 정신으로 봉사하도록 권장하는 것은 어떨까요?

이러한 물음에 대해서도 우리는 열린 대답을 해야 할 것입니다. 신학생들에게 취사선택할 수 있는 여지를 적극적으로 제공해야 합니다. 전도나 선교가 반드시 교회나 교회 활동을 통해서만 이뤄지는 것이 아니기 때문입니다. 하나님의 뜻을 이 땅에 실현하는 선교 활동은 교회와 세상의 현장 속에서 함께 추진되어야 하기 때문에 신학 교육은 교회 목사뿐 아니라 세상 구석구석에서 선교 활동을 할 수 있는 세상의 지도자도 길러내야 합니다.

신학 교육과 목회 현장의 괴리

그렇다면 오늘의 신학 교육이 그러한 요청에 적합한가를 살펴보아야 할 것입니다. 이것은 곧 신학 교육의 적합성의 문제입니다.

우선 교회와의 관계에서 신학 교육은 어떤 평가를 받고 있습니까? 신학은 상아탑에서 교회로 옮겨져야 한다는 칼 바르트Karl Barth의 주장을 그대로 받아들인다면, 오늘의 한국 교회는 과연 신학을 교회 발전에 도움이 되는 것으로 보고 있습니까?

신학교에서 배운 것이 실제 목회에 도움이 안 된다는 푸념을 흔하게 듣습니다. 이 고백이 일반적인 것이라면 도대체 이것은 무엇을 의미합니까? 한마디로 한국 신학 교육은 교회 현실과는 너무 동떨어진 잠꼬대 같은 교육이라는 말이 됩니다. 물론 신학교에서 배운 것이 실제 목회에서 도움이 되지 않는다는 문제를 전적으로 신학 교육의 부적합성 때문이라고 못 박을 수는 없습니다.

여기서 우리는 두 가지 가능성을 제시할 수 있습니다.

첫째, 신학 교육에 문제가 있음을 인정해봅시다. 조직신학 분야만 강하고 실천신학 분야가 약해서 신학생들이 목회 일선에 나갈 때 필요한 지식을 충분히 배울 수 없다는 문제를 걱정할 수 있지요. 일선 목회에서 추상적인 조직신학을 강술해봤자 잘 먹히지 않을 것입니다. 그러니 한국 신학 교육이 실천신학을 등한시했다는 점에 대해서는 분명히 반성해야 할 것입니다. 이른바 '산 신학Living Theology'을 더 많이 가르쳐야 합니다.

둘째, 교회 현실에서도 잘못을 찾아볼 수 있습니다. 오늘날 한국 교인들의 관심이 목사를 통해 복 받는 데 있다면 이것은 심각한 문제입니다. 이 복이 하나님 나라와 그 의를 구하는 데서 얻을 수 있는 복이거나 십자가를 지고 골고다로 올라가는 고통 속에서 얻는 복, 의로운 사회와 역사를 위해 희생적으로 투쟁하면서 얻는 복이 아니라 자신의 영달과 건강, 물질적 성공과 출세 등을 바라는 것이라면 진실로 걱정스러운 문제가 아닐 수 없습니다. 한마디로 무당식 기복제화祈福除禍를 바라는 한국 교인의 신앙 행태에 문제가 있는 것입니다.

십일조를 내는 것도 하나님께 더 큰 반대급부를 받을 거라고 믿기 때문이고, 교회에 헌금을 많이 하는 것도 육신의 영달과 건강이 보장될 거라고 믿기 때문이라면, 한국 교인은 예수를 믿는 신자라고 하기 어렵습니다. 그런데 이러한 복을 구하는 교인들에게 목회자가 만족스럽게 꼴을 먹이는 데 신학 교육이 도움이 되지 않는다면, 오늘의 신학 교육이 제대로 이뤄지고 있다고 할 수 있을까요?

  예수를 믿는다는 것은 예루살렘의 제사장들과 장로들, 서기관들에게 죽임을 당하러 가는 결단과 같습니다. 고통스럽게 자기를 부인하고 십자가를 지는 것은 신앙의 힘입니다. 그렇다면 육신의 복과 영혼의 안위를 간구하는 교인들의 기도를 180도 바꿔놓는 목회가 필요할 것입니다. 신학 교육은 바로 이러한 기복적 신앙을 남과 이웃을 위한 희생적 신앙으로 전환시킬 수 있는 일에 초점을 맞추어야 합니다.

  그렇게 하려면 신학교가 교회와 교단의 눈치를 보아서는 안 됩니다. 교회와 바른 관계를 맺는 신학교는 교회로부터 독립되어야 합니다. 교회 눈치 보는 신학교나 교회의 수족 노릇을 하는 신학교로는 안 됩니다. 교회로부터 재정적·정신적 후원은 충분히 받되 교회의 간섭은 받지 않는 신학교가 바람직한 신학교입니다. 교회와 교단은 신학교를 아낌없이 후원하되 통제하려 들지 말아야 합니다. 신학이라는 학문의 자유와 신학교라는 학원의 자율성을 반드시 보호하고 육성해야 합니다. 그러려면 교회가 후원하되 간섭하지 않는 아량을 지녀야 합니다. 큰 교회일수록 더욱 큰 아량을 보여야 합니다.

세상과 대화하는 신학 교육

그러면 신학 교육과 세상과의 관계에서 신학 교육의 적합성은 어떻게 평가해야 할까요? 우리는 먼저 토머스 아퀴나스Thomas Aquinas의 입장과 본회퍼의 입장을 대비하여 생각할 수 있습니다. 아퀴나스에 따르면 신학은 거룩한 학문으로서 일반 학문과 다르게 이성을 초월하는 계시를 통해 진리를 터득하는 학문입니다. 신학은 이성을 통한 환원론reductionism을 거부하고 오로지 하나님으로부터 직접 계시를 받아 전개되는 학문입니다. 근본적 신앙은 계시에 의해 주어진다는 확고한 주장에 입각하여 이것에 관련된 다른 문제들을 다룰 때만 인간의 이성을 사용합니다. 따라서 신학은 세속의 일반 학문을 전제로 하지 않습니다. 신학의 필수 전제는 계시된 진리에 대해 신앙적으로 이해할 뿐입니다.

이에 반해 본회퍼에 의하면 오늘날과 같은 성숙한 세속 시대에는 교회가 모든 재산을 팔아서라도 바울처럼 천막을 만드는 세속 직업을 가지고 선교 활동을 해야 합니다. 이에 따르면 이른바 형이상학적인 사고의 시대, 또는 존재론적인 사고의 시대에 적합했던 아퀴나스의 공식은 오늘날과 같은 세속 시대에는 맞지 않습니다. 탈기독교 시대 또는 탈종교 시대에는 계시 학문으로서의 신학과 자연 학문으로서의 세상 학문이 서로 밀접하게 연관되어야 합니다.

한국 교회나 신학교는 기독교의 선교 대상이 역사 속의 세상이라는 사실을 별로 중요하게 여기지 않는 것 같습니다. 하나님이 사랑하시는 세상과 그 속에 사는 사람들에게 하나님의 진리를 전달하면서 그 나라와 의를 이 땅에 실현하는 것이 크리스천의 기본 사명이라면, 크리스천은 먼저 이 사명을 성공적으로 감당하기 위해서라도 세상의 구조, 세상의 기능, 세상의 특징, 세상의 형태, 그리고 교회와 교인에 대하여 세상이 가지고 있는 이미지와 의견을 정확히 알아야 합니다.

마음의 문을 열고 세상과 대화해야 합니다. 물론 세상 속에 살지만 세상 것은 아니라는 투철한 주체 의식을 가지고서 말입니다. 세상을 죄악과 죄인이 가득 찬 장소로 보고 미워할 것이 아니라, 하나님과 예수께서 그랬듯이 세상에 죄악과 죄인이 가득하기 때문에 오히려 세상을 사랑하고 변화시켜야 합니다. 미워하고 두려워하기 때문에 변화시켜야 하는 것이 아니라 사랑하기 때문에 변화시켜야 하는 것입니다.

따라서 신학교에서는 세상의 구조와 기능을 파악하고 이해하는 데 도움이 되는 세속 학문을 열심히 가르쳐야 합니다. 예컨대 종교심리학, 종교사회학, 정치학, 경제학, 인류학 등의 사회과학과 철학, 역사, 문학 등의 인문학을 많이 가르쳐야 합니다. 자연과학과 과학기술에 대한 교육도 필요합니다. 이렇게 세속 학문들을 충분히 가르치려면 오늘날의 신학교처럼 고교 졸업생을 받아 학부 교육만 시키는 것으로 만족해서는 안 됩니다. 충실한 교과과정을 거치도록 해야 합니다. 소수라도 정예를 길러내야 합니다. 아편처럼 잠재우는 설교와 목회, 샤머니즘적으로 축복만하는 목회가 아니라, 각성시키고 보람 있는 고난에 참여하게 하는 목회자를 길러내야 합니다. 의로운 역사를 만들어가는 창조적 소수를 길러내야 합니다.

한 시대, 한 상황의 파수꾼, 한 역사의 전위를 양성하려면 양적 신학 교육과 신학만의 신학 교육에서 탈출하여 질적 신학 교육, 세속 학문과의 협업을 중시하는 신학 교육을 정립해야 합니다. '애굽'에 안주하려는 신자를 교회에 끌어들이는 교육이 아니라 항상 새롭게 '출애굽' 하는 신학 교육이 되어야 합니다. 그리하여 기성 교회들이 '애굽'에서의 안일한 '노예 생활'에 만족하고, 육신의 이기적인 복만 추구하는 사람들에게 문을 활짝 열고 열광주의나 신비주의에 빠질 때 이것을 과감히 갱신하는 거듭남의 교육을 신학교가 담당해야 합니다. 이런 의미에서 신학 교육은 교회 갱신에 앞장서야 하고 역사 갱신과 구조 혁신의 기수가 되어야 합니다.

대학을 나온 지성들이 역사와 상황을 관찰하고 분석만 하면서 피안의 불 보듯 구경하고 있는 오늘날, 신학도와 신학교를 나온 기독교 지성들은 모름지기 역사와 상황에 대해 증언하려는 지혜와 용기를 가져야 합니다. 이토록 증인이 아쉬운 시대에 신학교는 예언자적 증인을 길러내는 광장이 되어야 합니다. 의로운 역사를 만들어가시는 하나님의 부르심에 '예'로 응답하고, 하나님의 역사 창조 작업에 용기 있게 동참하는 일꾼을 길러내는 광장이 되어야 합니다.

차 이 의 공 존 을 꿈 꾸 며

신앙 간의 갈등을 해소하려면 먼저 신학상의 차이를
존중하는 아량을 지녀야 합니다. '차이'를 '차별'의 계기로
삼지 않고, 대화와 이해의 계기로 삼아야 합니다.

-

-

-

진보와 보수의 대립은 인류 역사 이래 줄곧 공존해온 보편적 현상입니다. 이 두 줄기는 서로 갈등하는 가운데 상대방을 제거하려 기회를 노리면서 흘러오는가 하면, 어떤 때는 서로 사이좋게 어울리면서 정답게 흘러내리기도 합니다. 대체로 계곡이 험악한 지점이나 물줄기가 가파르게 방향을 바꾸어야 하는 지점에 이를 때 이 두 물줄기는 거칠게 자기 길을 달리려고 하고, 그만큼 상대방과 심각하게 부딪치게 됩니다. 그래서 혁명 전후의 대립은 피를 부릅니다. 혁명이 고착되어 안정기에 접어들면 이 대립이 속으로 들어가긴 하지만, 그렇다고 결코 없어지지는 않습니

다. 오히려 보이지 않는 이면에서 은밀하게 갈등하면서 또다시 난폭하게 표출되는 날을 기다립니다.

한국 사회는 여러 가지 면에서 어려운 변화의 가장자리에 서 있습니다. 그리고 급변의 소용돌이 속에서 가야 할 길을 찾고 있습니다. 국내외 정세는 안정되기는커녕 정신을 차릴 수 없을 만큼 급변하고 있습니다. 그렇게 멀게만 여겼던 인덕과 정치의 거리가 갑자기 가까워지는가 하면, 케케묵은 문제처럼 여겨왔던 인간 존엄성의 문제가 구체적인 정치현실에서 각광을 받고 있습니다. 안보와 인권이 별개의 문제 같다가도 긴밀히 연관되어 있는 것 같기도 합니다. 어떤 사람들은 이 두 문제가 상호보완적인 것이라고 믿고, 어떤 집단은 상반되는 것이라고 주장합니다. 모든 것이 헛갈리는 기분입니다.

이러한 혼돈 상황에서 진보와 보수의 두 줄기는 난폭하게 서로 부딪칠 가능성을 안고 있습니다. 이상주의와 현실주의, 현실주의와 기회주의가 각각 구체적인 사회 현실 속에서 마찰을 일으키고 있습니다. 이 긴장과 마찰의 소리는 한국 교회 안에서도 날카롭게 들려옵니다. 공산주의 이념의 문제를 놓고 한국 교계의 기류는 이상하게 과열될 징후마저 보이기도 했습니다. 이 시점에서 한국 교회 안에 오랫동안 흘러내려온 보수 신앙과 신학, 진보 신앙과 신학을 한번 점검해볼 필요가 있습니다.

도대체 한국 교회의 보수 신앙과 신학의 특색은 무엇이고, 진보 신학이나 신앙과는 어떻게 다른지 살펴보고, 구체적인 문제에서 두 흐름이 어떻게 부딪치는지 파헤쳐볼 필요가 있습니다. 그리고 나서 두 흐름 간의 대화와 화해의 계기와 가능성을 타진해보아야 할 것입니다.

보수 신앙의 요체

먼저 보수 신앙의 요체는 무엇일까요? 한마디로 이신득의以信得義와 성서의 절대 권위를 확신하는 일일 것입니다. 믿음으로만 의롭다 함을 얻게 된다는 것과 성서의 권위를 무오성에 둔다는 것이 보수 신앙의 근본 입장일 것입니다. 보수 신앙은 이러한 두 가지 요체를 불변하는 진리로 믿습니다. 인간의 역사, 사회의 구조, 인간의 심성 등은 시간과 함께 변하고 공간과 함께 달라지지만, '오직 믿음으로만Sola Fide'과 '오직 성경으로Sola Scripture'라는 진리는 불변하는 것으로 믿고 있습니다.

한국 보수 신학은 이러한 신앙을 바탕으로 세워졌습니다. 보수 신학은 청교도적 개혁 의지에 불타고 있습니다. 여기서 개혁이라는 말은 정통성의 보수를 의미합니다. 불변하는 진리로 믿는 교리를 철저히 보수하려는 것이 개혁 의지와 동일시됩니다. 어떻게 보면 이러한 태도는 근본주의 태도와 유사합니다. 근본주의 교리 그 자체보다 근본주의 심성에 더 가깝습니다. 이것은 이견과 이견자를 이단으로 몰아붙이기 쉬운 닫힌 마음과 같습니다.

한국 보수 신학의 또 다른 특색은 성경무오에 대한 철저하고 완벽한 신앙입니다. 그래서 성경에 대한 역사과학적 접근이나 사회과학적 연구를 모두 거부합니다. 성경의 필자가 구체적인 역사 상황에서 기록한 것이 사실이라면, 역사적 연구나 사회과학적 연구를 허락하기도 해야 하는데 이것을 고등비평이라 하여 철저히 배격합니다. 이 같은 '인본주의적'이고 '세속적'인 방법을 통해서는 성경의 진리가 파괴되거나 왜곡된다고 두려워하기 때문입니다. 이러한 두려움이 보수 신학의 밑바탕에 흐르는 것 같습니다.

보수 신학의 또 다른 특징은 세속에 대한 불신입니다. 세속을 온통 개조되어야 할 것으로 보고, 가급적 세속으로부터 구별되는 태도를 거룩한 것으로 봅니다. 이른바 '성별'을 강조합니다. 그래서 세속화나 세속 자체를 세속주의와 동일시하는 경향이 있습니다. 여기에서 '세속주의'를 배격하면서도 '세속화'를 환영하는 진보 신학이나 진보 신앙과는 차이가 있습니다.

여기에다 한국 보수 신학은 '상록수적 초지일관성'을 존중합니다. 이것은 한마디로 불변하는 정절을 강조하는 신학입니다. 동시에 신학을 변화하는 시간과 공간의 제약을 받을 수 없는, 신성하고 초월적인 학문으로 믿습니다. 이러한 태도가 간혹 보수주의 신학은 반지성적이고 반학문적인 성격을 띤다는 비판을 낳게 합니다. 더구나 인간의 이성은 항상 변하기 때문에 초월적인 계시에 반대된다고 생각하고 이성을 불신하는 경향마저 보입니다. 엄격하게 얘기해서 보수 신학은 변화를 싫어하는 신학입니다. 그리고 변화와 변절을 같은 것으로 보는 입장입니다.

진보 신앙의 특징

그러면 한국의 진보 신학과 신앙의 특색은 무엇일까요? 진보 신앙 또는 자유주의 신앙은 열린 신앙입니다. 변화하는 인간성과 상황 속에서 성서와 믿음을 재해석하고 그 본질을 이해하려고 합니다. 텍스트$_{text}$를 콘텍스트$_{context}$ 속에서 보려고 합니다. 그렇다고 텍스트의 진수를 콘텍스트화하려는 것은 아닙니다. 상황을 무시한 성서 이해가 아니라 상황을 참조하면서 성서의 본질을 더 정확하게 종합적으로 파악하려 합니다.

이러한 자유주의적 입장은 이른바 고등비평을 금물로 보지 않습니다. 적극 활용합니다. 인간의 이성을 불신하지 않습니다. 그것이 인류학적 방법이든, 철학적 방법이든, 역사학적 방법이든, 사회학적 방법이든, 언어분석적 방법이든 간에 하나님과 예수를 이해하는 데 인색하지 않게 활용합니다. 성서를 학문적으로 자유롭게 연구할 수 있는 분위기를 조성합니다. 자유롭게 연구한다고 해서 성서의 기본 메시지가 변질된다는 두려움에 사로잡히지 않습니다.

한국 기독교를 보면 대체로 1930년대까지는 보수 신학과 보수 신앙이 지배적이었습니다. 1930년대에 와서 김재준, 송창근, 김영주, 김춘배 목사들의 지적 활동에서 비교적 자유주의적인 요소를 찾을 수 있습니다. 1934년 한국 교회 50주년을 맞아 장로교총회에서는 일련의 사건이 잇달아 일어났습니다. 사도 바울의 여성관에 대한 김춘배 목사의 해석과 창세기 기자에 대한 김영주 목사의 해석이 문제가 되었고, ≪어빙돈 성서주석≫에 참여한 송창근, 한경직, 김재준, 채필근 목사가 비난의 대상이 되었습니다.

이들은 오늘날 소위 하나님의 선교신학의 입장에서 보면 결코 진보적 신앙을 가진 분들이라고 규정할 수 없지만, 1934년 당시 한국 신학을 배경으로 보면 분명히 '자유주의적'이었다고 할 수 있습니다. 하지만 기껏해야 신정통주의 신학 수준을 넘어서지 못했습니다. 그런데 이때부터 김재준 목사의 신앙과 신학이 보수적인 한국 신학 풍토에 커다란 자극과 위협이 되었던 것 같습니다. 박형룡 목사 측에서는 그의 신학적 활동을 '잠행적潛行的 활동'이라고 불신했습니다. 마치 지하에 숨어서 활동하는 것 같다고 자유주의자들을 비판한 것입니다.

해방 이후 한국 신학계에는 비교적 자유롭게 현대신학이 소개되었습니다. 한신韓神 계통에서 가장 활발하게 현대신학과 신학자에 관한 논의가 이뤄졌습니다. 1950년대에는 대체로 칼 바르트, 에밀 브루너 Emil Brunner, 폴 틸리히 Paul J. Tillich, 라인홀드 니부어 Reinhold Niebuhr, 루돌프 불트만 Rudolf K. Bultmann 등이 소개되었습니다. 보수 신학 측에서는 바르트를 이른바 '신신학'의 이론적 기수로 보았습니다. 바르트가 신의 초월성을 그렇게 강조했음에도 그것은 무시하고 학문의 방법론만 문제 삼은 것 같습니다. 고등비평을 받아들인 바르트를 좋지 않게 본 것입니다.

1950년대 한국 신학계에서 자주 거론된 외국 신학자 중에서도 보수 신학 측은 불트만과 틸리히를 특별히 경계한 듯합니다. 불트만은 계시의 객관성을 무시하는 주관주의자로 간주되고, 비신화화를 통해 십자가의 역사성까지도 부인하는 실존주의자로 이해되었습니다. 그는 십자가와 부활의 영원한 역사성을 인정하지 않는 주관주의자이기 때문에 기독교의 요체를 부정하는 이단 신학자로 취급되었습니다.

틸리히도 신 개념을 케케묵은 것으로서 처분해야 할 개념이라고 보았습니다. 현대인에게는 신이라는 개념 대신 궁극적 관심 또는 존재 기반의 개념이 적합하다고 보았습니다. '신이 존재한다'고 할 때 이 말이 신의 유한성을 인정하는 꼴이 되어 오히려 신을 모독한다고 보고 신을 존재 기반으로 이해했습니다. 그러나 보수주의자들은 이 같은 틸리히의

'놀라운' 신학이 신의 인격성을 부정하고 초월성을 부인하기 때문에 잘못된 것이라고 판정했습니다.

우리는 1960년대에 와서 본훼퍼, 하비 콕스Harvey Cox, 존 로빈슨John Robinson, 반 뷰렌Paul van Buren, 토머스 알타이저Thomas Altizer 같은 신학자들이 소개되었던 일을 기억합니다. 한국이 열심히 도시화되고 공업화될 때 콕스 같은 세속화 신학이 한국 사회에 소개되고 논의된 것은 주목할 만합니다. 한국 교회가 오랫동안 잊었던 비판적 참여 정신을 되찾으려는 즈음에(세속화 신학으로 말미암아 참여 정신이 되살아났는지도 모르지만) 세속화 신학이 적극적으로 소개되고 거론되었습니다.

진보와 보수의 갈등

성숙한 종교는 마술적인 신을 유치하게 믿는 것이 아니라 남을 위해 희생한 예수를 믿는다고 보았던 본훼퍼의 신학은 콕스의 신학에 자연스럽게 이어집니다. 도시화되고 산업화되는 현대 사회에서는 끊임없이 해방의 과정 속에서 신의 현존을 느끼게 됩니다. 신 이외에는 그 어떤 절대적인 것도 모두 상대화시키고 개방적 다원 정신을 존중하는 성숙한 종교가 바로 기독교라고 소개하는 콕스의 사회학적 신학은 한국 신학과 신앙에 적지 않은 영향을 미쳤습니다.

로빈슨도 콕스처럼 교회와 세속을 구별하지 않습니다. 저 멀리 구름 위에 있는 신이 아니라 여기 이 땅 위에서 남을 위해 희생 봉사하는 현장의 신을 강조합니다. 신은 형이상학적 범주에 갇힐 수 없다고 보고, 남을 위해 희생하신 예수의 삶 속에서 신을 발견합니다. 알타이저나 반 뷰렌 역시 신이라고 하는 언어의 폐물성廢物性을 인정합니다. 역사적 예수가 중요하지 신의 개념, 즉 형이상학적인 범주로서의 신은 이미 죽었다는 것입니다. 초월 아닌 구체적 경험 속에서, 구체적 역사 속에서 피조물과 함께 자기를 완성하시는 신을 부각시킨 슈베르트 오그덴Schubert Ogden의 신학도 대체로 이러한 진보 신학에 속합니다.

1960년대 후반과 1970년대에 이르기까지 위에서 지적한 이른바 신자유주의 신학은 19세기 자유주의 신학과 달리 신 개념, 특히 초월적 신에 대해서는 별로 관심이 없고, 구체적 역사 속에서 이웃을 위해 희생하신 해방자 예수에 큰 관심을 표명합니다. 이 같은 진보 신학의 흐름 위에서 1970년대의 정치신학, 희망신학, 흑인신학 등이 한국 신학계와 신앙 세계에 소개되었습니다. 그리고 이런 신학이 비판적 사회 참여라는 행동 신앙으로 이어졌던 것입니다.

이와 같이 새로운 신학과 신앙의 흐름 속에서 교회와 정부 간의 관계가 진지하게 논의되고 걱정되기 시작했습니다. 정부 시책에 비판적인 일부 교회와 은근히 정부 정책을 지지하는 교회는 진보와 보수라는 이름 아래 각각 결속하기 시작했습니다.

구체적으로 공산주의와 기독교의 관계에 대해서도 보수 신학과 진보 신학은 상반된 반응을 보여주었습니다. 도전은 보수 진영에서 왔습니다. 일부 진보적 신자들이 산업 선교를 적극적으로 전개하자 보수 일각에서는 이것을 용공이라고 규정했습니다. 그렇지 않더라도 정견政見이 달라 여러 가지 어려움을 겪고 있는 이들을 같은 기독교 안에서 용공주의자로 몰아붙인 것입니다.

　진보와 보수는 공산주의 문제뿐 아니라 정치와 종교의 관계, 학문의 자유, 교회 내 여성과 청년 문제 등 구체적인 사안에 대해서도 날카로운 대립을 보입니다. 이러한 갈등은 근본적으로 예수를 바라보는 눈에서 분명하게 드러납니다. 진보 측은 예수를 해방자로 보는 반면, 보수 측은 예수를 개인 영혼의 구령자로 봅니다. 진보 측은 역사적 예수에 주목하지만, 보수 측은 초월적 예수에 더 주목합니다. 진보 측은 예수에게서 율법주의의 옷을 벗기려 하는데 보수 측은 율법주의의 옷을 더 입히려 합니다. 진보 측은 죄인과 더불어 먹고 마시는 자유인 예수를 부각시키는데, 보수 측은 금식하는 경건한 예수를 드러내려 합니다.

대화와 이해의 길로 나아가라

　이처럼 갈릴리 예수에 대한 이해에서부터 상반된 입장에 서 있는 두 흐름은 구체적인 문제들 앞에 언제든 부딪칠 가능성을 끌어안은 채 오늘도 힘차게 흐르고 있습니다. 그렇다면 과연 이 두 흐름이 조화롭게 어울릴 수는 없는 것일까요?

　하나님께서 우리 인간에게만 주신 귀한 선물인 이성理性을 적극적으로 활용하는 자세를 가지면, 두 흐름이 조화를 이룰 수 있는 실마리가 보일 것이라 봅니다. 이성은 불신할 대상이 아닙니다. 동물과 자연이 소유하지 못한, 인간의 전유물인 이성을 활용하여 먼저 상대방의 입장을 이해하려고 노력해야 합니다. 신앙 간의 갈등을 해소하기 위해서는 먼저 신학 간의 갈등을 이성적으로 이해해야 합니다.

그리하여 신학의 광장에서 자유롭게 토론하는 기회가 자주 마련되어야 합니다. 이렇게 하려면 신학상의 차이를 존중하는 아량을 지녀야 합니다. 신학상의 차이를 나쁘게 보지 않을 때 비로소 이견자를 이단으로 정죄하지 않고, 오히려 그 이견에 귀를 기울일 수 있습니다. '차이'를 '차별'의 계기로 삼지 않고, 대화와 이해의 계기로 삼아야 합니다. 이것이 성숙한 태도입니다.

이렇게 하려면 진보 측에서는 지적 오만을 버려야 하고, 보수 측에서는 정적 오만을 버려야 합니다. 나와 생각이 다르고 믿음의 양식이 다르면 대화할 필요도 없다고 믿는 사람은 죄로 가득한 세상을 사랑하셔서 종의 형상으로 세속에 오신 예수를 배척하는 어리석음을 저지르게 됩니다. 이제 한국의 보수와 진보는 '모두 함께 와서 의논하자'는 정신으로 서로를 이해하는 데 겸손하게 힘을 기울여야 합니다. 예수를 가장 마음 아프게 하는 자는 예수를 모르는 사람들이 아니라 예수를 알고 믿는다고 하면서도 예수의 사랑과 화해의 정신을 따라 살지 않는 사람들입니다.

오늘 한국의 크리스천들은 모름지기 안으로는 화해의 정신으로 뭉치고, 밖으로는 더욱 의로운 역사와 구조를 형성하기 위해 용기 있게 증언하고 행동해야 합니다. 여기에 보수와 진보의 차이가 있을 수 없습니다. 이제 한국 크리스천들은 뜨겁고 깊은 신앙과 냉철하고 종합적인 이성적 신학을 모두 포용하면서 이 땅에서 하나님 나라(사랑 나라)와 그 의를 구현하는 일에 힘을 모아 앞장서야 할 것입니다.

해 방 과   회 개 의   톱 니 바 퀴

회개는 과거에 잘못한 것을 뉘우치는 사사로운
자기 고백에 머무르지 않습니다. 타인과 따뜻한
공동체적 관계를 형성하겠다는 의지의 실천입니다

—

—

—

예수를 믿는다는 것은 새 정신으로 새 존재가 된다는 말입니다. 예수 안에서 옛 존재는 사라지고 새로운 삶의 지평이 열린다는 뜻입니다. 이와 같은 혁명적 자아 변화는 바로 회개를 통해 이루어집니다. 삶의 방향을 180도 전환해 새로운 푯대를 향해 전진하는 것이 바로 회개의 정신이요 행동입니다. 그런데 방향을 바꾸어서 구체적으로 어떻게 해야 하는 것일까요?

　여기에서 우리는 광야에서 회개하라고 소리쳤던 야인野人 세례 요한을 생각하지 않을 수 없습니다. 그는 요단강 부근의 모든 지방을 두루 다니며 죄 용서를 위한 회개의 세례를 전파했습니다(눅 3:3). 예수는 후일 세례 요한의 전도 방식을 물려받아 "회개하라. 천국이 가까웠다"고 외쳤습니다. 우리가 주목해야 할 중요한 진리가 여기에 있습니다. 회개는 반드시 하나님 나라와 직결된다는 사실입니다. 회개가 나의 개인 생활의 방향을 전환하는 데에만 그치는 것이 아니라 하나님 나라의 도래라는 구조적 성격을 띤 역사적 사건임을 주목해야 합니다.

회개의 구체적인 방법

이 땅에 희년의 해방이 이루어지는 일과 회개는 톱니바퀴처럼 긴밀하게 서로 맞물려 있습니다. 인간답게 살 수 있는 인간적인 구조, 즉 자유와 정의와 화평의 구조가 제도화되고, 그리하여 하나님의 뜻과 하나님의 의가 실현되는 일을 위해 우리는 회개라는 자아 변화를 겪어야 합니다. 그렇다면 하나님 나라의 실현을 위해 회개하는 사람은 구체적으로 어떠한 결단을 해야 할까요? 세례 요한이 역설한 회개의 구체적 방식에 귀를 기울일 필요가 있습니다. 그는 대단히 구체적으로 회개하는 방식을 제시했습니다.

"그러면 우리가 어떻게 해야 할까요?"라고 묻는 군중에게 세례 요한은 이렇게 대답합니다. "옷 두 벌 있는 자는 옷 없는 자에게 나눠 줄 것이요. 먹을 것이 있는 자도 그렇게 할 것이니라"(눅 3:11). 이것은 무엇을 뜻합니까? 회개는 주리고 목마르고 헐벗은 이웃에게 가장 절실히 필요한 것을 주는 구체적 행동 속에서 이루어져야 한다는 진리를 말해주고 있습니다.

회개는 개인적인 독백이 아닙니다. 남을 위한 나의 결단이요 행동입니다. 특히 회개는 갖지 못한 계층에 대한 가진 자들의 공유적 결단을 촉구합니다. 회개는 나누어 가지는 행동입니다. 뿐만 아니라 회개는 자기가 가지고 있는 것 중에서 가장 중요한 것을 못 가진 자에게 주는 결단을 뜻합니다. 예수는 부자 관원에게 바로 이러한 회개를 촉구한 것입니다. 초대교회에서 볼 수 있는 따뜻한 공동체 형성의 원리가 바로 이 회개요, 그 실천이 바로 이 회개입니다.

회개는 내가 과거에 잘못한 것을 뉘우치는 사사로운 자기 고백에 머무르는 것이 아닙니다. 앞으로 남들과 따뜻한 공동체적 관계를 형성해 나가겠다는 의지의 실천이 바로 회개입니다. 이것은 회개가 분명히 더 인간적인 사회관계의 형성을 의미한다는 말입니다. 그리고 하나님 나라의 인간관계를 형성한다는 뜻입니다. 나누어 가지는 이 정신은 바로 하나님의 뜻과 그의 의를 구현하는 정신이기도 합니다. 회개는 결코 한 개인의 종교적 이기심에서 우러나오는 것이 아닙니다. 희생적 이타심에서 우러나오는 관계 형성적 결단입니다. 그러므로 회개를 순전히 개인의 사적 행동으로 보는 한국 교회와 교인은 회개의 참뜻을 깨닫지 못하고 있습니다.

그 다음에 세례 요한은 세리에게 이렇게 말했습니다. "부과된 것 외에는 거두지 말라."(눅 3:13). 합법적이고 윤리적인 바탕을 완전히 무시하고 자의대로 민중을 수탈하지 말라는 명령입니다. 회개는 민중을 수탈하는 경제적 강자에게 수탈 중지의 결단을 요청합니다. 부자가 교회에 와서 회개하고 새 사람이 되려면 하나님이나 목사 앞에서 혼자 고백하는 데 그쳐서는 안 됩니다. 부의 축적 과정에서 자신이 저질렀던 수탈 행위를 즉시 중지하고, 하나님 앞에서 부끄러움 없는 질서와 법도로만 근로자를 사용해야 함을 뜻합니다.

오늘 한국 교회에는 대체로 중산층이 많이 모입니다. 교회 지도자인 장로 중에는 경제적 강자들이 적지 않습니다. 이들이 회개하는 길은 근로자와 민중을 수탈하는 일을 즉시 청산하는 것입니다. 오늘의 기독 기업인들이 부흥회나 특별 집회 때 거액을 헌금한다고 생각해보십시오. 그 헌금이 만일 자기 회사나 공장 근로자들에게 저임금을 준 대가로 축적한 부의 일부라면, 그들은 그 돈을 교회에 바치기에 앞서 근로자들의 임금부터 먼저 올려주어야 합니다. 그것이 바로 참다운 회개의 징표이기 때문입니다.

만일 한국 교회가 이들 기업가의 헌금에 힘입어 양적으로 팽창한다면, 그 성장은 그리스도의 몸 된 교회를 더욱 건강하게 하는 것이 아니라 '맘몬'의 제단으로 변질시키는 독소가 될 것입니다. 그러므로 오늘의 한국 교회 안에 있는 '세리'들은 모름지기 세례 요한의 명령에 귀를 기울여야 합니다. 임박한 하나님 나라를 기쁘게 맞이하기 위해서도 이 같은 회개의 결단과 실천이 필요합니다.

마지막으로 세례 요한은 군인들에게 이렇게 명령했습니다. "사람에게서 강탈하지 말며 거짓으로 고발하지 말고 받는 급료를 족한 줄로 알라"(눅 3:14). 군인은 최전선에서 권력을 행사하는 사람들입니다. 그들은 무력과 강권을 소유하고 있는 사람들입니다. 자칫 잘못하면 무서운 권한을 남용하거나 악용하여 사람을 협박하기 쉽습니다. 요즈음 쓰는 말로 표현하면 테러리즘의 유혹에 빠지기 쉽습니다. 권력을 동원하여 민중을 억압하고 착취하기 쉽습니다.

원래 권력의 생리란 안으로는 부패하기 쉽고, 밖으로는 사람들을 억압하고 착취하기 쉽습니다. 이러한 권력의 생리와 유혹을 물리치는 것이 곧 회개입니다. 권력의 자기 보존적 생리와 자기 확장적 생리를 단호히 거부하고, 자기 분수에 알맞은 생활을 하는 것이 바로 구체적인 회개의 방식이요 내용입니다. 그러니 '분수' 지키기는 약자보다 강자에게 더욱 더 필요한 개인 윤리입니다.

회개로 이루는 하나님 나라

우리는 여기서 세례 요한이 역설한 회개가 공허한 추상의 세계나 개인적인 독백에 갇혀 있을 수 없는 구조적인 결단임을 대번에 알 수 있습니다. 그의 회개는 참으로 구체적이고 사회적입니다. 그리고 참으로 구조적입니다. 민중의 소유를 부당하게 빼앗은 사람은 회개를 통해 빼앗는 행동을 당장 중지해야 할 것이고, 민중을 억누르는 사람은 회개를 통해 즉시 억압적 조치를 철회해야 할 것입니다. 그리고 민중을 모멸하고 차별하는 사람은 회개를 통해 즉각 차별적인 행동을 버려야 할 것입니다. 이것이 성서가 명령한 회개입니다.

그러면 이렇게 회개할 때 사회는 어떻게 될까요? 한 사회의 지배 집단은 거의 예외 없이 권력과 금력과 명성을 많이 가지고 있는 집단입니다.

권력과 금력과 명성이 지나칠 정도로 불공평하게 분배되어 있을수록 지배 집단의 정당성은 낮은 법입니다. 그럴수록 그들은 부당하게 민중을 협박하고 누르고 빼앗고 차별하게 됩니다. 그런데 이들이 세례 요한이 일러준 대로 회개한다면, 권력과 금력과 명성의 분배 체계인 사회구조가 정당하고 도덕적인 방식으로 바뀔 것입니다.

이렇게 변화된 사회에서는 자연히 하나님의 의와 뜻이 순조롭게 이루어질 수 있을 것입니다. 하나님의 평화도 단비처럼 내리게 될 것입니다. 여기에 비로소 하나님 나라의 밝은 빛이 비춰지기 시작하고, 하나님 나라의 모습이 역사의 지평선상에 떠오르기 시작할 것입니다. 그래서 개인의 결단으로 시작된 기독교의 회개는 반드시 역사와 구조 개혁으로 이어지고, 종국에는 정의롭고 평화로운 하나님 나라의 실현으로 완성됩니다.

이렇게 볼 때 오늘 한국 교회 안에는 회개의 참뜻을 깨닫지 못하고 회개를 한낱 환상적이고 감정적인 개인의 변화로만 착각하거나 오히려 하나님 나라의 도래를 방해하는 방식으로 이해하는 신자들이 적지 않은 것 같습니다. 바로 이들이 세례 요한의 회개를 똑바로 이해해야 합니다. 세례 요한에게 와서 "그러면 우리는 어떻게 해야 하겠습니까?"라고 물었던 군중과 세리와 군인들처럼 그들도 똑같은 질문을 진지하게 던져야 합니다.

그리고 오늘도 성령을 통해 말씀하시는 세례 요한의 회개 명령을 똑똑히 들어야 합니다. 서로 가진 것을 나누어 가지면서, 민중을 수탈하거나 억압하지 말아야 할 것입니다. 오히려 민중의 아픔을 함께 아파하면서,

더 의롭고 더 평화롭고 더 자유롭고 더 공평한 새 역사와 새 구조를 엮어 나가야 할 것입니다.

권력의 변호인 노릇했던 부끄러운 교회 역사를 뼈아프게 반성하고 세례 요한의 회개를 실천해야 할 것입니다. "회개하라, 하나님 나라가 가까웠다"고 말씀하신 예수의 외침을 다시 한 번 생각해봅시다. 모든 한국 크리스천이 구체적인 회개의 결단을 통해 이 땅에 자유와 정의, 인권과 평화, 통일과 복지를 이룩하는 일에 행동으로 앞장섭시다.

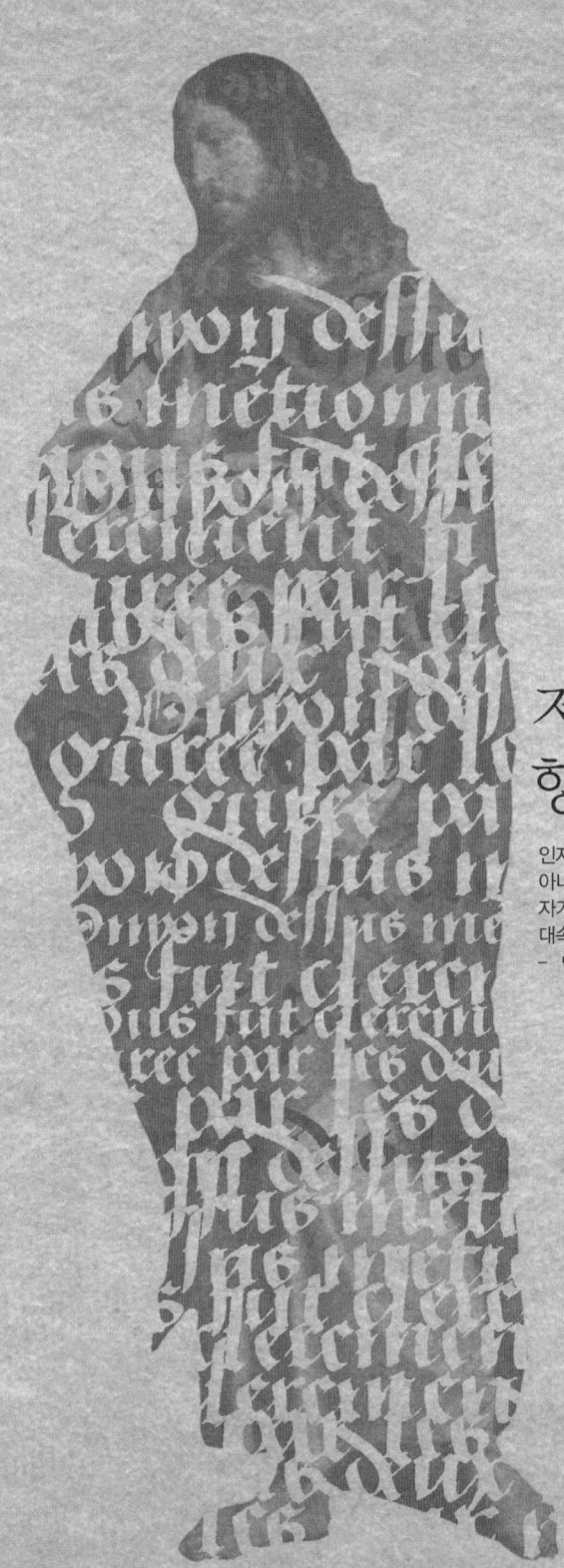

저 낮은 곳을 향하여 4

인자가 온 것은 섬김을 받으려 함이
아니라 도리어 섬기려 하고
자기 목숨을 많은 사람의
대속물로 주려 함이니라
- 막 10:45 -

한 국 교 회 , 길 을 묻 다

민중이 교회라는 신앙 공동체의 주인이 되어야 합니다.
교회가 벌이는 신앙 잔치에 초대받은 손님이 아니라
잔치의 주인으로 나아가야 합니다.

지금 이 시점에서 한국 교회의 과거 유산을 그 명암에 따라, 공과에 따라 정리해보고 나아갈 방향을 점검해보는 작업은 매우 유익할 것입니다. 오늘날 우리가 자랑스럽게 여길 수 있는 전통과 유산은 무엇이며, 우리가 부끄러워해야 할 전통과 유산은 무엇인가 점검해볼 필요가 있습니다. 자랑스러운 것은 앞으로 계속 이어가야 할 것이고, 부끄러운 일은 과거를 거울삼아 다시는 반복하지 않아야 하기 때문입니다.

과거는 미래를 위한 시간의 거울이요, 현재는 더 값진 미래를 창조하기 위해 반성하고 행동하는 마당이 됩니다. 이제 우리는 어제와 오늘의 한국 교회의 모습을 냉철하게 진단하면서 더 가치 있는 내일의 한국 교회를 설계해야 할 것입니다.

초기 한국 교회의 아름다운 유산

개신교가 이 땅에 들어오고 첫 30년 동안 한국 교회가 걸어온 길에는 우리가 자랑스럽게 되새겨야 할 유산이 적지 않습니다. 이때는 개신교라는 비동양적 문화 품목이 큰 문화 충격 없이 희한하리 만큼 순조롭게 이 땅에 배어들 수 있었지요. 우리 민족과 민중들의 종교로 자연스럽게 스며들 수 있었습니다. 여기에는 복합적인 요인이 작용했습니다. 19세기 말, 이 땅에는 정신적 공백, 특히 종교적 공백이 커져가고 있었습니다. 이념적 공백은 심각한 수준이었습니다. 정신적·종교적 공백은 조선 시대 억불정책抑佛政策이 누적된 결과였고, 이념적 공백은 제국주의적 침략에 대항할 만한 민주적 토착 정치 이념이 부재한 탓이었습니다.

여하튼 19세기 말 한국 사회는 서민에서부터 지도층에 이르기까지 불만과 좌절이 심화되면서 힘없이 정치적 강풍에 표류하는 매우 불안한 상황이었습니다. 그러나 이 위기 상황은 복음이라는 씨앗을 잘 받아들이는 옥토가 되었습니다. 이 기름진 땅에 한국 교회는 착실히, 그리고 굳건히 뿌리를 내리게 되었습니다. 먼저 민중 속으로 들어간 기독교는 그들에게 소외감과 시달림을 이겨낼 힘을 공급하고 소망을 주었습니다. 이런 뜻에서 한국 교회는 민중의 교회였습니다. 민중의 교회였기에 그것이 오늘과 같은 거대한 사회 세력으로 성장할 수 있었습니다. 이 점에서 일부 지식인 계층에만 파고 들어간 일본 교회와는 커다란 차이가 있습니다.

그러나 민중의 교회였기에 치러야 할 대가도 만만치 않았습니다. 민중의 기복적인 욕구에 매인 포로가 될 수 있기 때문입니다. 무엇을 먹고 무엇을 마실까 염려하는 배고픈 민중에게 육신의 복만 강조하는 기복 종교로 떨어질 위험이 없지 않았습니다. 물론 예수도 당시 민중의 기복적 욕구를 완전히 무시하지는 않으셨지요. 병자를 고치고 위로하셨고, 배고픈 자들에게 밥을 주셨습니다. 그러나 예수는 이 같은 육신의 욕구를 만족시키는 데 그친 것이 아니라 하나님 나라, 즉 사랑 나라와 의義에 대한 사명감을 더 강조하셨습니다.

다행스럽게도 한국의 초대교회는 민중의 교회 구실을 하면서도 무속 종교의 기복 신앙으로 떨어질 수 있는 위험을 잘 이겨냈습니다. 당시 조국의 형편이 제국주의 열강의 각축 속에서 풍전등화처럼 깜박이는 처절한 위기였기에 민중의 기복적 욕구도 개인의 이기적 욕구에만 머물러 있을 수는 없었습니다. 물론 후일에 가서는 이 욕구가 한국 교회의 무당화에 영향을 주기도 했지만, 적어도 초기 30년간은 민족주의의 힘이 될 수 있는 저력으로 작용하였습니다.

또 하나의 자랑스러운 유산은 초기 한국 교회가 민족의 자립과 독립을 위한다는 특수주의에만 머물지 않고 인간의 존엄성, 인권, 자유, 정의 같은 더 보편적인 이념을 존중하는 민주주의를 깊이 수용했다는 점입니다. 민족주의라는 특수주의와 민주주의라는 보편주의가 마찰하기 쉬운데, 한국 초대교회에서는 이 두 이념이 정답게 만나 화합했다는 사실을 과소평가해서는 안 됩니다. 이것은 오늘 이 시점에서도 다시 되새기고 되살려야 할 귀중한 유산입니다.

이렇게 빛나는 유산이 생길 수 있었던 가장 큰 이유 중 하나는 기독교가 억울하게 눌리고 착취당하고 소외된 민중의 친구가 되었기 때문입니다. 조선시대 말, 삼정의 문란 속에서 횡포를 자행했던 탐관오리들에게 시달렸던 민중이 바로 그들이요, 제국주의 열강의 침략에서 나라를 구해야겠다고 결심한 젊은 엘리트들이 그들입니다. 전자가 국내에 있는 강자들에게 억압받던 계층이라면, 후자는 국외에 있는 제국주의 강자들에게 억압받던 집단이라 할 수 있습니다.

국가가 일본 제국주의라는 강자의 식민지로 떨어지자 교회는 더욱더 약자의 편에 서려고 했습니다. 결국 초기 한국 교회의 빛나는 유산은 기독교가 억울하게 눌린 약자들을 위한 약자들의 종교였기 때문에 생겨난 당연한 결과였습니다. 동서양을 막론하고 교회가 부당한 강자의 친구가 되고 강자의 변호인이 될 때 부끄러운 역사를 남기는 법입니다. 이것은 우리의 역사 속에서도 어김없이 증명되었습니다. 해방 후 자유당 시대에 기독교는 흑암 자체였고, 오늘날 정치 세력의 보호를 받는 보수 교회 역시 똑같이 암흑의 부끄러운 역사를 만들고 있습니다.

사회참여와 타계주의의 명암

1920년대부터 1945년 해방까지 한국 교회는 명암이 뒤섞인 역사를 엮어냈습니다. 크리스천들은 일본 제국주의 밑에서 억압을 받으면서도 민족문화를 보호하고 민족의 얼굴을 가꾸고자 노력했습니다. 경제적으로도 민족 경제의 터전을 만들려고 애를 썼습니다. 민족적 지도자와 민주적 지도자를 길러내려고 교육에 열을 올렸고, 물산장려운동, 민립대학民立大學 건립, 농촌계몽 사업도 전개했습니다. 특히 1920년대에 추진했던 YMCA 사업은 자랑할 만합니다. 원래 이 기독 단체는 독립협회의 중심 인물들이 주축이 되어 만들었기 때문에 출발부터 애국애족 정신이 투철한 민주 인사들의 모임이었습니다. 이들은 YMCA를 통해 기미년 3·1 운동 이후 기독교인과 교회의 사회참여를 적극 권장했습니다. 민족과 민주주의를 위해 기독교가 역사의 선봉에 나서야 한다고 강조한 것입니다.

그러나 거의 같은 시기에 '신학지남'은 현실에서 눈을 돌려 타계주의, 개인 구원에 관심을 쏟았습니다. 이것은 중대한 의미를 갖는 사건입니다. 장차 교회를 이끌어갈 지도자를 양성하는 신학교가 초기 교회의 빛나는 전통을 스스로 포기하려는 의도를 보여주었기 때문입니다. 민족 속에서, 민중 속에서 진리를 전파하는 기독교의 사회적이고 신앙적인 의미를 약화시키는 신학 교육을 펴나가기 시작한 것입니다. 이때 벌써 개인 구원 일변도의 신앙과 신학이 근본주의 성향을 띠면서 한국 신학계와 교계에 번지고 있었습니다. 세속의 일은 신앙과는 무관하다고 가르쳤습니다.

이러한 신앙과 신학의 태도를 상징적으로 보여주는 사건이 1920년대 중반에 있었습니다. 당시 공산주의 세력이 이 땅에 조직적으로 뿌리를 내리려 하는 동시에 일본 파시스트의 정신적 상징인 일본신궁日本神宮이 건립되었습니다. 그런데 이 두 가지 극단적 이념에 대해 신학교와 교회는 무관심 또는 무반응으로 일관하였습니다. 오로지 개인 구원에만 관심을 기울이면서, 이 강토의 실제 역사 속에 극단적 이념이 침투하는 문제는 외면하고 말았습니다. 공산주의 및 파시즘과의 대결을 통한 한국 교회의 자기반성이 없었던 것은 오늘의 시점에서 볼 때 크나큰 오판이며 불행입니다.

1930년대에 와서 근본주의 신학과 신앙은 더욱 강화되는 듯했습니다. 장로교총회에서는 《어빙돈 성서 주석》을 문제 삼았고, 김춘배 목사의 '사도 바울의 여성관'에 대해 규제하려는 움직임이 나타났습니다. 모세 5경의 저작자를 둘러싸고도 말썽이 생겼습니다. 이러한 사건의 배후에는 축자영감설을 철저하게 믿는 근본주의 사고가 강하게 깔려 있었습니다. 이견을 정죄하는 교조적 사고는 후일 교회 분열의 정신적 원인이 되었습니다. 교회는 경직된 율법주의와 근본주의 신앙 때문에 안으로 분열의 씨앗을 품게 되었고, 타계주의 신앙으로 세속을 경원시하는 분위기를 만들면서 밖으로는 세찬 일본 제국주의의 탄압을 맥없이 겪어내야만 했습니다.

그러나 여기서 우리는 근본주의나 타계주의가 교회 안에서는 분열의 아픔을 가져올 위험이 있지만, 밖으로부터 오는 정치 탄압에 대해 항상 비굴한 복종을 불러일으키는 것은 아니라는 사실을 깨달아야 합니다. 오히려 강력한 근본주의 신앙과 뜨거운 타계주의 신앙은 신앙의 '순수성'을 해치는 일에 대해 결사적인 반항의 의지를 불러일으키기도 했습니다. 이 때문에 1938년 장로회총회가 신사참배를 강제로 가결하고 '정치적 신'인 천황 앞에 무릎을 꿇게 될 때도 순교의 길을 택하는 믿음의 결단이 나올 수 있었던 것입니다. 우리는 자랑스러운 순교자들의 신앙적 결단을 높이 평가해야 합니다.

정권의 변호인이 된 교회

조국 해방은 이 민족과 교회에 많은 미해방未解放의 과제를 안겨주었습니다. 8·15 해방이 우리의 주체적 힘으로 이루어진 것이 아니라 타율적으로 주어진 까닭입니다. 무엇보다 문화적 혼란으로부터 해방되지 못했습니다. 8·15와 더불어 단군 이래 처음으로 비동양적 문화가 홍수처럼 밀려왔지요. 우리가 소화할 수 있는 여지도 없이 물밀듯이 밀려왔습니다. 전승국인 미군의 보무당당한 행진에 발맞추어 외래문화가 이 땅에 넘치게 흘러들어온 것입니다. 이것이 오늘의 막강한 구미사회를 이룩한 문화의 정수였다면 그나마 다행이었겠으나, 상당 부분 저질 대중문화였다는 데 문제가 있었습니다. 8·15 이후 밀려든 저질 구미문화의 유입과 그에 따른 문화 혼란에서 우리가 아직도 해방되지 못하고 있는 이유 중 하나로 8·15 이후 한국 교회와 크리스천의 교권주의와 정치적 권위주의와의 타협을 들지 않을 수 없습니다.

또한 일본 제국주의의 잔재, 특히 일본의 식민주의 사고에서 해방되지 못했습니다. 제1공화국 수립 이후 대두된 반민특위가 그 기능을 제대로 발휘하지 못했습니다. 오히려 여기서 역작용이 생겼습니다. 친일세력이 청산되기는커녕 제1공화국의 권력 구조에 깊이 파고 들어가 큰 영향력을 발휘하게 되었습니다. 이러한 '반민족적' 엘리트의 특성상 정치, 문화, 경제의 자립성과 민주적 주체성에 신경을 쓸 수 없었습니다. 이들이 의존적 사고, 이른바 식민지적 사고에 깊이 젖어 있었기 때문입니다. 자유당 시기의 한국 기독교와 교회도 이 같은 분위기에 안주했다고 해도 과언이 아닙니다.

교회 역시 해방과 더불어 근본주의로부터 해방되기는커녕 거기에 더 깊이 사로잡히게 되었습니다. 재건파가 따로 살림을 차렸고, 뒤를 이어 고려파가 분리되어 나갔습니다. 이러한 교회 분열의 배후에는 "우리만 순수한 정통이다", "저들은 이단이다"라는 독선과 오만이 스며 있었습니다. 이 같은 배타적 오만은 곧 근본주의의 심성입니다. 장로교는 한국전쟁 중에 다시 예장과 기장으로 갈라지려는 움직임을 보이다가 결국 1953년에 각기 딴 살림을 차렸습니다. 여기에도 여러 요인들이 복합적으로 작용했으나, 가장 중요한 요인은 역시 근본주의에 기초한 교조적 사고였습니다. 이런 정신이 신신학과 이단에 대한 정죄로 표현된 것입니다.

한국전쟁과 더불어 한국 교회 안에 도사리고 있던 타계주의가 열광적으로 번져나갔습니다. 경직된 율법주의에 사로잡힌 기성 교회에 만족할 수 없었던 피난민들이 뜨거운 타계주의 신앙에 빨려 들어간 것입니다. 신흥종교의 매력은 대단했습니다. 전도관이라는 종파는 이러한 배경에서 나타난 현상입니다. 부흥회는 기존 교회 테두리 안에서 여전히 극성을 부렸고, 신흥종교와 크게 다를 바 없이 타계주의 신앙을 강조했습니다. 교회는 이러한 형태의 신앙이 번지는 것을 막지 못했습니다. 그래서 교회를 떠나 신흥종교로 흡수되는 수가 적지 않았습니다. 결국 교회는 근본주의 신앙과 타계주의 신앙의 상승작용으로 분열의 아픔을 겪어야 했습니다.

교회가 이렇게 분열되면서도 양적인 확장은 계속되었습니다. 그러니 슬프게도 한국 교회의 확장은 분열에서 힘입은 바 큽니다. 이렇게 분열 중에 양적으로 확장해 온 한국 교회는 밖으로 권위주의 정치에 동조하고 그것을 변호했습니다. 교회가 이승만 정권의 변호인 노릇을 했다고 해도 과언이 아닐 것입니다. 교회 안의 권위주의는 교회 밖의 정치적 권위주의와 결탁한 듯한 인상마저 주었습니다. 이렇게 교회가 강자의 친구가 되거나 그들의 변호인 역할을 하게 되면, 소금은커녕 정권과 함께 급속히 썩게 마련이며, 빛은커녕 암흑을 더욱 어둡게 하는 구실을 하기도 합니다. 이것이 자유당 시절 한국 교회의 모습이었습니다. 정치 참여가 교회를 부패하게 하고 교회를 타락시켰습니다. 이것은 2000년의 기독교 역사에서도 뚜렷이 나타나는 값진 교훈입니다.

이러다가 1960년대에 두 가지 큰 변혁을 맞이합니다. 4·19와 5·16이 바로 그것입니다. 한국 교회는 4·19를 자성의 계기로 삼았어야 했습니다. 4·19 앞에 뜨거운 참회의 눈물을 흘렸어야 했습니다. 또한 5·16 앞에서도 참회했어야 했습니다. 4·19 앞에서는 장로 이승만의 문민 권위주의 세력과 결탁하여 민주주의를 질식시키는 일에 간접적으로나마 협조했던 일에 대해 참회했어야 하고, 5·16 앞에서는 이 땅에 새로운 군사 권위주의 정부가 들어서도록 방관한 크리스천의 무관심과 태만에 대해 회개했어야 했습니다.

교회의 비판적 사회참여

1960년 중반에 들어서면서 한국 교회는 WCC를 통해 비로소 안팎으로 눈을 뜨기 시작했습니다. 한일국교정상화 문제를 놓고 민족과 민중의 울분을 용기 있게 대변하려 한 것입니다. 진실로 오랜만에 교회와 민족과 민중이 함께 하는 시간이었습니다. 초기 한국 교회에서 볼 수 있었던 만남이었다고 할까요. 이 같은 민중과의 만남은 그 후 민주화 및 사회정의의 실현을 위한 교회의 비판적 사회참여를 통해 더욱 뜨거워졌습니다.

이러한 변화 속에 한국 기독교에는 두 가지 신앙과 신학의 흐름이 새롭게 생겨났습니다. 하나는 토착화 움직임이요, 다른 하나는 세속화에 대한 적극적 이해입니다. 이 두 가지 흐름은 각기 한국 교회와 교인들이 가지고 있는 고질적인 폐단을 극복하는 데 이바지했습니다.

첫째, 토착화는 기독교가 타종교, 특히 전통문화와의 만남을 편견 없이 바라보려는 노력에서 나왔습니다. 토착화 신앙과 신학은 기독교에서 근본주의 신학과 신앙만이 가장 순수하고 정통이라는 권위주의적 오만의 독소를 어느 정도 제거할 수 있었습니다. 타문화 및 타종교와의 열린 대화를 존중하는 토착화 신학은 얼마간 근본주의 사고의 해독제 구실을 하게 되었습니다.

둘째, 세속주의가 아닌 세속화를 존중하는 태도는 세상을 사랑하사 인간의 몸을 입고 이 땅에 오신 예수의 정신과 일치하는 것입니다. 또한 이것은 세속 중에서도 가장 낮은 곳에 있는 서민과 압제받는 민중에게로 내려가는 '자기를 비우는' 예수 정신과도 일치합니다. 그러기에 세속화 신앙은 타계주의 신앙의 해독제 구실을 했습니다.

이렇듯 새로운 신앙의 자세와 신학의 입장은 자기 자신과 세상을 새로운 시각에서 조명할 수 있게 했습니다. 예수따르미의 주체성을 세상과의 구별 혹은 성별에서 찾기보다는, 세상 속에 뛰어 들어가 세상 사람들과 자기를 동일체화同一體化함으로써 찾으려고 했습니다. 세상에서 벌어지는 잘못된 역사와 부조리한 구조에 대해 눈감는 것이 바람직한 신앙이 아니라, 소금이 되어 세상의 부패를 막고 빛이 되어 역사와 구조의 어두움을 몰아내는 것이 바람직한 신앙임을 깨닫게 되었습니다.

그리스도 안에서 영적으로 새로운 존재가 되는 것은 '나 하나 예수 믿고 천당 가는 것'에 머무는 것이 아니라, 역사와 상황 속에서 불한당에 의해 억울하게 피 흘리는 저 낮은 곳의 사람들에게 이웃이 되려는 결단으로 이어져야 함을 깨닫게 된 것입니다. 따라서 개인의 영적 구원에 뜨겁게 감격할수록, 그 감격은 용기 있게 구조 악과 싸우는 경건한 행동으로 이어져야 합니다. 이러한 새로운 자각이 1960년 말부터 오늘에 이르기까지 한국 교회 일각에 번지기 시작했습니다.

그러나 이러한 자각은 교회 안팎으로부터 심각한 도전을 받게 되었습니다. 안으로는 여전히 근본주의적 심성과 개인의 타계지향성에 사로잡힌 이른바 보수 교단과 교인들로부터 세찬 반발을 사게 되었습니다. 이들은 새로운 자각을 '세속적', '인본주의적'인 불순한 의식으로 매도했습니다. 교회 밖에서도 종교의 사회참여를 불순한 반신앙적 자세라고 규탄했습니다.

새로운 자각은 분명히 사회참여를 권장합니다. 그러나 이 사회참여는 동조적·변호적 사회참여가 아니라 비판적·창조적 사회참여입니다. 오늘날 교회와 교인의 비판적 사회참여를 비난하는 보수 교회와 교인들 중에는 진실로 현실 정치와 행정에 동조하고, 그것의 비행을 변호하는 자세를 취하는 경우가 많습니다. 그들이야말로 정치에 깊이 가담하고 참여하고 있는 것이지요. 또한 그들이야말로 어두운 세력과 은밀히 악수하면서 밝은 데서는 신앙의 순수성을 내세우고 있는 사람들입니다. 자유당 시절의 한국 교회를 생각해보십시오. 그들이 얼마나 열심히 사회와 정치에 참여했고, 그 결과 부패한 정권을 얼마나 든든하게 변호했는지 말입니다. 또한 지금은 어떻습니까?

한국 교회가 나아갈 길

이제까지 한국 기독교 역사 초기부터 90여 년간의 밝고 어두운 면, 자랑스럽고 부끄러운 모습을 주마간산 식으로 살펴보았습니다. 그렇다면 오늘 우리가 서 있는 이 역사의 자리에서 현재와 미래를 어떻게 조명해야 할 것인지 몇 가지로 나누어 생각해보도록 하겠습니다.

첫째, 선교의 자세를 근본적으로 바꾸어야 합니다. 선교 자세는 19세기와 그 이전의 서구 팽창주의, 제국주의, 문화적 자기중심주의와 깊이 연관되어 있습니다. 서구 지역 외에는 문화와 문명이 없는 야만인의 땅이므로 그곳에 문화를 심고 문명을 세워주어야 한다는 제국주의적 오만에서 선교가 시작되었다고 해도 지나침이 없습니다. 그리고 실제로 정치적·경제적 팽창주의였던 야만스런 제국주의와 식민주의의 물결을 타고 기독교 선교가 진행되었습니다. 그래서 오늘날 제3세계에서는 아직도 기독교 선교 활동이 토착 민족 세력에 의해 오해를 받고 있습니다. 한반도에서 기독교가 제국주의의 앞잡이가 아니라 오히려 일본 제국주의와 싸웠던 민족 세력의 정신적 힘이 되었다는 사실은 아주 다행스러운 일입니다.

그런데 많은 한국 교회와 교인들이 선교를 개인 전도 차원에서 생각하고, 비신자를 일종의 정신적 야만인으로 가정하여 불쌍히 여기고 있습니다. 그리하여 이 이 불쌍한 사람들을 기독교 신자로 만들려고 합니다. 그러나 이런 시각은 지독한 오만과 독선입니다. '불쌍한 정신적 야만인'을 신자라는 정신적 문화인으로 바꾸려는 의도가 복음화의 의도이고 전도 활동의 속셈 같습니다. 여기서 우리는 서구인이 비서구인을 야만인으로 보았던 서양인의 자문화중심주의ethnocentrism와 똑같은 오만을 볼 수 있습니다.

선교는 오늘도 아름답고 의로운 역사와 구조를 창조하시는 하나님의 활동에 우리가 동참하는 것입니다. 따라서 신자는 비신자를 이 같은 하나님의 활동에 함께 참여하도록 겸손히 초청해야 합니다. 신자와 비신자는 모두 동참자일 뿐입니다. 그러므로 여기에 동참하는 사람이 그렇지 않은 사람을 얕잡아본다면 불의의 역사를 반복하는 셈입니다. 하나님의 역사는 반드시 교조적 · 교회적 테두리 안에서만 일어나는 것이 아니라, 세속 사회라는 공간적 씨줄과 역사라는 시간적 날줄 속에서 전면적으로 일어나고 있습니다. 따라서 교회 안에 있는 사람만 하나님의 선교에 참여한다는 생각은 하나님을 교회 속에 가두는 어리석은 짓입니다.

우리는 교회라는 제도 안에 갇혀 있는 하나님을 해방시켜야 합니다. 아니, 교회라는 제도 안에 갇힐 수 없는 하나님을 똑바로 볼 수 있어야 합니다. 영안을 가지고 해방시키는 하나님을 똑바로 볼 수 있어야 합니다. 그렇게 되면 교회 안에 있는 사람이 교회 밖에 있는 사람을 불쌍히 여기거나, 정신적 야만인이나 죄인으로 경멸하지 않을 것입니다. 교회 밖에 있는 사람들도 하나님의 형상을 지닌 형제자매라는 사실을 깨닫고, 그들을 존중하고, 마음의 문을 열고 대화하며, 함께 하나님의 선교 활동에 참여할 동지로 존중하게 될 것입니다.

둘째, 선교의 태도를 바로잡으면 신자의 수적 확장과 교회의 물량적 성장만을 목표로 하는 선교 활동을 지양하게 될 것입니다. 한국 교회의 각 교단은 제 나름대로 교회 확장 운동에 열을 올리고 있습니다. 2000교회니, 5000교회니, 100만 신자니, 전국 복음화니 하여 주로 양적 성장에 치우치고 있습니다. 과연 하나님은 양$_量$을 좋아하실까요? 한 마리의 잃어버린 양$_¥$을 찾기 위해 나가셨던 예수께서 양$_量$을 그토록 숭상했을까요? 도대체 양이 질을 만든다는 발상은 어떤 이데올로기에서 나온 발상입니까? 으스스한 전체주의 발상 아닙니까?

설사 각 교단의 계획대로 교세가 확장되어 인구의 반 정도나 그 이상이 교회 속으로 들어온다고 합시다. 그러면 그것이 하나님의 뜻일까요? 이렇게 되어 오히려 교회가 부리는 자와 가진 자의 친구가 되고 그들의 변호인이 되면, 서구에서처럼 중세 역사와 중세 구조가 오기 쉽고, 미국 남부에서처럼 노예제도를 정당화하는 부끄러운 제도가 생기기 쉽습니다.

오늘날의 미국 유대인을 보십시오. 그들은 미국 전체 인구의 3%에 지나지 않습니다. 그러나 사회 각계각층에서 굉장한 힘을 발휘하고 있습니다. 한국의 경우 벌써 전체 인구의 15% 정도가 교인입니다. 가톨릭 교인을 합치면 상당히 강한 사회 세력이라 하겠습니다. 굉장한 숫자입니다. 인구의 5분의 1은 이 땅에서 하나님이 원하시는 역사를 만들어가는 데 충분한 숫자입니다.

시급한 문제는 이만한 인적 자원을 정예로 만드는 일입니다. 질적 발전, 하나님의 선교에 용기 있게 동참하려는 동기를 갖고 결단하는 일이 중요하고 시급합니다. 물론 그렇다고 교회의 양적 확장을 완전히 무시하자는 것은 아닙니다. 다만 한국 교회 교단들이 다른 교단에게 질세라 양적 확장에만 정신을 팔고 있기 때문에 염려되어 교회와 교인의 질적 향상을 동시에 강조하는 것입니다.

셋째, 그렇다면 질적 향상의 실마리를 어디서 찾을 것인가를 깊이 생각해보아야 합니다. 여기서 우리는 먼저 눈을 안으로 돌려 상황 속의 예수, 역사 속에 들어오신 예수의 모습과 그 분의 뜻을 새롭게 깨달아야 하고, 밖으로 눈을 돌려 오늘 우리나라가 당면하고 있는 안타까운 현실에 새삼 주목해야 합니다.

역사 속에 오신 예수는 높은 곳에서 낮은 곳으로 내려오신 예수입니다. 사도 바울이 빌립보서 2장에서 참으로 적절하게 고백한 대로 예수는 하나님과 동등한 분이시지만 스스로 자기를 비워 종의 신분을 취해 인간 세속에 오셨습니다. 오셔서 당시의 로마 세력과 종교 세력에 의해 이중으로 차별받고 학대받고 억눌리고 갇히고 소외된 민중들을 온전케 하는 일에 힘과 정성을 쏟았습니다. 옥에 갇힌 세례 요한의 제자들이 예수께 와서 예수가 자기들이 고대하고 기다리는 메시아인지 물었을 때, 예수는 세례요한과 구약이 고대했던 메시아와 다른, 아주 감동적인 메시아

모습을 이렇게 증언했습니다. "맹인이 보며 못 걷는 사람이 걸으며 나병환자가 깨끗함을 받으며 못 듣는 자가 들으며 죽은 자가 살아나며 가난한 자에게 복음이 전파된다 하라"(마 11:5).

여기서 예수는 자신이 어떤 사람들을 위해 주로 일했는지 분명히 말하고 있습니다. 성경의 다른 곳에서도 분명히 볼 수 있듯이 예수는 가난한 자, 눌린 자, 갇힌 자, 시각장애인, 청각장애인, 언어장애인, 지체장애인, 각종 병자, 슬픈 자, 소외된 자, 핍박받는 자, 빚진 자, 천대받는 자, 차별받는 자와 같은 민중들과 함께 웃고 울면서 그들을 위해 사셨습니다.

그렇다면 한국의 크리스천과 교회도 일차적으로 이러한 민중과 더불어 공감하고, 그들을 위해 희생·봉사하며, 그들이 주인이 되는 교회를 엮어가는 예수따르미가 되어야 합니다. 민중이 교회 안에서 객체가 되어서는 안 됩니다. 교회의 자선 대상으로만 취급되어서도 안 됩니다. 민중이 교회라는 신앙 공동체의 주인이 되어야 합니다. 교회가 벌이는 신앙 잔치에 초대받은 손님이 아니라 잔치의 주인으로 나아가야 합니다. 그런데 오늘의 한국 교회의 모습은 어떤가요? 저 낮고 천한 자리에서 신음하는 인간들을 향해 나아가고 있습니까? 그런 것 같지 않습니다. 한국 교회와 교인들은 종교적 이기심을 가지고 영적으로만 아니라 세속적으로도 저 높은 곳을 향해 날마다 나아가려고 몸부림치고 있습니다.

그러나 거듭 강조하거니와 한국 교회와 교인들이 진실로 저 높은 곳에 이르려면 먼저 낮은 곳으로 내려가야 합니다. 빌립보서 2장의 증언대로 예수께서 저 낮은 곳으로 내려가 십자가에서 죽기까지 하였기 때문에, 하나님께서 그를 높이셔서 세상에 있는 모든 세력이 그 이름을 높이신 것 아닙니까!

이렇게 예수의 시선을 따라 교회와 교인들의 시선이 밑으로 향하게 되면 조국의 비극적 현실을 직시하지 않을 수 없습니다. 조국 통일과 평화의 문제, 사회정의의 문제, 자유의 문제, 인권의 문제를 놓고 이 민족과 민중이 나아가야 할 길에 대해 진지하게 관심을 기울여야 합니다. 조국 통일을 방해하는 진짜 요인이 무엇인지를 꿰뚫어보아야 하고, 물량적 성장의 그늘에서 위축되는 사회정의와 자유의 문제를 해결하기 위해 나서야 합니다.

평등의 구실 아래 유보당하고 제한당하는 자유의 문제나 경제적 자유의 구실 아래 훼손당하는 평등의 문제를 해결하는 일에 한국 교회와 교인은 앞장서야 합니다. 하나님께서 자유롭고 정의로운 역사와 구조를 만들어가시고, 예수께서 그렇게 행동하셨기 때문입니다. 우리는 하나님의 이런 역사에, 그리고 예수의 하나님 나라 운동에 참여해야 합니다. 이것이 곧 오늘의 선교입니다. 이렇게 해서 크리스천은 역사의 전위에 서서 이 시대의 역사를 이끌어가야 합니다.

이렇게 할 때 한국 교회 100주년이 의미가 있는 것입니다. 한국 교회 100주년이 한국 역사 4000년에서 차지하는 시간적 몫은 지극히 작으나, 그것이 갖는 바람직한 변화의 힘은 지극히 큰 것이 되어야 할 것입니다. 우리는 과거 역사의 거울에 비친 우리의 부끄러운 몰골을 직시하여 반성하고, 우리의 자랑스러운 모습을 오늘의 상황에서 되살려냄으로써 한국 역사 속에서 빛나는 한국 교회를 엮어가야 합니다. 그러면 세계도 우리 교회를 우러러보게 될 것입니다.

한국 교회여, 출애굽하라

출애굽은 과거와 현재의 질곡으로부터 해방되는
것을 뛰어넘어 새로운 사회, 즉 더 자유롭고
정의로운 세계로 향하는 진군을 뜻합니다.

사회정의와 자유의 문제는 기독교 전통에서 빼놓을 수 없는 신앙의 문제요, 선교의 문제이며, 사활이 걸린 문제입니다. 성서 속에 나타나는 기본 테마 중에서도 자유와 정의를 빼놓을 수 없습니다. 야훼 하나님께서는 이스라엘을 선민으로 택하여 인간 역사 속에 개입하신 순간부터 인간으로 하여금 인간답게 살 수 있게 하는 정의와 자유의 실현에 관심을 갖고 계셨습니다.

하나님께서는 인간을 당신의 형상으로 빚으시고, 그 속에 당신의 호흡을 직접 불어넣어 인간다운 존재로 만드셨습니다. 여기에서 하나님의 형상이나 하나님의 숨결은 모두 자유와 정의의 이상적 모형 및 그 행동과 직결되는 문제입니다. 아니, 하나님의 본질 자체가 정의요 자유라고 할 수 있습니다. 그러므로 인간이 그의 형상으로 지음을 받았다 함은 자유와 정의의 모형으로 창조되었다 함이요, 그의 숨결로 살고 있다 함은 자유와 정의를 이루어가는 가치 있는 삶을 산다는 뜻입니다. 인간은 처음부터 자유인으로, 정의를 실현할 자유인으로 지음을 받았습니다.

따라서 구체적인 역사 현실 속에서 인간 안에 심으신 존엄한 하나님의 형상이 깨어지고 고귀한 숨결이 중단될 때 하나님은 역사에 더욱 깊이 관여하십니다. 인간답게 살도록 지음 받은 인간이 인간답게 살 수 없게 되는 비극적인 역사적 현실을 하나님은 결코 무관심하게 방관하지 않으십니다. 정의와 자유를 질식시키는 어두운 역사와 비뚤어진 구조를 바로잡는 일에 하나님이 직접 관여하십니다. 이것이 이른바 하나님의 선교입니다.

성서는 결국 역사 속에서 일하시는 하나님의 선교 활동을 기록한 책입니다. 출애굽 사건을 통해서, 예언자들의 용기 있는 활동을 통해서, 예수 그리스도의 사건을 통해서 하나님은 역사 속에 들어오셔서 정의와 자유의 역사를 앞서서 엮어가고 계십니다. 그러므로 우리는 그의 역사 창조에 힘차게 참여해야 합니다. 부름 받은 예언자들이 그랬던 것처럼 그 부름에 용기 있게 '예'라고 응답하면서 나아가야 합니다.

출애굽에 나타난 하나님의 공의

하나님이 공의의 하나님이시라는 증거는 여러 곳에서 나타나지만, 가장 극적으로 나타난 사건은 바로 출애굽입니다. 선민 이스라엘이 애굽 바로의 압박 속에서 정치적으로 눌리고, 경제적으로 빼앗기고, 사회적으로 노예 취급을 당하게 되었습니다. 선민의 아픔은 바로 하나님 자신의 아픔이었습니다. 이 아픔은 한마디로 하나님 자신의 형상이 깨어지는 아픔이요, 그의 숨결이 막히는 답답함이었습니다. 하나님은 선민의 아픔 속에서 하나님 자신의 아픔을 경험했습니다. 야훼 하나님은 선민의 신음 소리에서 자유와 정의의 절규를 들으셨습니다. 그래서 하나님은 모세를 앞세워 이스라엘을 부자유와 불의로부터 해방시키셨습니다 (출 3:7-10).

출애굽은 단순히 과거와 현재의 질곡으로부터 해방되는 것만을 뜻하지 않습니다. 이것은 한 걸음 더 나아가 새로운 사회, 즉 더 자유롭고 더 정의로운 세계로 향하는 진군을 뜻합니다. 출애굽은 바로의 압제에서 벗어나 젖과 꿀이 흐르는 가나안으로 가는 역사적 행군입니다. 그러므로 새로운 사회에 대한 비전 없는 출애굽은 무의미합니다. 자유와 정의, 평화와 인권에 대한 단호한 결의와 그것들이 이루어지는 사회에 대한 불같은 정열 없이 하나님의 역사는 이루어지기 어렵습니다. 그러기에 해방은 반드시 꿈을 동반해야 합니다.

출애굽은 이스라엘 역사에 국한된 과거 사건이 아닙니다. 인간 역사에서 일회적으로 일어난 극적 사건이 아닙니다. 출애굽은 어느 나라, 어느 때나 그곳과 그때에 '바로'와 같은 부당한 강자가 있어서 하나님의 백성인 민중을 억압하고 수탈하고 차별할 때는 항상 일어나게 되는 사건입니다. 출애굽은 '바로'의 지배 체제가 있는 곳에서는 어디서나 하나님의 명령으로 받아들여져야 합니다. 그러므로 출애굽은 오늘 우리의 현실에서도 계속 진행되어야 할 해방의 과정입니다. 일회적 사건으로 끝나는 것이 아니라 계속 흐르는 과정이요 진행입니다. 그 진행을 인도하는 이가 바로 하나님이시기에 우리는 이 진행을 외면하거나 두려워할 필요가 없습니다.

일단 애굽에서 탈출한 선민 이스라엘은 가나안을 향해 고된 출발을 시작했습니다. 그런데 가나안에 가는 도중 동족들 속에서 '바로' 같은 지배 집단이 나오면 어떻게 될까요? 이러한 때를 대비하여 하나님께서는 이스라엘에게 안식년과 희년을 선포하시고, 그것을 실천하라고 촉구하셨습니다. 희년은 한마디로 해방과 구원의 해요, 하나님이 기뻐 받으시는 해입니다. 그것은 주의 은혜의 해입니다. 이때가 오면 가진 자와 부리는 자와 교만한 자는 자기반성을 해야 합니다.

안식년과 희년에는 이스라엘을 바로로부터 해방시킨 야훼 하나님의 뜻을 기리고, 자유와 정의의 뜻 아래서 현재 자신의 잘못된 모습을 반성하라는 뜻이 담겨 있습니다. 그래서 그때가 되면 동족을 노예로 부린 자는 그를 해방시키고, 고리대금을 한 부자는 빚진 자의 빚을 탕감해주었습니다. 빼앗긴 재산은 본인에게 되돌아가고, 이때가 되면 땅도 쉬게 됩니다. 희년은 출애굽에 나타난 하나님의 뜻뿐 아니라 하나님의 창조 질서의 뜻도 존중하는 것입니다. 인간은 자유롭고 평등하게 지음을 받았기에, 빚을 지고 있고 가난하다고 해서 얽매여서는 안 되고 불평등하게 살아서도 안 됩니다. 가난 때문에 자기 몸을 노예로 팔았다고 해서 영원히 노예 상태로 묶여 있어도 안 됩니다. 그것은 하나님의 뜻에 어긋나기 때문입니다.

이스라엘은 그 후 남북으로 갈라지고 앗수르와 바벨론의 침략을 받아 포로 생활까지 하게 됩니다. 이때에도 하나님은 당신의 메신저인 예언자들을 보내 당신의 뜻을 새롭게 깨닫게 하셨습니다. 선민들이, 특히 지배자들이 우상숭배에 탐닉할 때 예언자들은 결연히 일어나 왕에게 직언을 했습니다. 우상숭배는 인간을 우상이라는 피조물의 노예로 전락시키는 것이기에 단호하게 거부해야 한다고 외친 것입니다. 야훼 하나님 이외의 다른 것을 절대화하면 인간은 그것의 노예가 되고 맙니다. 이것은 제1계명을 위반하는 행위입니다.

예언자들은 또 이스라엘 중에 가진 자와 부리는 자들이 민중을 지나치게 수탈하여 빚진 자를 노예로 삼는 폐습이 생길 때마다 부리는 자와 가진 자를 신랄하게 비판했습니다. 이것은 제2계명을 어기는 일입니다. 이러한 예언자의 행동은 한마디로 사회정의를 외친 것입니다. 지배 집단의 부정과 불륜을 호되게 꾸짖고, 그들에게 회개를 촉구한 예언자들의 음성에서 우리는 하나님의 숨결을 느낍니다. 그리고 자유와 정의를 향한 그분의 뜨거운 숨결을 느낍니다.

이 같은 예언자의 전통에 확고히 서서 희년의 기쁜 소식을 전하기 위해 기름부음을 받은 자로 나타난 사건이 곧 그리스도 예수의 사건입니다. 예수께서는 가난한 자에게 기쁜 소식을 전하고, 포로된 자에게 자유를 주고, 눈먼 자를 다시 보게 하고, 억눌린 자를 자유롭게 하는 해방을 선포하고 이것을 이루려고 세상에 오셨습니다(눅 4:18~19). 예수께서는 곧 희년의 선포자요 실천자로 오셨습니다. 그는 또다시 어두운 역사와 비뚤어진 구조로부터 인간을 '출애굽'시키고, 자유와 정의가 꽃피는 하나님 나라로 인간을 이끄십니다. 당시 로마제국이나 팔레스타인 지배 체제와는 아주 다른 하나님 나라, 곧 사랑 나라, 자유 나라, 그리고 정의의 나라를 실현시키려고 이 땅에 오신 것입니다.

이렇게 볼 때 하나님의 창조부터 예수 사건에 이르기까지 분명하게 드러나는 진리가 있습니다. 그것은 곧 하나님을 믿는 신앙은 본질적으로 사회정의와 자유에 대한 확신이라는 진리입니다. 그러니 기독교는 처음부터 사회정의와 자유의 구현을 떠나 따로 존재하는 종교가 아닙니다. 기독교는 역사적 종교요 사회적 종교입니다. 탈역사, 탈사회적인 종교들과 기독교가 다른 점이 있다면, 그것은 야훼 하나님이 역사 속에서, 그리고 세상 속에서 과거에 그래왔듯이 오늘도, 그리고 내일도 정의와 자유의 실현을 위해 끊임없이 일하고 계신다는 사실입니다.

사회 문제에 둔감해진 이유

그러면 왜 한국 교회는 이렇게 사회 문제에 둔감한 것일까요? 아니 사회정의니, 자유니, 인권이니 하는 문제에 대해 왜 그토록 소극적이고 부정적인 반응을 보이는 것일까요? 이 질문을 파고들다 보면 어찌하여 한국 교회는 기독교 본래의 전통에서 벗어나고 있는가 하는 문제에 가 닿게 됩니다. 즉 한국 교회가 어쩌다가 반신적反神的, 반출애굽적, 그리고 반예수적 교회가 되어버렸는가 하는 문제가 되고 맙니다.

한국에 기독교가 들어왔던 때는 우리 민족과 민중이 제국주의적 외세에 시달리고 있었으며, 부패한 내세에 의해 억압되고 착취당하고 있던 때였습니다. 물론 그 전에도 민중은 내외세內外勢에 의해 부당하게 상처받기는 하였지만, 19세기 말부터 상황이 더 악화되어 안으로는 썩어 빠진 지배 집단에 의해, 밖으로는 식민주의자들에 의해 본격적으로 억압당하고 수탈당하게 되었습니다. 이러한 비참한 역사적 상황에서 기독교는 주로 고난 받는 민중 속에 번져갔습니다. 그 고난이 컸기에 아픔을 제거하는 일이 시급하였던 것입니다.

민중의 아픔을 덜어주는 방법은 대체로 두 가지입니다. 하나는 고통을 주는 원천을 제거하는 일이요, 또 하나는 고통을 느끼는 현장에서 도피하거나 고통을 잊어버리게 하는 일입니다. 고통의 원천을 제거하는 일은 사회구조를 바꾸는 일이요, 그것으로부터 용기 있게 '출애굽'하는 일입니다. 이것은 조직된 사회운동을 통해 이 땅에 새로운 정의와 민주의 체제를 형성하는 일이었습니다. 즉 봉건적 기존 질서에서 해방되면서 동시에 제국주의 외세로부터 해방되는 것을 뜻합니다. 무엇보다 자주적인 민주 체제를 세워나가는 것을 뜻합니다.

물론 기독교인 중에 이러한 생각을 품은 사람들도 있었겠지요. 하지만 대부분의 신자들은 이 수준까지 이르지 못한 것 같습니다. 이렇게 하는 것이 십자가를 지고 예수를 따르는 의미인데, 불행히도 한국 교회는 '새 예루살렘'의 비전을 가지고 골고다로 가는 길을 택하지 못한 것 같습니다. 그래도 기미년 독립만세 때까지는 그렇게 심하지 않았는데, 1920년

이후부터는 새 역사를 바라보고 현재의 어두운 역사를 고쳐보려는 출애굽적 의지를 헌신짝처럼 버린 것 같습니다.

　신비주의와 타계주의 신앙에 빠지기 시작하면서 한국 교회는 세계와 역사를 '장망성將亡城'으로 보았습니다. 역사 속에서 아파하는 민중의 아픔을 변화산상의 황홀함 속에서 달래보려 했습니다. 결국 한국 교회는 베드로가 변화산 위에 지으려 했던 장막과 같은 꼴이 되고 말았습니다. 예수는 산 밑으로 내려갔는데, 한국 교인은 골고다가 무섭다고 산 위로만 자꾸 올라가려 했습니다. 후일 사설 제단이나 사이비 신흥종교는 이러한 분위기에서 자연스럽게 흘러나온 것인지도 모릅니다. 현실이 어둡고 괴로울수록 신비주의 신앙은 더욱 강화되기 마련이니까요.

　한편 1920년대 이후 한국 교회는 율법주의 풍조가 강화되었습니다. 이른바 근본주의 신앙이 바로 그것입니다. 이것은 교리적 순수성을 지키려는 자기 방어에서 나왔습니다. 교리적 순수성을 지키려는 마음은 따지고 보면, 세상과 역사는 더러우니까 여기에 오염되어서는 안 된다는 불안에서 나오기 쉽습니다. 이러한 불안은 역사와 세속을 경멸과 기피의 대상이요, 박멸해야 할 대상으로 보는 믿음과 긴밀하게 연관되어 있습니다. 세속은 신앙을 더럽힌다고 믿기에 세속을 경원시하고 기피합니다. 그러나 율법주의는 신비주의와 달라서 이른바 순수 신앙의 힘이 커지면 그 힘을 가지고 십자군을 만들어 '세속'을 부숴야 한다고 주장합니다.

　그런데 여기서 말하는 세속이란 애굽의 바로가 아니라, 구약 시대 예언자들이 규탄했던 구조적인 부정과 불의와 부자유가 아니라, 교리에

위배되는 개인적 행위를 말합니다. 그래서 율법주의자와 근본주의자는 자기들의 십자군병의 자격을 율법적으로 까다롭게 규정합니다. 그런데 까다롭게 규정하는 대상이 주로 외부적 행위에 국한되어 있습니다. 겉으로 경건하고 완전한 생활, 예컨대 주초를 멀리 하는 것 따위의 차원에서 생각합니다. 그러니 율법주의자와 근본주의자도 사회정의나 자유와 같은 역사적이고 구조적인 문제에는 관심이 없습니다. 주로 완전한 윤리 생활과 교리에 맞는 생활을 실천하라고 강조할 뿐입니다.

이렇게 보면 신비주의와 율법주의가 상승 작용을 하여 한국 교회가 역사적이고 사회적인 문제를 외면하도록 잘못된 풍조를 조성한 셈입니다. 그뿐 아니라 세속적 문제에 관심을 갖는 것 자체가 순수 신앙을 더럽힌다고 가르쳤습니다. 게다가 순수 신앙을 더 높이기 위해 이른바 성령의 역사를 강조합니다. 그리고 이 성령을 값싼 은사를 주는 분으로 이해합니다. 신자들의 기복적 욕구를 만족시키는 일에 성령의 은사를 동원합니다. 그래야만 신자 수가 늘기 때문입니다. 마치 싸구려 대중문화가 민중을 저질적 대중으로 전락시키듯 값싼 성령의 은사가 한국 크리스천을 종교적 대중으로 전락시키고 있습니다.

한국 사회의 비극적 현실

현실이 문제될 때에는 항상 그 현실의 비극적 측면이 강조되기 마련입니다. 현실은 간난艱難과 억제와 구속을 의미합니다. 한국의 현실이 문제가 될 때에도 예외는 아닙니다. 우리의 정당한 욕구와 바람을 꺾어 버리는 부당한 벽이 우리의 상황 속에 강압적으로 버티고 있다는 것을 의미합니다. 동시에 갖가지 모순과 단절에서 오는 괴로움과 외로움의 아픔이 현실을 문제 삼는 심정 속에 흐르고 있습니다.

이 시점에서 한국 교회는 우리 사회가 직면한 역사적이고 사회적인 문제에 관심을 갖고 적극적으로 참여해야 합니다. 그러려면 무엇보다 먼저 우리 사회가 직면하고 있는 문제가 무엇인지 분명히 알아야 할 것입니다. 오늘 우리의 상황에서 이 같은 비극적 현실이 던져주는 문제는 무엇인가요? 그리고 이러한 문제가 필연적으로 요청하는 기본 자세는 무엇인가요? 특히 한국의 현실이 부각시키는 문제를 해결하기 위해 한국 기독교가 취해야 할 자세는 무엇인지 모색해보는 것은 오늘의 시점에서 아주 보람 있는 일입니다.

그러나 문제로 의식될 수 있는 한국 현실은 그 폭에 있어서 넓고 다양하기 때문에 이것을 소상하게 부각시키는 것은 절대로 쉬운 작업이 아닙니다. 그래서 저는 몇 가지 비극적 현실에 초점을 두고 이것을 노출시켜 보려고 합니다.

경제 성장과 민주화의 관계

먼저 정치·경제 영역에서 문제되는 현실을 살펴봅시다. 여기에서는 경제 성장과 민주화의 관계가 현실의 긴급한 핵심 문제로 떠오릅니다.

고도성장과 안정된 민주 체제 확립의 관계를 한마디로 단정 짓기는 어렵습니다. 일반적으로 사람들은 공업화가 안정된 민주화의 전제 조건이 된다고 생각합니다. 사회과학자들이나 정책결정자들 대부분이 이렇게 믿고 있습니다. 한 나라의 공업화 수준은 안정된 민주 체제와 정비례한다는 주장이 바로 그것입니다.

이들은 선진 자유주의 사회에서는 고도의 산업화가 이미 이루어졌으나, 이른바 제3세계에 속한 개발도상국에서는 공업화가 낮은 수준에 머물러 있다는 사실에 주목합니다. 시모어 마틴 립셋 Seymour Martin Lipset 같은 정치사회학자는 공업화의 수준과 안정된 민주화 수준 간에는 높은 상관관계가 있다고 봅니다.

이 같은 주장은 개발도상국 정책결정자들에게 좋은 암시와 구실을 주고 있습니다. 즉 그들의 통치를 합리화시키는 구실이 되는 것입니다. 민주주의를 더 안정시키려면 무엇보다 고도성장 제일주의를 채택할 수밖에 없다고 역설함으로써 현실에서 문제가 되는 비민주적 정치상황을 단순히 과도기적 현상으로 가볍게 취급해버리게 합니다. 현재의 비민주적 정치 형편에 대해서 정당하게, 그리고 날카롭게 비판하는 세력들을 잠잠하게 하는 데 좋은 구실이 되는 것입니다.

그렇다면 공업화가 자동적으로 민주화를 가져오는 것일까요? 우리는 공업화를 통한 GNP 상승이 민주화를 가져다줄 것이라는 희망 속에서 지난 10여 년을 살아왔습니다. 그러나 민주화는 오히려 공업화를 통한 고도 경제 성장의 대하에 떠밀려 힘없이 표류하고 있습니다. 국민 1인당 소득이 올라갈수록 국민 1인당 자유량自由量이 증가한다는 거짓 희망 속에서 살아왔습니다. 그러나 현실은 그렇지 못하다는 깨달음이 서서히 번지고 있습니다. 자유당 때와 오늘을 비교해봅시다. 오늘의 유신체제에서 국민 1인당 소득은 자유당 시기에 비하면 10배 이상이 됩니다. 그렇다고 현재 국민들이 누리는 자유량이 그 당시보다 10배 이상 증가했을까요?

국외의 현실로 눈을 돌리더라도 공업화와 민주화가 반드시 일치하지 않는다는 것을 단번에 알 수 있습니다. 공산주의 진영의 종주국이었던 소련은 막강한 공업화 사회로 변모했었습니다. 그렇다고 소련 국민들이 공업화에 상응하는 자유량을 향유했었나요?

산업화와 민주화의 관계는 그 수준에 있어서 양자가 정비례한다고 보기 어렵습니다. 오히려 산업화의 속도와 민주화의 역관계에 주목하는 것이 더 설득력 있는 관찰인지도 모릅니다. 즉 공업화가 급속히 진전되는 사회에서는 안정된 민주화가 쉽게 이루어지지 않습니다. 이른바 체제의 효용성과 정당성 간의 마찰이 생기게 됩니다. 급속한 경제 성장은 분명히 정치의 효과성을 증대시켰습니다.

옛날보다 물량적인 경제 형편은 대단히 좋아졌습니다. 고층 건물은 날로 높아가고, 고속도로는 우리의 생활 기동력을 더욱 민첩하게 해주었습니다. 문명의 이기는 날로 번지고 있습니다. 그런데 이 같은 업적이 쌓일수록 우리의 정치적·사회적·심리적 만족도 증가하고 있습니까? 경제 성장을 통한 정치의 효과성이 민주화를 통한 정치의 정당성을 높여준다면 이 같은 만족은 증가할 수 있습니다. 그러나 우리의 현실에서는 효과성과 정당성이 각기 다른 구심점을 중심으로 마찰을 일으키며 거칠게 선회하고 있습니다.

권위적 정부, 민주적 국민

오늘 우리 상황의 특징을 불안정한 민주 체제라고 한다면, 저는 이 현실의 특징을 이해하기 위해 경제 발전과 민주화를 연결시키는 데 그치지 않고, 정부와 민간의 가치관 사이에 일어나는 불일치 현상에 주목하고자 합니다. 먼저 정책 결정 집단과 그 집행의 주체인 정부가 민간, 특히 시민 집단과 동일한 가치관을 갖게 되면, 그 사회는 일단 안정된 사회라고 볼 수 있습니다. 편의상 이 가치관을 민주적 가치관과 비민주적 가치관(또는 권위주의적 가치관)으로 이분해봅시다. 그러면 다음의 네 가지 경우를 생각할 수 있습니다.

첫째, 정부와 민간이 다 같이 민주적 가치관을 갖는 경우입니다. 여기서는 안정된 민주주의가 활짝 꽃필 수 있습니다. 오늘의 구미 국가에서 이러한 사례를 찾을 수 있습니다. 북유럽의 몇 나라, 영미 양국에서 이러한 유형의 근사치를 찾을 수 있습니다.

둘째, 양자 모두 권위주의적 가치관을 갖는 경우를 생각할 수 있습니다. 스탈린 치하의 소련, 히틀러 치하의 독일이 이러한 유형에 가까웠습니다. 정부의 권위주의적 정책 결정 과정과 집행 과정을 국민이 기꺼이 받아들였기 때문에 안정된 권위주의 체제가 지속될 수 있었던 것입니다.

셋째, 정부는 민주적으로 생각하고 행동하는데 일반 민중은 권위주의 의식과 행동에서 벗어나지 못하는 경우가 있을 수 있습니다. 역사적으로 보면 독일의 바이마르 시대가 여기에 해당합니다. 주지하는 대로 독일의 바이마르 헌법은 가장 이상적인 민주 헌법이었습니다. 이러한 민주적 제도와 장치를 가지고 민주적으로 정치와 행정을 했으나 바이마르

공화국이 역사적으로 불행했던 것은 독일 국민의 의식과 행동 수준이 정부보다 더 권위주의적이었기 때문이었습니다. 물론 이러한 격차와 불일치만으로 바이마르 시대의 비극을 모두 설명할 수는 없습니다. 요점은 정부와 민간이 각기 다른 가치관을 가질 때 불안정한 민주 체제가 생겨난다는 점입니다.

넷째, 정부는 권위주의에 사로잡혀 있는데 민중이 민주적 가치관을 갖게 되는 경우입니다. 자유 진영에 속하는 개발도상국 일반에서 이 같은 예를 발견할 수 있습니다. 특히 2차 세계대전 이후 구미의 민주적 가치관이 초등학교부터 주입되어 왔고, 그러한 상황에서 수십 년을 이어온 사회에서 국민들은 상당한 수준의 민주적 정치의식을 가질 수 있게 되었습니다. 비록 기성세대는 문화적으로나 사회적으로 여전히 전통 의식과 행동을 많이 지니고 있고, 또 다분히 권위주의적 경향을 안고 있다 하더라도, 자라나는 신세대는 점점 더 민주적 의식과 행동을 수용하고 있습니다. 이러한 상황에서 정책 결정 및 집행을 담당하는 정부가 권위주의 의식과 행동에 사로잡혀 있다면 민주 체제는 불안정해질 가능성이 큽니다.

이상의 네 가지 유형이 어떤 사회에서는 한꺼번에 다 나타나기도 합니다. 네 가지 중 어느 하나에 완벽하게 해당되는 경우는 드뭅니다. 다만 근사치가 있을 뿐입니다. 어쨌든 한국의 현실은 네 번째에 가깝다고 할 수 있습니다. 오늘 우리 현실을 불안정한 민주 체제로 본다면 이것이 네 번째 유형에 속하기 때문임을 짐작할 수 있습니다.

북한 문제를 바라보는 시각 차이

한편 우리 사회가 직면한 현실의 비극을 이해하려면 북한의 위협을 주목하지 않을 수 없습니다. 북으로부터 받는 위협을 전혀 인정하지 않는 것은 우리의 역사적 경험으로 보아 온당치 않습니다. 물론 이 위협이 물리적인 것이냐 심리적인 것이냐, 또는 즉각적이고 눈앞에 닥친 것이냐 장기적인 것이냐에 대해서는 이견이 있을 수 있습니다.

저는 북한이 주는 위협의 성격을 바라보는 이견이 우리 현실의 비극이라고 보기보다는 이 위협을 극복하는 방식에 대한 이견이 우리의 현실을 슬프게 하는 것이라고 봅니다. 여기에는 대체로 세 가지 극복 방식이 있는데, 이 극복 방식이 서로 마찰하고 있기 때문에 우리의 현실이 문제가 되는 것입니다.

첫째, 대내민주체제對內民主體制를 자유화 중심으로 다져가는 것이 곧 북한의 위협을 막는 궁극적인 방식이라고 주장하는 입장이 있습니다. 이들은 민주화는 자유화라는 등식을 존중합니다. 북에 자유의 바람을 불어넣기 위해서라도 남에서는 자유가 넘쳐흘러야 한다는 것입니다.

둘째, 대내민주주의對內民主主義를 자유화와 더불어 평등화 중심으로 구축해야 한다는 입장입니다. 자유량 증대의 중요성을 인정하는 전제하에서민 대중의 기본 생존권을 보장하는 길이 북한의 위협을 궁극적으로 방지할 수 있다는 입장입니다. 이른바 사회정의의 제도화를 강조하는 것입니다. 이 입장에는 공산주의의 선전에 구조적으로 취약한 요소를 제도적으로 제거함으로써 공산주의의 침투를 근원적으로 막을 수 있다는 발상이 깔려 있습니다.

예컨대 노조의 정상화 및 활성화를 통해 공산주의를 막고, 서민 노동자의 권익을 보호함으로써 폭력적 공산 혁명의 요소를 제거하자는 것입니다. 즉 공산주의가 이데올로기적으로 독점해온 평등과 사회정의의 가치를 우리가 더 알차게 구현하는 것입니다. 그렇게 하기 위해서 노동자, 농민의 기본 생존권을 민주적으로 확보하고, 온갖 사회보장제도를 꽃피워야 합니다.

셋째, 비록 정치적·경제적 불평등이 다소 심해진다 하더라도 경제 성장을 통한 국력 배양만이 북한의 위협을 막는 최상의 방책이라는 견해입니다. 이른바 유신체제 같은 총화체제總和體制의 확립이 바로 그것입니다.

우리의 현실이 안타까운 것은 이상의 세 가지 극복 방식이 서로 마찰하고 있기 때문입니다. 예컨대 자유화를 주장하는 사람은 총화체제를 부르짖는 사람과 마찰하고, 평등을 강조하는 사람은 국력 배양을 외치는 집단과 마찰합니다. 서로 자기 입장만 정통이라고 믿기 때문입니다.

그러나 저는 이 세 가지 방식이 서로 모순되지 않는다고 믿습니다. 이것들은 전후관계로 보아야 하며 상용相容의 관계로 보아야 합니다. 북으로부터의 위협을 이겨내기 위해 우리가 뭉쳐야 한다는 데 이견을 내세울 사람은 없을 것입니다. 그런데 이 같은 통합을 이루기 위해서는 먼저 해결해야 할 문제가 있습니다.

우선 국민과 정부가 다 같이 인간의 존엄성에 대한 확고한 신념을 가져야 합니다. 이것은 제도 이전의 가치관 문제입니다. 인권을 존중하는 정신 풍토가 마련되고, 이 속에서 자유와 평등을 동시에 신장할 수 있는 제도적 장치를 마련해야 합니다. 제도화의 문제가 시급합니다. 자유의 신장을 위한 제도화는 예컨대 의회민주주의, 양당 제도에 입각한 평화적 정권 교체, 삼권 분립 등이 철저히 제도화되고 실현되어야 합니다. 평등의 신장을 위해서는 노조의 자율성, 복지 정책의 실현 등이 제도적으로 원활하게 작동해야 합니다. 자유와 평등이 동시에 제도화될 때 비로소 인권 신장이 구체화될 가능성도 늘어나게 됩니다. 이렇게 되면 사회 안정과 통합은 근본적으로 밑으로부터 이루어집니다. 즉 자유화, 평등화, 인권화 이 세 가지가 삼위일체로 제도화되면 북으로부터의 위협을 근원적으로 막을 수 있는 민주적 통합 구조를 형성할 수 있는 것입니다.

우리의 비극은 이 문제가 풀리지 않고 있다는 데 있습니다. 자유, 평등, 인권, 통합을 한 줄로 이을 수 있어야 하는데, 그렇지 못한 것이 현실의 안타까움입니다.

요령과 편법이 난무하는 사회 풍토

다음으로 우리의 현실을 사회문화의 입장에서 간단히 살펴봅시다. 급속한 산업화가 우리의 경제적 삶을 전에 비해 상당히 풍족하게 해준 것은 사실입니다. 그런데 지나치게 빠른 속도로 이룩한 공업화는 급속한 사회 변동을 불러왔습니다. 특히 공업화가 분명한 공업화 윤리나 산업화의 철학에 기초해서 추진되었다고 보기 어렵기 때문에, 여기서 나오는 많은 부작용과 역기능이 오늘날 우리의 사회문화적 현실을 어둡게 하고 있습니다.

급속한 사회 변화는 문화의 이중구조화二重構造化 내지 와해를 더욱 촉진시켰습니다. 전통 문화는 더욱 빨리 약화되고, 새롭게 유입되는 외래 문화는 취사선택의 메커니즘을 거치지 않은 채 흘러 들어와 우리의 문화 상황을 더욱 어지럽히고 있습니다. 더욱이 외래문화 중에 고급문화보다 저급문화가 더 많이 들어온 것 같습니다. 구미 문화의 장점이나 정수보다 단점이나 표피적인 요소가 더 범람하고 있습니다.

여기서 문화는 이중구조 내지 혼재의 양상을 드러냅니다. 이러한 문화 상황 속에서 각 개인은 방향 감각을 잃고 방황할 가능성이 커집니다. 자연히 생활은 장기적이고 합리적인 설계에 바탕을 두지 못하여 현재 생활이 불안합니다. 찰나주의의 생활 태도 속에서 불안하게 하루하루를 살아갑니다. 따라서 구체적인 상황 속에서 명쾌한 윤리적 결단을 내리지 못합니다. 문화나 가치관이 혼재하고 있으니 윤리적 판단도 이중화되고 혼재할 수밖에 없습니다. 일종의 아노미적anomic 상황이 벌어지게 되지요.

욕구의 상승을 합법적이고 정당한 절차를 통해 조절 내지 충족시키기 어려운 우리의 여건은 이러한 아노미적 상황을 더욱 어렵게 하고 있습니다. 해방 후에 서구화, 민주화, 도시화, 산업화 등의 구조적 변화는 한국 국민의 욕구 수준을 끌어올렸습니다. 이른바 수직적 계층 이동의 욕구가 크게 높아지고 넓게 번지게 되었습니다. 출세욕은 깊어가고 넓어가기만 하는 것 같습니다.

그런데 이 같은 욕구를 정당한 방법으로 충족시키기에는 우리의 자연적·사회적 자원이 왜소합니다. 그렇기 때문에 부당한 방법을 통해서라도 신속하게 그 욕구를 만족시키려는 풍조가 번져가게 되었습니다. 편법주의와 요령주의 사고방식과 행동 양식이 바로 그런 풍조입니다. 각종 개인적 일탈, 구조적 부조리가 이러한 문화 풍토에서 번창하는 것 같습니다.

개인의 범죄와 제도화된 듯한 부정부패가 우리의 현실을 어둡게 하고 있습니다. 목표를 정당하게 착실히 달성하려는 사람의 수가 자연히 줄어들 수밖에 없습니다. 정당하게 목표를 달성하면 늦어지니까 신속한 실적을 올리려는 영악한 편법주의자들에게 밀려날 가능성이 큽니다. 착한 사람이 바보로 취급되기 쉽습니다. 그러니 순서를 지켜 경쟁하려는 사람은 지극히 순진한 이상주의자로 낙인찍히게 됩니다. 경쟁 윤리마저 파괴된 터에 이 같은 편법주의는 우리 사회의 질서와 안정을 근본적으로 흔들어놓게 됩니다.

정부와 같은 공공 분야에서 그렇게 협동과 공존의식을 강조함에도, 치열한 경쟁의식을 강조하면서 편법으로라도 이기려는 사람이 많은 것이 우리 사회의 현실입니다. 부당한 경쟁 방식은 있되 선의의 협동은 없다고 하면 지나칠까요? 더욱이 순서를 지키지 않고 성급한 목표 달성에만 혈안이 된 사람 중에는 이른바 모범이 되어야 할 국가 엘리트층이 상당히 많은 것 같습니다. 정치인, 관료, 기업인 등 강자 계층에 요령주의와 편법주의와 승리주의가 강하게 남아 있다면, 우리의 사회 현실은 더욱 비극적으로 흘러갈 것입니다.

참 성령은 부당하게 깨어진 하나님의 형상을 바로잡아주고, 부당하게 질식되고 있는 하나님의 호흡을 터주고, 억울하게 못 보고 못 듣고 말 못하는 사람들로 하여금 진리를 보고 들어 증거하게 하는 힘입니다. 그런데 하나님의 형상과 숨결을 깨거나 막는 힘이 구조적이고 역사적인 힘이기 때문에 이 악마적 힘과 싸운다는 것은 대단히 어렵고 무서운 일입니다. 골고다로 십자가를 지고 가는 것과 같은 어려운 일이지요.

그러므로 이 어려운 일을 감당할 수 있게 해주는 특별한 힘이 필요합니다. 그것이 바로 참 성령의 힘입니다. 그 힘은 정의와 자유를 실현하는 것이기에 거룩한 영입니다. 인간답게 살게 해주는 힘이기에 거룩한 영입니다. 이 땅에 하나님의 뜻인 자유와 정의가 실현되는 일을 위해 한국 크리스천은 그 어려운 골고다 언덕으로 올라가는 용기를 가져야 합니다. 이 용기는 오직 성령을 통해서만 오는 것입니다.

이제 한국 교회는 야훼 하나님의 창조 정신으로, 출애굽의 정신으로, 예언자들의 정신으로, 예수의 마음과 행동으로 돌아가야 합니다. 그렇지 않으면 한국 교회는 아무도 깨닫지 못하는 사이에 바알과 바로를 섬기게 될 것입니다.

공 감 하 는   예 언 자

오늘날 회중들에게 기쁜 소식이 무엇인지
면밀하고 정확하게 이해하지 않고는
그들에게 케리그마를 전해줄 수가 없습니다.

—

—

—

　설교는 교회 존립과 지속에 있어서 가장 중요한 요소입니다. 설교를 통해 우리는 우리 믿음의 주체이신 예수를 만날 수 있습니다. 그런데 지금 이 시점에서 한국 교회의 설교가 과연 이대로 좋은지 자문해보지 않을 수 없습니다.

　한국 교회 목회자들과 설교자들이 오늘의 시대 상황에서 더 넓고 깊게 하나님의 복음을 전달하기 위해서는 반드시 생각해보아야 할 문제들이 있습니다. 저는 여기에서 그 중 몇 가지를 정리해보려고 합니다.

　첫째, 설교를 케리그마의 전달로 볼 때 전달 과정에서 설교자 개인과 상황적 요인이 개입되는 문제를 어떻게 볼 것인지에 대해 생각하지 않을 수 없습니다. 우선 우리가 비교적 확실히 얘기할 수 있는 것은 설교자가 개인적·상황적 요인을 초월할 수 없다는 사실입니다.

그렇다면 어떤 경우에 이러한 요인을 최소한도로 줄여야 할까요? 먼저 설교자 개인이 가진 여러 복잡한 요인들은 될 수 있는 대로 케리그마 전달 과정에서 배제해야 합니다. 만일 이런 요인들이 제거되지 않으면 강단은 설교자 개인의 욕구 불만을 쏟아놓는 사유물이 될 것이고, 회중은 케리그마가 아닌 한 개인의 넋두리를 들어야 하는 슬픈 상황이 연출될 것입니다. 설교는 가능한 한 탈개인적이어야 합니다.

그러면 상황의 요인은 어떻게 해야 하겠습니까? 이 문제는 텍스트(성경)와 콘텍스트(맥락)의 관계에 관한 문제입니다. 맥락을 떠나서는 성경을 정확히 이해할 수 없고, 성경을 떠나서 맥락을 해석하는 것은 기독교적이라 할 수 없습니다. 따라서 설교는 성경에 담긴 케리그마를 회중과 설교자가 처한 상황이라는 맥락 속에서 전달하여야 합니다. 이 경우에 상황이란 도대체 무엇을 말하는 것일까요? 이것은 구체적인 역사적 상황 속에서, 이 상황 때문에 부당하게 소외된 이웃에게 기쁜 소식을 전해야 한다는 당위성을 뜻합니다. 마치 예수께서 당시의 역사적 상황에서 부당하게 버림받은 인간들인 암 하아레츠, 병자, 죄인들에게 산상 설교를 하신 것처럼, 오늘날의 설교자들도 일차적으로 이들을 향해 기쁜 소식을 전해야 합니다. 이러한 뜻에서 상황적 요소가 개입하는 것은 오히려 환영해야 할 일입니다.

둘째, 케리그마를 기쁜 소식, 또는 듣는 이들의 소원을 성취시켜 줄 수 있는 복된 말씀으로 볼 때 깊이 생각해야 할 문제가 몇 가지 생깁니다. 무엇보다 먼저 케리그마 자체보다 이것이 어떻게 케리그마가 되는가 하는 문제, 즉 어떻게 듣는 사람들이 이것을 케리그마로 받아들이느냐 하는 문제에 관심을 가지는 것이 더 중요할지 모릅니다. 이것은 곧 설교와 설교자에 대한 회중의 인식과 회중의 상황 규정 definition of the situation 의 문제가 됩니다.

예수의 처참한 죽음으로 절망과 공포 속에서 전율했던 예수따르미들이 예수 부활을 통해 새로운 존재로 달라집니다. 예수의 고난과 죽음의 깊은 의미를 깨닫고, 그것이 이미 구약에서 예언된 기쁜 소식임을 알게 됩니다. 예수가 우리의 주님이 되신다는 뜻을 새롭게 이해하게 되고, 새로운 기쁨의 감동을 갖게 됩니다. 이것이 초대교회의 케리그마였습니다.

오늘날 회중들에게 기쁜 소식이 무엇인지 면밀하고 정확하게 이해하지 않고는 그들에게 케리그마를 전해줄 수가 없습니다. 설교자 자신이 주관적으로 생각하는 기쁜 소식이 반드시 청중들에게도 기쁜 소식이 되리라는 보장은 없습니다. 따라서 설교자는 목회자로서 양떼들의 태도와 상황 판단에 민감해야 하고, 그들과 깊이 공감해야 합니다. 깊은 공감 없이는 케리그마가 형성될 수 없습니다. 따라서 회중들과 깊은 공감을 나누기 위해 먼저 설교자는 자기 탈출을 해야 합니다. 자기 입장을 떠나서 듣는 자의 입장에 설 줄 알아야 합니다. 회중이 처한 상황에 서서 회중의 느낌과 생각을 깊이 이해할 때 비로소 깊은 공감이 생깁니다. 예수의 설교가 힘이 있고 권위가 있었던 것은 예수가 청중과 깊이 공감했기 때문입니다.

그러나 여기에도 문제가 있습니다. 그것은 회중 혼자서 케리그마를 만들 수 없다는 점입니다. 회중이 자신들의 원시적이고 이기적인 욕구에 알맞은 메시지를 기쁜 소식 또는 소원을 이루어주는 복된 말씀으로 볼 때 문제는 심각해집니다. 이런 경우에 설교자는 단호하게 회중의 샤머니즘을 교정해주어야 합니다. 물질적이고 육신적인 복을 갈구하는 회중들이 요구하는 복된 말씀이란 자칫 잘못하면 무속적 복음일 가능성이 큽니다. 따라서 설교자들은 예수가 고난의 종, 즉 자기를 희생하는 십자가를 짊어진 고난의 종임을 가르쳐야 합니다. 그런데 그러해야 할 설교자마저 케리그마를 무속적 기복으로 본다면 이는 너무나 심각한 문제입니다.

케리그마가 비기독교인에게 던져질 때 설교자는 이들이 기독교를 어떻게 지각하고 판단하는지 깊이 생각해야 합니다. 이것은 세속 사회에 비친 기독교에 대한 이미지 문제입니다. 인간은 상징적 동물이어서 기계적으로나 본능적으로 남들과 인간관계를 맺는 것이 아니라, 남에게 자기가 부여한 이미지, 그리고 남들이 자기에 대해 가질 것으로 생각하는 반영된 이미지를 통해 의미 있는 인간관계를 맺습니다.

교회가 세상과 의미 있는 관계를 맺어 비기독교인을 기독교인으로 바꾸려 할 때 성공 여부를 결정짓는 가장 중요한 요소는 비기독교인이 기독교인에 대해 가지고 있는 이미지입니다. 이 이미지가 바로 케리그마라는 씨앗이 떨어져서 자라고 열매 맺을 밭이기 때문입니다. 농부가 밭의 성질을 모르고, 또 그 밭을 기름지게 갈지 않고는 많은 수확을 거둬들일 수 없듯이, 케리그마의 전달자가 비기독교인을 모르고서, 특히 비기독교인이 교회에 대해 가지고 있는 이미지를 모르고서는 성공적인 전도를 기대할 수 없습니다. 설교자들은 이 점을 깊이 명심해야 합니다.

셋째, 설교의 내용이 개인 구원 쪽으로만 기울어져서도 안 되고, 개인 구원을 송두리째 무시한 사회 구원 쪽으로 기울어져서도 안 된다는 점입니다. 개인을 떠난 사회가 있을 수 없고, 사회를 떠난 개인이 존재할 수 없듯이, 기독교의 복음은 개인 구원에 관한 것이면서 동시에 사회 구원에 직결되는 것입니다. 그런데 이 평범한 진리가 실제 교회 상황 속에서는 너무 쉽게 깨어지고 있습니다. 구원의 전체성을 이해하는 신자들이 항상 안타까워하는 대로 경건한 교회일수록 개인 행위의 경건을 지나치게 강조함으로써 사회구조의 부당함을 인식하지 못하게 됩니다.

미국 남부의 보수적인 교회에서는 남부 체제를 유지하는 데 필요한 노예제도의 부당함을 교인들이 느끼지 못하게끔 훈련했습니다. 죄를 개인의 불경한 짓으로만 국한시킴으로써 남부 기독교인들은 사회구조에 의해 억울하게 눌려 온 흑인의 처지에 깊이 공감하지 못했습니다. 이러한 사례는 한국 교회에서도 얼마든지 찾아볼 수 있습니다. 오늘의 설교가 지나친 경건주의에 빠져 개인 구원에만 의존함으로써 기쁜 소식을 갈망하는, 구조에 의한 피해자들을 외면하고 있지는 않습니까?

물론 앞에서도 지적했듯이 이들 피해자들의 기복제화에 영합할 필요는 없습니다. 하지만 예수께서 일단 병자를 고쳐주시고 나서 "네 믿음이 너를 낫게 하였다"고 말씀하셨듯이, 오늘의 교회도 사회구조의 피해자들의 '형이하학적' 요청에 신중히 대처하면서 영원한 생수의 케리그마를 전해야 할 것입니다.

넷째, 설교자는 설교 내용 못지않게 스타일에 신경을 써야 합니다. 케리그마를 전달하는 언어는 정의적 언어 또는 윤리적 언어이므로 반드시 설득력을 지녀야 하는데, 이를 위해서도 스타일을 개발할 필요가 있습니다. 그러나 조심해야 할 것은 스타일에만 지나치게 의존하게 되면 내용이 빈약해져서 언어유희로 끝나기 쉽다는 사실입니다. 남의 스타일을 모방하기도 쉽습니다. 게다가 스타일 속에서 자신의 개인사를 많이 동원하여 설교가 자기 넋두리나 쇼가 될 위험마저 있습니다. 그러므로 이러한 위험을 항상 인식하고 케리그마를 효과적으로 전달하기 위해 계속 공부하면서 내용 전달의 기술이 되는 스타일도 연구하고 개발해야 합니다.

그러나 가장 중요한 것은 스타일보다 설교자 자신의 권위일 것입니다. 여기서 권위란 남을 부리는 힘이 아니라 남을 감복시키고 설득시키는 도덕적 힘을 말합니다. 설교자의 권위는 개인의 경건에만 기초하는 것이 아닙니다. 설교자의 권위는 역사적 상황이 불안하고 구조적 부조리가 심한 곳에서 잘못된 상황과 구조에 대해 예언자적 자세를 취할 때 생기는 것입니다. 이 같은 예언자적 자세는 감정에만 호소하지 않고 상황과 역사를 면밀하게 연구 검토하는 지성적 노력이 동반될 때 나오는 것입니다.

한국 교회의 설교 속에 반지성적인 요소와 반지성적 특성(타계 지향적이고 개인 윤리 일변도)이 아직도 강하게 남아 있음을 반성할 때, 비로소 오늘의 설교가 상황 속에서 부당하게 피해 받는 사람들에게 기쁜 소식을 힘 있게 전하면서도, 상황과 역사와 자기 자신을 끊임없이 연구하고 반성하는 예언자의 소리가 될 것입니다. 더불어 설교자는 오늘 우리 상황이 어떤 절망과 공포를 불러일으키는지 엄중하게 파악해야 합니다.

예 수 따 르 미 로   산 다 는   것

불한당에 의해 부당하고 억울하게 상처받은 사람이
곧 크리스천의 이웃입니다. 이들과 뜨겁게 공감하는
신앙적 결단에서 선교가 나오는 것입니다.

—

—

—

선교는 기독교의 지상 과제요, 그 존재의 바탕이 되기도 합니다. 선교하지 않는 기독교는 환자를 고치지 않는 의사와 같고, 선교를 무시하는 교회는 물을 무시하는 배와 같습니다. 육지에만 묶여 있는 배가 무슨 소용이 있겠습니까!

한국 개신교는 앞으로 선교 활동에 더욱 매진하기 위해서라도 이제까지의 자신의 모습을 냉철하게 비판하고 반성해야 합니다. 한국 교회가 물에 뜨지 않는 배와 같지는 않은지, 환자를 무시하는 의사와 같지는 않은지 철저하게 반성해야 할 때가 왔습니다.

먼저, 선교 행위란 일종의 사회관계(또는 인간관계)를 형성하는 행위임을 알아야 합니다. 즉 선교의 대상이 되는 사람들과 인격적으로 만나고, 그들과 새로운 사회관계를 맺는 것을 무시하고는 선교 활동을 생각할 수 없습니다. 그러므로 사람들이 선교자에 대해 어떻게 생각하는지 심각하게 고려해야 합니다.

남들이 어떻게 생각하든 말든 "예수 믿으시오"라고 소리친다든지, 전도지를 마구 뿌리는 식의 태도를 보이면서 선교 결과는 모두 성령에게 떠맡기는 안일한 선교 행태는 선교를 선교자 중심의 개인 전도 활동으로 잘못 파악한 데서 나온 것입니다.

선교는 예수가 말씀하신 '이웃'과의 관계를 올바르게 형성하는 문제입니다. 이것은 새로운 사회관계를 이웃과 더불어 형성하는 사회적 문제이기도 합니다. 우리는 이 시점에서 성령 의존식의 안일하고 독선적인 선교 태도를 극복해야 합니다.

또한 선교는 전도와 마찬가지로 좁은 의미로 보면 비신자로 하여금 예수를 믿게 하는 신앙 활동입니다. 그렇다면 '예수를 믿는다'는 것, 신자가 된다는 것이 무엇을 의미하는지 근본적으로 다시 한 번 따져보아야 합니다. 예수를 믿고 그를 따르는 사람들을 만든다고 하면서 실제로는 무당 신자를 만들 수도 있다는 사실에 주목하고 이 근본적인 질문을 항상 신중하게 고려해야 합니다.

의사가 환자를 수술해야 하는데 엉뚱하게 건강한 사람을 수술한다면 이것은 무모한 행동이요, 물에 들어가야 할 배를 산으로 몰려는 사공이 있다면 이것은 배의 기능을 전혀 모르는 짓입니다. 여기서 우리는 선교의 의미와 크리스천이 되는 것의 관계를 원점에서 다시 검토해볼 필요가 있습니다.

크리스천이 된다는 것

 신자가 된다는 것은 예수의 기본 가르침을 실천하는 사람이 된다는 뜻입니다. 그렇다면 우리는 서슴지 않고 "네 이웃을 네 몸과 같이 사랑하라"는 예수의 가르침을 가장 기본적인 지침으로 받아들이지 않을 수 없습니다. 그렇다면 우리는 이웃이라는 개념과 사랑이라는 개념을 새삼 반성적으로 따져보아야 합니다. 이웃을 사랑하는 사람이 크리스천이라면, 이웃의 참 의미가 무엇이고 사랑의 진정한 내용이 무엇인지 모르고서는 선교의 목적을 제대로 달성할 수 없기 때문입니다.

 사랑이라는 말은 공감共感 또는 동고同苦라는 말로 번역할 수 있습니다. 이 공감은 몇 가지 구조적 특징을 가지고 있습니다. 이 특징을 살펴보면 공감이 기독교의 사랑과 밀접하게 연결되어 있음을 대번에 알 수 있습니다.

 공감이란 타인의 입장에 서서 그의 느낌과 생각에 깊이 동참하는 것을 뜻합니다. 그러므로 공감하는 사람은 반드시 자기 초월, 자기 극복, 자기 부정을 해야 합니다. 공감 받는 사람의 입장에 서려면 반드시 먼저 자기를 비워내야 합니다. 자기를 비우는 고통스러운 과정을 겪지 않고서, 즉 자기 입장에서 벗어나지 않고서는 절대로 남과 공감할 수 없습니다. 자칫 잘못하면 이러한 행동을 공감 아닌 동정과 자선 행위로 착각하기 쉽습니다. 공감은 자기를 부인하고 십자가를 지는 행위를 필요로 합니다.

이러한 공감은 자기를 위한 행위가 아닙니다. 단순한 무아지경이나 해탈의 상태에 취하게 되는 개인적 행위가 아닙니다. 공감은 반드시 남을 위한 행위입니다. 남의 입장에 서서 남과 같이 느끼고 생각하고 행동하기 위해 고통스러운 자기부정의 뼈아픈 과정을 겪는 것입니다. 그러므로 공감은 애타적愛他的 사회 행동입니다. 남에 대한 사랑 없이는 공감이 생기지 않습니다. 여기서 우리는 우리와 함께 아파하시는 하나님, 괴로워하시는 동고자 예수를 이해할 수 있습니다. 하나님은 세속사에 초연하신 분이 아니라 죄인과 함께 아파하시는 '인간적인, 참으로 인간적인' 하나님입니다.

또한 여기서 '남'은 추상적인 인류를 말하는 것이 아닙니다. 우리에게 이웃이 되어달라고 요청하는 구체적 인간들입니다. 이들에 대한 공감은 사랑으로 나타납니다. 그리고 또한 이웃이 되어달라고 요청하지 않을 수 없는 어려운 상황으로 사람들을 몰아붙이는 상황과 구조에 대한 분노와 비판으로도 나타납니다.

예수를 믿는 결단과 행위는 이 같은 공감력을 갖추고, 이것을 키워가는 행위를 뜻합니다. 여기서 우리는 어떤 사람에게 우리가 이웃이 될 수 있는지, 우리의 공감을 요청하는 피공감자被共感者를 찾아내는 문제를 신중하게 따져보지 않을 수 없습니다. 바로 여기서 우리는 예수의 입장으로 돌아가야 합니다. 그리고 착한 사마리아인의 이야기에서 선교 활동의 기본 지침을 새롭게 찾아야 합니다.

예수께서는 이웃의 정체를 밝히기 위해 먼저 불한당의 존재를 끌어들이셨습니다. 이 점을 예의 주시해야 합니다. 전통적인 이웃의 개념과는 혁명적으로 다른 이웃의 개념을 제시하셨다는 사실을 새삼 깨달아야 합니다. 예수께서는 이웃의 정체를 분명하게 밝히려고 불한당의 존재를 끌어들입니다. 불한당의 존재 없이 이웃의 존재를 제대로 밝힐 수 없습니다. 불한당에 의해 부당하고 억울하게 상처받은 사람들이 곧 크리스천의 이웃이요, 또한 크리스천이 그들의 이웃입니다.

그러므로 이웃을 알려면 먼저 불한당의 정체를 알아야 합니다. 불한당의 정체를 제대로 모르고서는 선교 대상이 되는 참 이웃을 만날 수 없습니다. 불한당의 정체를 모르고 선교의 대상을 찾으려는 것은 의사가 건강한 운동선수를 치료하겠다고 우기는 것과 같고, 사공이 배를 산 위에 띄우려는 것과 같습니다. 과연 오늘 우리 상황에서 불한당은 무엇이며 누구인가를 따져야 합니다. 이 때 주의해야 할 것은 이 불한당이 구조적 성격을 지니고 있다는 사실입니다.

예수가 예로 드신 일화에서 우리는 모름지기 이웃이 되어야 할 사람들이 실제로는 이웃이 되지 못하고 있다는 사실을 발견합니다. 오늘 우리 상황에서 불한당에 의해 쓰러진 많은 피해자를 한국 교회(제사장과 레위인)가 무시하고(공감하지 않고) 지나가는 대신, 오히려 교회 밖의 여러 집단들이 이들과 뜨겁게 공감하고 있는 것은 아닌지 반성해야 합니다. 즉 교회가 반드시 해야 할 기본 사명과 기능을 교회 밖에 있는 사람들이 담당하고 있지 않는지 따져보아야 합니다. 그리고 교회 밖의 어떤 세력이 피해자와 공감하는 척하면서 이들을 불순하게 이용하려 하지는 않는지도 면밀히 검토해보아야 합니다.

이러한 질문은 불가피하게 교회와 극단적 정치 세력과의 관계를 밝히라고 요구합니다. 만일 예수를 따르는 자들이 피해자와 공감하지 않을 때, 즉 이들에게 참 이웃이 되지 못할 때 적어도 두 가지 가능성을 예상할 수 있습니다. 첫째는 사마리아 사람처럼 천대받고 있지만 순수한 인간애를 가진 착한 소수집단이 이들에게 참 이웃이 될 수 있고, 둘째는 공산주의자나 파시스트 같은 극단적 정치 집단이 그들에게 참다운 이웃인 양 거짓으로 꾸며낼 수 있습니다.

불한당을 만나 어려운 처지에 놓인 사람들과 공감하지 않는 사이에 교회는 공산주의자나 파시스트가 활동할 여지를 남겨두는 위험을 저지를 수 있습니다. 그러므로 부당하게 피해 받는 사람들과 공감하는 선교 활동 없이는 허위의식이 난무하는 세상에서 기독교가 산 위에 머물러 있는 배의 신세가 되기 쉽습니다.

이런 점에서 우리는 산업 선교를 적극적으로 평가하고 전적으로 지원해야 할 것입니다. 선교는 이웃 되기를 요구하는 피해자에게 딱 한 번 공감하고 끝나는 일회적 사건이 아닙니다. 사마리아인은 피해자를 여관으로 데려가서 치료한 다음 또 들르겠노라고 말합니다. 그가 피공감자와 지속적인 공감을 가졌다는 사실에 유의해야 합니다. 선교는 자선과 달라서 한 번 베풀면 끝나는 것이 아니라 전인격적인 사회관계를 지속적으로 엮어가는 행위입니다.

선교는 교회의 '정상적 관례'를 초월할 수 있는 힘을 요청합니다. 생업에 종사하는 사람에게는 시간이 돈이고, 이 시간을 생업 밖의 일에 바치는 것은 어려운 일입니다. 사마리아 여행자는 시간도 버리고 자기의 생업 활동도 잠시 중단했습니다. 이웃과 공감하려고 그는 제도화된 관례를 초월합니다.

오늘의 교회는 불한당에게 피해 받아 신음하는 민중에게 참 이웃이 되기 위해 간혹 교회의 규례를 초월할 수도 있어야 합니다. 이것이 자기를 비우는 교회의 참 힘이요 참 모습입니다. 교회는 '사크라멘트sacrament' 수준보다 이웃을 위한 공감이 더 중요할지도 모릅니다. 주일에 예배드리는 것도 중요하지만, 불한당 때문에 쓰러져 있는 자를 만나 그의 입장에 서서 그에게 이웃이 되는 행동을 하는 것이 더 중요합니다. 산업 선교가 이런 초월의 모습을 잘 보여줍니다.

이렇게 볼 때 불한당이 많은 상황일수록 선교의 필요성도 증대한다는 사실을 깨닫게 됩니다. 뿐만 아니라 불한당의 횡포와 행패가 어느 정도 심한가에 따라 선교 방법론의 정당성을 논해야 합니다. 예컨대 특수 선교의 유형 중에 이른바 '점진적이고 개혁적인 선교'가 항상 옳은 것은 아닙니다. 불한당의 횡포가 극심한 상황에서는 그런 개혁형 선교가 오히려 기존 구조를 보존하고 강화시키는 기능을 할 수도 있기 때문입니다.

이러한 극단적인 상황에서는 방법론의 문제에 관심을 가지는 것 자체가 별로 바람직하지 않습니다. 피해자의 상황이 너무나 절박하고 처절하다는 점에 훨씬 더 주목해야 합니다. 방법이 어떠한지 보다 이들과 뜨겁게 공감하는 자세가 더 중요한 것입니다.

이제 우리는 크리스천이 된다는 것이 무엇을 의미하는지 알게 되었습니다. 교회 안에서 "주는 그리스도시요, 살아 계신 하나님의 아들이십니다"라고 고백하는 사람이 신자입니다. 그러나 이렇게 고백한 사람이 교회 밖에서 불한당의 정체도 알려 하지 않고, 불한당에 의해 쓰러진 사람들과 공감하려 하지 않는다면, 그의 신앙고백은 허공을 치는 메아리에 지나지 않습니다.

신자 됨의 고백은 바로 이러한 사랑 실천 속에서 이루어집니다. 오늘의 산업 선교가 바로 이 같은 실천이라고 한다면, 한국 교회가 산업 선교를 소외시켜 온 잘못을 회개해야 할 것입니다. 방법론상의 '과격함'에만 주목한 나머지 그 복음의 핵심을 보지 못한 잘못을 철저히 반성해야 할 것입니다.

선교의 대상, 예수의 이웃

누군가를 사랑하고 그를 믿게 될 때 우리는 자연히 그와 공감하고 싶어집니다. 그런데 진실로 그를 믿고 사랑한다면, 단순히 그와 공감하는 데 그치지 않고 그가 공감하는 사람들과도 공감하고 싶어하는 법입니다. 자기 아버지를 믿고 사랑하는 아들은 그 아버지와 공감할 뿐 아니라, 아버지가 공감하는 사람들과도 공감하고 싶을 것입니다.

여기서 우리는 예수를 믿고 사랑하는 결단과 행동이 예수가 공감하셨던 사람들과 공감하고 싶은 욕구를 촉발시키는 이유를 이해하게 됩니다. 이 문제는 바로 예수의 이웃을 밝히는 문제가 됩니다. 역사적 예수가 당시의 특수한 사회 상황에서 누구와 공감했으며 누구를 비판했느냐를 살펴봄으로써 오늘날 우리가 처한 상황에서 올바른 선교 대상, 즉 우리의 이웃을 찾는 지침을 찾을 수 있을 것입니다. 예수의 공감을 받았던 사람들은 대체로 소수집단에 속한 사람들이었습니다.

첫째, 당시의 사회구조 속에서 부당하게 차별받고 눌렸던 민중이었습니다. 대체로 이들은 '암 하아레츠'에 속했습니다. 무식하고 가난하고 율법을 몰라 억울하게 죄인으로 낙인찍히고 차별을 받던 민중, 돈이 없어서 병이 들어도 약을 제대로 쓰지 못한 병자들(좋은 약은 당시 대상인과 대토지 소유자 및 산헤드린 요원들이 거의 독점하였지요), 특히 불치의 환자들, 갈릴리 지역에 많이 살았던 반로마적 민중들, 이방인으로 멸시받던 사마리아 사람들, 지독한 가부장제 아래 차별받던 여성들과 아이들이 예수의 공감과 위로와 축복을 받던 사람들입니다. 예수께서는 이들을 불한당에 의해 상처받은 사람, 이웃을 찾는 사람으로 보았습니다.

한편 예수는 불한당에 속하는 집단과 인간에 대해서는 가차 없이 책망하였고 분노를 쏟아내셨습니다. '화있을진저'로 시작해서 '독사의 새끼들'이나 '여우의 자식'에 이르기까지 날카로운 비판을 퍼부었습니다. 피해자에 대한 공감은 곧 가해자에 대한 분노로 이어졌습니다. 그러기에 불한당에 대한 분노와 비판은 곧 선교적 행동이 될 수 있는 것입니다. 우리는 분노와 비판과 '욕설'이 갖는 윤리적 심도를 이해해야 할 뿐 아니라, 이것의 선교적 가치까지도 깊이 헤아려야 합니다.

당시 민족 반역자로 욕먹던 세리들에 대한 예수의 태도 또한 선교적 차원에서 새롭게 살펴야 합니다. 예수는 세리들이 삭개오처럼 회개했을 때에는 주저 없이 그들과 공감했습니다. 당시 상황에서 세리와 공감하는 것은 다분히 '어용'이고 '반민족적'이라는 비난을 받을 수 있었습니다. 그러나 그들이 뉘우칠 때, 예수는 자신이 받을지도 모를 오해와 비난의 가능성에 대해서는 전혀 개의치 않으셨습니다. 이러한 태도는 이방인 백부장이나 당시 종교 지도자에게도 그대로 적용되었습니다. 그래서 회개시키려는 비판과 분노가 회개한 후의 따뜻한 공감으로 자연스럽게 이어졌습니다.

그렇다면 오늘 우리 상황에서는 누가 사마리아 사람이고, 죄인이고, 환자이며, 갈릴리 사람이고, 암 하아레츠인지 진지하게 물어야 합니다. 이들을 찾아 공감하려는 자세가 곧 선교의 본래 자세이기 때문입니다. 동시에 이들을 부당하게 울리고, 배고프게 하고, 병들게 하고, 누르고 박해하는 악한 힘에 대해 용기 있게 분노하고 비판하여 그들을 회개시키는 것도 선교의 본래 사명입니다.

우리는 예수를 믿고 사랑하고 그의 제자가 되어 그를 따른다고 말하는 크리스천입니다. 그렇다면 우리는 자기를 비우는 아픔 속에서 예수의 자리에 서서 예수를 경험해야 하고, 나아가 예수가 자신을 비워 종의 모습으로 공감하셨던 사람들과 오늘의 상황에서 공감해야 합니다. 이것이 바로 크리스천이 되는 길임과 동시에 선교 활동에 참여하는 길입니다. 예수의 이웃이 나의 이웃이 되는 것은 곧 내가 예수의 제자가 되고 동시에 그 이웃을 예수의 제자로 만드는 길입니다. 과연 오늘의 상황에서 예수의 이웃은 누구이고, 그들을 부당하게 상처 입히는 자는 누구입니까?

이렇게 선교의 대상이 명확히 밝혀지면, 우리는 교회 선교와 특수 선교가 기본적으로 같은 대상을 향한 것임을 알 수 있습니다. 차이가 있다면 특수 선교는 피해자의 동질성에 주목하여 동질적 대상을 겨냥하는 반면, 교회 선교는 다양한 대상에 주목한다는 점일 것입니다. 그렇기 때문에 교회 선교이든 특수 선교이든 간에 목적이나 방법에 있어서 질적인 차이가 있어서는 안 됩니다. 모두가 오늘의 불한당을 만나 신음하는 사람들을 선교의 대상으로 삼아야 하기 때문입니다. 단지 피해자들이 일정한 장소에 모여 사는 경우는 흩어져 있는 경우에 비해 공감하는 방식이 달라질 수 있습니다.

여기서 제가 강조하려는 것은 특수 선교와 교회 선교를 근본적으로 다르게 보려는 관계적 견해가 잘못된 인식이라는 것입니다. 만일 교회 선교의 주역들이 특수 선교의 주역들을 비난하고 소외시킨다면, 특히 후자의 방법 때문에 그렇다면, 이것은 선교의 본질을 이해하지 못했기 때문입니다. 교회 선교는 '온건'하고, 산업 선교 같은 특수 선교는 '과격'하다는 인식은 잘못된 것입니다.

물론 교회는 하나의 뜨거운 사랑 공동체이므로 온건한 선교 방식이 좋을지 모릅니다. 그러나 교회를 공동체로 보는 것은 교회 안의 인간관계가 따뜻하고 훈훈해야 함을 강조하는 것이지, 교회 밖의 구조적 부조리에 대해 너그러운 태도를 가져야 한다는 뜻이 결코 아닙니다. 사랑보다 더 진보적인 가치는 없습니다. 이 진리를 새롭게 깨달아야 합니다.

저는 본질적인 면에서 교회 선교와 특수 선교의 차이를 찾지 못하겠습니다. 차이가 있다면 특수 선교를 통해 얻은 이웃을 교회로 연결시키는 역할을 특수 선교가 담당해야 한다는 점일 것입니다. 물론 특수 선교가 자체 교회를 가질 수도 있습니다. 그런데 그렇지 못할 경우에 특수 선교 활동은 교회 선교의 전초 기지의 역할을 해야 합니다. 그러니 특수 선교와 교회 선교가 각기 다른 구심점을 중심으로 난폭하게 선회해서는 안 됩니다. 이들은 상호 보완적이어야 합니다.

행동하는 사마리아인

마지막으로 위에서 지적한 문제 이외에 달리 문제가 될 만한 점 몇 가지를 지적하려고 합니다. 한국 사회에서 선교의 이슈가 될 문제로 여러 사회집단(산업체, 군, 학원, 관료 등) 간의 잠재적 긴장 관계와 상반되는 이해관계를 드는 경우가 종종 있습니다. 그러나 오늘날 우리 상황에서 정치화의 문제에 비하면 이것은 이차적인 문제입니다. 정치 영역 이외의 모든 사회 영역, 예컨대 경제, 법, 문화, 교육, 심지어 종교 영역까지 정치권력이 스며들어 있는 현 상황이 가장 심각한 문제라 할 수 있습니다.

이런 현상이 어떠한 사회적 결과를 낳고, 그 결과가 무엇을 의미하는지 진지하게 따져보아야 합니다. 일반적으로 제한 정부에 대한 개념이 없고 시민사회가 형성되지 못한 우리의 전통 정치 문화에서는 이러한 정치화가 쉽게 번질 수 있습니다. 이러한 상황에서 공중公衆을 형성하는 문제, 민중과 공감하는 공중 형성 문제를 비신앙적 혹은 세속적인 문제로 가볍게 넘길 수는 없습니다.

이미 전체 인구의 5분의 1에 육박하는 인구가 기독교 신자라고 합니다. 그렇다면 한국 교회의 '보수화' 및 '종교화'는 이 기독교 신자들 대부분이 심각하게 걱정해야 할 문제입니다. 특히 기독교가 가장 큰 영향력을 행사하는 종교가 되었을 때, 콘스탄틴 대제 이후 서구 기독교가 그랬던 것처럼, 자유당 시절의 한국 기독교가 그랬던 것처럼, 다시 한 번 기독교가 누르는 자의 입장에 서는 '기독교 왕국'의 종교가 되지는 않을지 심히 염려됩니다.

그렇지만 불의와 싸우려는 사람들을 교회로 인도한다는 뜻에서 교회의 성장은 환영할 만한 일입니다. 교회가 세속을 향해 문을 활짝 열고 눌린 자와 공감하고, 누르는 자에게는 회개를 촉구함으로써 이들을 모두 희망 공동체가 되는 교회로 끌어들여야 합니다. 그리하여 교회에 들어오는 수는 꾸준히 증가해야 합니다.

그렇지만 양의 증가와 공개성원제公開成員制를 장려하면서도 반드시 힘써야 할 일이 있습니다. 이미 교회로 들어온 형제자매가 사마리아인 같은 실천적 신앙인으로 계속 성숙할 수 있게 도와주는 일입니다. 즉 문호를 개방할수록, 교회 내의 질적 훈련을 강화해야 합니다. 예수따르미가 되도록 그들을 훈련시켜야 합니다.

다시 말해서, 신자의 공감 능력을 강화해야 합니다. 그러려면 교회는 현장과 일선을 가지고 있는 특수 선교를 지원하든지, 교회가 스스로 그런 현장을 갖도록 노력해야 합니다. 공감 대상자를 부지런히 찾아서 그 현장에서 공감의 체험을 갖도록 해야 합니다. 참다운 신앙은 치열한 현장 속에서만 힘차게 싹트기 때문입니다.

에필로그

섬김의 자리로 내려가라

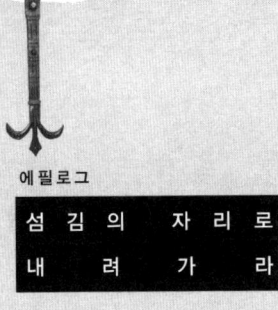

예수는 하나님과 동등하게 높은 분이시지만 자기를 낮추어 인간의 모습으로 이 땅과 역사 속에 들어오셨습니다. 이것이 기독교 진리의 핵심입니다. 하나님이신 예수께서 육신을 입고 역사 속에 오셨다는 성육신 incarnation은 기독교를 다른 종교와 근본적으로 구별하는 중요한 대목입니다. 성육신이란 바로 낮고 천한 역사와 세속으로 하나님이 친히 내려오신 사건입니다.

선교도 일종의 성육신 사건의 연장입니다. 선교 역시 낮은 곳으로 내려가는 사건입니다. 하나님이 인류를 구원하시려고 '외아들'을 세상에 보내셨다는 것은 곧 낮고 천한 이 세속으로 예수가 파견되었다는 뜻입니다. 그러므로 예수는 아니, 아바 하나님은 내려오기를 즐거워하시는 분입니다. 예수는 낮은 자의 표상이요, 천한 자의 벗이었습니다.

아니, 낮고 천하고 어두운 곳에서 너무나 억울하고 부당하게 눌리고 시달리고 빼앗기고 차별받은 온갖 '죄인'들을 해방시키고 구원하시기 위해 낮은 곳으로 찾아오셨습니다. 예수는 그들의 구원자요 해방자이십니다. 구원과 해방은 바로 낮은 역사의 현장, 천한 세속의 현장에서 일어나는 기쁜 사건입니다.

예수가 이처럼 낮은 곳으로 내려오기를 즐거워하신다면, 예수를 믿는 신자들도 마땅히 예수와 함께 저 낮은 곳으로 내려가는 것을 기뻐해야 할 것입니다. 마치 예수가 시간적인 세속saeculum으로 들어오셔서 역사 속에서 활동하셨고, 특별히 공간적인 세속mundus에서 눌리고 수탈당하고 냉대 받던 민중들과 어울렸듯이, 오늘을 사는 예수따르미들도 불쌍하고 어려운 환경에 있는 지역과 공간을 찾고 그 곳에서 사는 사람들과 어울릴 수 있어야 합니다.

그리고 한 걸음 더 나아가 그들의 억울한 고통을 함께 나누고, 그들을 억압하는 구조적 제약과 심리적 제약에서 해방시켜야 합니다. 적어도 예수를 믿고 따른다면, 그렇게 낮은 곳에 있는 낮고 천한 사람의 벗이 되고 그들의 해방자가 되어야 합니다.

그런데 한국 크리스천들은 어떤가요? 개신교만 따져도 인구의 5분의 1에 가까운 적지 않은 세력을 형성한 한국 크리스천들이 과연 낮은 곳으로 즐겁게 내려가시는 예수의 마음을 이해하고 닮으려고 합니까?

제가 보기에는 그 반대인 것 같습니다. 한국 크리스천들은 날마다 저 높은 곳으로만 올라가려고 발버둥치고 있습니다. 올라가지 못해 '환장한' 사람들 같습니다. 높은 곳으로 안내하겠다는 이른바 신령한 부흥사를 보따리를 싸서 따라다니기를 즐기는 듯합니다. 으슥한 골짜기와 높은 산을 가리지 않고 찾아가 저 높은 곳에 이르고 싶은 욕망을 채우려고 안간힘을 쓰고 있는 듯합니다.

이렇게 높은 곳으로 올라가려는 마음은 예수의 마음이 아닙니다. 그것은 무당의 마음이며, 저급 종교의 마음입니다. 나만 믿어 열반에 가겠다는 마음이고, 내 가족만 잘 믿어 천당 가겠다는 이기심입니다. 천만 명에 이르게 된 오늘의 한국 크리스천들 중 상당수가 이와 같이 예수의 마음을 품지 않고 있습니다. 높은 곳에서 황홀경에 사로잡혀 그대로 주저앉고 싶은 모양입니다.

처절한 역사, 참혹한 현실 한복판에 들어가 거기서 구원과 해방의 기쁜 소식을 전하려 하지 않는 듯합니다. 바로 여기서 한국 크리스천들이 깊이 병들어 있고 방황하고 있음을 짐작할 수 있습니다. 그들이 예수가 가셨던 길과 정반대의 길을 걷고 있기 때문입니다. 그렇다면 낮고 천한 곳으로 내려가는 예수의 마음이란 구체적으로 어떤 마음일까요?

내려가는 마음의 몇 가지 단계

사도 바울은 바로 위에서 제기한 우리의 질문에 대해 적절한 답을 제시하고 있습니다. 빌립보서 2장 5~11절을 보면, 예수의 마음이 어떤 마음인지 비교적 상세히 알 수 있습니다. 바울은 당시의 크리스천들에게 그리스도 예수의 마음을 품으라고 권면했습니다. 그리고 그리스도 예수의 마음을 몇 단계로 나누어 명백히 밝히고 있습니다. 이것을 하나하나 살펴보고, 지금 한국의 상황에서 우리에게 어떤 결단을 요구하는지 점검할 필요가 있습니다.

첫째 단계 절대화를 거부하는 단계

예수는 본래 하나님의 본체시나 하나님과 동등 됨을 취할 것으로 여기지 않으셨습니다. 본질적으로 하나님과 동등하신 분이지만 낮은 곳에 마음을 두고 있으니까 하나님과 동등한 존재가 되려고 하지 않았다는 뜻입니다. 낮은 곳으로 향하는 예수의 뜻을 분명히 읽을 수 있는 대목입니다.

우리는 예수의 이런 심성에서 중요한 교훈을 얻어야 합니다. 예수는 자기를 낮춤으로써 낮고 천한 인간들을 구원하실 뿐 아니라 하나님 한 분을 더욱 높이겠다는 의지를 보여주셨습니다. 이것은 하나님이 아닌 무언가를 하나님처럼 절대화하고 우상화하며 신성화하는 모든 움직임을 단호하게 배격하라는 명령이기도 합니다.

절대 권력을 신성시했던 로마제국 상황에서 이 뜻을 깊이 음미해보시기 바랍니다. 하나님 자리에 천황이 들어서든, 황제가 들어서든, 그 어떤 이념과 체제가 들어서든 간에 그것들을 단호하게 배격해야 합니다. 그 대상이 이데올로기이든, 인물이든, 다른 그 무엇이든 그리스도 예수의 마음을 품은 크리스천은 절대화된 권력에 대해 단호하게 '아니오'라고 외쳐야 합니다.

그래서 예수의 마음을 품은 크리스천들은 절대 권력, 우상화된 인물, 절대화된 체제, 신성화된 운동을 모두 배격해야 합니다. 하나님 아닌 것들이 이렇게 절대화될 때, 그것은 절대적으로 하나님의 백성을 학대하고 수탈하고 억누릅니다. 절대화된 것은 절대적으로 민중을 착취하고 억압하고 소외시킵니다. 그래서 예수의 마음을 품은 크리스천들은 절대화된 세속을 상대화시키려 해야 합니다. 절대 권력과 맞서는 것이지요. 이것은 피할 수 없는 결단이요 타협할 수 없는 싸움입니다. 기독교가 만일 이러한 예수의 마음을 품은 사람들로 채워진다면, 인간 역사 속에 하나님 나라가 누룩처럼 번지게 될 것입니다.

둘째 단계 함께 아파하는 단계

다음으로 사도 바울은 예수의 마음이 자기를 비우는 마음이라고 표현했습니다. 자기를 비운다는 것은 자기가 가진 것을 모두 내려놓는다는 뜻입니다. 자기를 부정하고 자기를 초월한다는 뜻입니다. 왜 자기를 비울까요? 너무 많은 것을 가지고 있어서 단순히 가볍게 하려고 비우는 것일까요? 결코 그렇지 않습니다.

자기만을 생각하는 사람은 자기를 비울 수 없습니다. 타인을 향한 마음이 있을 때 비로소 자기를 비울 수 있는 것입니다. 그래서 자기를 비우는 마음은 남을 위해 자기가 가진 것을 버리는 희생의 마음입니다. 그러니 이것은 곧 남들을 사랑하는 마음이기도 합니다. 낮고 천한 곳에 있는 사람들을 사랑하기 때문에 그들 편에 서겠다는 마음은 곧 그들이 가진 상처에 깊이 공감하고 그 아픔을 함께 경험하겠다는 마음입니다. 이것은 사랑하는 자식이 병들어 신음할 때 그 자식 앞에서 안타까워하는 부모의 마음과 같습니다.

여기서 우리는 낮은 곳으로 내려가는 예수의 마음이 함께 아파하려는 마음임을 깨닫게 됩니다. 그러니 기독교의 하나님은 함께 아파하는 신입니다. 예수의 마음 안에 이러한 속성이 잘 나타나 있습니다. 천한 인간의 아픔을 함께 아파하시는 예수의 마음은 기독교의 가장 자랑스러운 자산이기도 합니다. 그리스 신화에 나오는 신들은 자기들끼리 웃고 울고 질투하고 사랑할 뿐 올림포스 산 아래에 있는 인간들의 고뇌와 기쁨에 대해서는 무관심합니다. 그러니 그리스 신화의 신은 무관심과 무정의 신이라 할 수 있습니다. 적어도 인간에 대해서는 그렇습니다.

유교에서 가장 훌륭한 인간, 도를 터득한 인간은 중용의 정신을 깨우쳐 그 정신대로 사는 사람일 것입니다. 중용에서 '중中'이란 희로애락을 겉으로 나타내지 않는 것입니다. 즉 '喜怒哀樂之 未發 謂之中(희노애락지 미발 위지중)'입니다. 이것은 유교에서 말하는 군자가 근엄한 인간이라는 의미입니다. 감정을 잘 제어하여 엄숙하고 거룩한 분위기를 보여줄 수 있는 인간이 바로 군자입니다.

그런데 예수의 마음은 그런 것이 아닙니다. 예수는 하나님의 백성인 민중이 기뻐할 때 그들과 함께 소탈하게 기쁨을 나누었습니다. 예수가 그들과 허물없이 어울리는 모습을 보고 당시의 유대교 군자들은 죄인과 창녀와 세리의 친구라고 예수를 규탄하고 술주정뱅이라고 비꼴 정도였습니다(마 11:19). 그뿐입니까. 당시 율법의 관점에서 예수는 가는 곳마다 스캔들을 일으키는 패륜아로 몰리기도 했습니다. 그러나 따지고 보면 예수를 스캔들 일으키는 사나이로 규정한 당시의 율법주의가 바로 스캔들 자체임을 잊어서는 안 될 것입니다.

예수는 민중들의 고통을 함께 아파하셨고, 민중들의 분노도 함께 나누셨습니다. 반면 민중을 근본주의와 율법주의, 잘못된 경건주의로 억압하고 차별했던 바리새파와 서기관들에게는 '독사의 새끼', '회칠한 무덤'이라며 거침없이 야단치셨습니다. 결국 예수는 함께 아파하고, 함께 기뻐하고, 함께 웃고, 함께 우는 민중의 벗이었습니다.

이런 뜻에서 기독교의 신, 예수 속에 나타난 신성은 인간적인, 참으로 인간적인 신입니다. 인간의 아픔을 자기의 아픔으로 경험하려고 애쓰는 신은 세속사에 대해 무감각한듯, 초월의 자세를 취하는 종교적 아이콘이나, 올림푸스 산 위에 군림하는 신화 속의 희랍 신들이나, 경건한 유교의 군자와는 본질적으로 다릅니다. 그러므로 우리는 인간적인, 너무나 인간적인 예수의 마음을 품어야 합니다.

셋째 단계 종과 동일체화하는 단계

예수는 사람의 모습으로 세상에 왔습니다. 그러나 궁중에 사는 권세자들, 고대광실에 사는 부유한 자들, 고담준론高談峻論을 즐기는 명성 높은 학자들과 사귀지 않으셨습니다. 오히려 이들에 의해 무시당하고 짓밟혔던 종과 같은 인간들과 자신을 동일체화하셨습니다. 종과 같이 가장 낮고 천한 인간이 되셨습니다. 그들의 고통에 동참하고자 그들과 같이 되신 것입니다.

이처럼 예수는 특정 계층과 부류의 존재에 대해 특별한 연민과 사랑을 더 잘 보여주셨습니다. 이 말은 예수께서 전 인류를 마음에 두지 않았다는 뜻이 아닙니다. 구체적인 상황 속에서 눌리고 빼앗기고 멸시당하는 민중을 먼저 위로하고 그들에게 소망과 힘을 주신 것입니다. 현실 역사와 상황이 캄캄하고 썩어 있는데 기독교가 그저 막연하게 하나님은 사랑이시라고 외친다면, 결국 그 외침은 우리 발밑에서 벌어지고 있는 구체적인 역사 속에서 해야 할 그리스도인의 사명을 스스로 포기하는 것과 같습니다. 위선의 메아리일 뿐입니다.

예수는 아무리 부지런히 일해도 입에 풀칠하기 쉽지 않았던 부당한 구조 속에서 착취당하고 신음했던 민중들의 아픔을 누구보다 깊게 이해하셨습니다. 그리고 그 아픔을 함께 아파하셨습니다. 결국 예수는 종처럼 부자유한 인간, 종처럼 천대받고 멸시받는 인간, 종처럼 착취당하는 인간들 편에 서신 것입니다.

하나님의 형상을 지닌 존엄한 인격체인데도 그들은 어두운 역사의 주역과 더러운 구조의 주역들에 의해 너무나 억울하고 처참하게 멸시당하고 있었기 때문에 예수가 그들 편에 섰던 것입니다. 아니, 거기에서 한 걸음 더 나아가 종의 신분을 취하셨던 것입니다. 종이 당하는 고통을 함께 아파하려고 스스로 종이 된 예수의 마음은 가장 낮은 곳으로 깊이 내려가는 겸손의 마음이요, 용기 있는 마음입니다.

넷째 단계 고난과 죽음의 단계

자신을 낮추실 때 예수는 죽음을 각오하고 철저하게 낮은 곳으로 내려오셨습니다. 내려가는 길은 곧 고난의 길입니다. 그리고 이 고난의 길 끝에는 죽음이 기다리고 있었습니다. 이것은 무서운 길입니다. 처절한 가시밭길, 처참한 골고다의 길입니다.

그리스도 예수의 마음을 토대로 세워진 기독교의 가장 큰 특징이 바로 여기에 있습니다. 고난을 복으로 믿는 바로 그 마음입니다. 하나님 나라와 그 뜻을 이루기 위해 고난도 기꺼이 받는 것입니다. 이 고난은 어두운 역사와 냄새나는 구조 때문에 억울하게 학대받는 하나님의 백성인 민중의 구원과 해방을 위해 노력하고 싸우다가 당하는 고난입니다.

이러한 고난은 가장 값진 은혜요, 가장 영광스러운 복입니다. 이것을 복으로 보는 그리스도인의 마음은 곧 더 의롭고, 더 자유롭고, 더 밝은 역사와 구조를 만들려는 마음과 같습니다. 그래서 기독교는 항상 역사의 전위가 됩니다. 그리고 구조의 변혁자가 됩니다. 죽음도 두려워하지 않는 자세를 가질 때 어두운 역사는 바뀔 것이고, 비뚤어진 구조는 온전케 될 것입니다. 이것은 결코 17세기나 18세기 유럽의 낙관적 진보사상도 아니고, 전체주의 집단의 폐쇄적인 역사관이나 결정론적 역사관도 아닙니다. 죽음을 두려워하지 않는 예수의 마음으로 더 열린 구조, 더 밝은 역사를 엮어가겠다는 의지와 결단의 표상입니다. 여기에 기독교의 힘이 있습니다. 이 저력은 죽음을 각오하고 저 낮은 밑바닥으로 내려가려는 예수의 마음에 기초하고 있습니다.

다섯째 단계 영광으로 높이 올라가는 단계

빌립보서 2장 9절은 "이러므로 하나님이 그를 지극히 높여 모든 이름 위에 뛰어난 이름을 주사"라고 기록하고 있습니다. 예수가 저 낮은 곳의 밑바닥까지 내려가셨기에 하나님이 그를 높이 올리셨던 것입니다. 여기에서 우리는 먼저 낮은 곳으로 내려가야만 높은 곳으로 올라갈 수 있다는 사실을 깨닫게 됩니다. 저 낮은 곳을 향하여 날마다 내려갈 수 있는 사람만 저 높은 곳을 향해 올라갈 수 있는 은총을 누릴 수 있는 것입니다. 크리스천들이 세속의 절대자들을 상대화하면서 자기를 비워 비천한 민중과 함께 아파하고자 고난과 죽음을 우아하게 선택하여 기꺼이 저 밑바닥으로 내려갈 때 비로소 하나님이 그들을 지극히 높은 곳으로 올려주십니다.

그런데 한국 기독교인은 처음부터, 첫발부터 저 높은 곳을 향해 날마다 나아가려고 안간힘을 쓰고 있습니다. 그 '빛나는 장소', 그 '영광스러운 곳'을 향해 오늘도 신비와 경건의 자세를 취하는 척하지만, 실은 종교적 이기심을 가지고 올라가고 있습니다. 저 낮은 곳에서 억울하게 얻어맞고 부당하게 빼앗기면서 갖은 모멸을 다 겪고 있는 민중들의 신음은 아예 들으려고 하지 않습니다. 그들을 쳐다보지 않으려 합니다. 그들을 외면할수록 자신의 존재는 더 신령해지고 자신의 신앙이 두터워진다고 착각하면서 그저 높은 곳으로만 올라가려고 애씁니다. 저 낮은 세속을 멀리할수록 하나님 계신 저 높은 곳에 가까이 갈 수 있다고 믿는 이 믿음은 무책임한 착각일 수 있습니다.

예수님은 저 낮은 곳에 계시고, 오늘도 거기서 선교 활동을 하십니다. 화려한 금빛 왕관을 쓰시고 저 높은 궁전의 옥좌에 점잖게 버티고 앉아 계신 것이 아니라, 피나는 가시관을 쓰시고 저 낮은 곳에서 헐벗고, 주리고, 목마르고, 옥에 갇히고, 나그네 된 민중들과 동고하시면서 사랑의 능력을 몸소 보여주고 계십니다. 그런데 크리스천들은 저 구름 위나 황홀한 궁전, 조찬기도회가 열리는 값비싼 호텔 식당, 아니면 수백 만 명이 동원된 여의도 광장에서 예수를 찾고 있습니다.

이렇게 예수를 높은 곳에서 찾는 크리스천의 마음은 결코 예수의 마음이 아닙니다. 따라서 이들은 예수 그리스도의 사람이라 할 수 없습니다. 그들의 마음에는 그리스도 예수의 마음이 없기 때문입니다.

저 낮은 곳을 향하여

　오늘의 한국 크리스천이 예수의 마음을 품고 있지 않다면, 그리고 오히려 종교적 이기주의의 마음을 품고 있다면, 크리스천의 인구가 아무리 많아도, 교회의 수가 아무리 늘어나도 아무 의미가 없습니다. 각 교파와 교단이 교세 확장을 위해 온 힘을 기울이고 있지만 예수의 마음을 심는 선교가 아니라면 의미가 없습니다. 이른바 민족복음화운동도 종교이기주의자들의 수만 늘리겠다는 식이라면 아무 의미가 없습니다. 아니, 오히려 해로운 일입니다.

　그러므로 이제 우리는 먼저 온 힘을 기울여 우리의 삶과 신앙의 방향을 180도 바꾸어야 합니다.

　첫째로, 한국 교인들이 '변화산'에서 내려와야 합니다. 경박했던 베드로처럼 뜻 모르고 "여기가 좋사오니"라고 고백하면서 교회를 높은 산 위에 세워놓고, 그곳에서 황홀경에 취하려고만 하는 자세를 버리고 산 밑으로 내려와야 합니다. 고난과 죽음이 기다리고 있는 산 밑으로 내려가 그곳에서 하나님의 선교를 실천해야 합니다. 낮은 곳에 내려가는 것이 하나님이 기뻐하시는 일임을 깨닫고 용기 있게 내려가야 합니다. 하나님의 뜻이 '저 높은 하늘'에서 이룬 것처럼 '이 낮은 땅'에서도 이루어지도록 진실하게 노력해야 합니다. 예수께서 그랬듯이 산에서 내려와야 합니다.

　그런데 오늘의 한국 교회는 거의 모두 베드로가 변화산 위에 세우려 했던 천막과 같습니다. 산 밑을 경원시하고 기피하는 산 위의 교회와 같습니다. 그렇다면 하루 빨리 산 밑으로 내려가야 합니다. 그래서 모든 교회가 저 낮은 곳에 굳건히 서서 그리스도 예수의 마음을 품고 역사의 어두움을 몰아내고 비뚤어진 구조를 바로잡아 하나님 나라를 만들어가는 예수의 몸 된 교회, 예수의 마음 된 교회로 변화해야 할 것입니다.

둘째로, 한국 크리스천들이 뜨거운 성령의 불을 받아야 합니다. 예수께서 공생애를 시작할 때 나사렛 회당에서 읽으신 이사야 61장이 분명히 밝히고 있는 것처럼 오늘의 한국 크리스천들은 주의 성령을 받아 주의 은혜의 해를 선포해야 합니다. 성령을 받아 자기도 알아듣지 못하고 남들도 이해하지 못하는 방언에만 심취할 것이 아니라, 모든 사람이 하고 싶어도 권세자들의 부당한 압력 때문에 말하지 못하는 진리와 진실을 담대하고 분명하게 증거해야 합니다.

주의 은혜의 해인 희년은 해방의 해입니다. 노예가 해방되고, 빚진 자가 빚을 탕감 받고, 빼앗겼던 재산을 되찾는 희년의 기쁜 소식을 전해야 합니다. 귀먹은 자들은 듣게 되고, 눈 먼 자들은 보게 되며, 말 못하는 이들은 말하게 되는 이 기쁜 해방을 선포하고 실천해야 합니다.

이러한 선포는 굉장한 용기를 필요로 합니다. 보통 사람의 힘으로는 감당하기 어렵습니다. 노예를 계속 부리고 싶은 사람들과 고리대금을 계속 받고 싶어 하는 채권자들은 희년을 증오하고 희년을 선포하는 사람을 핍박하기 때문입니다. 그래서 주의 성령이 임하시도록 구해야 합니다. 성령의 도움이 있어야만 희년을 선포할 수 있기 때문입니다.

성령의 도움을 힘입어 한국 교회와 교인들이 활발하게 주의 은혜의 해를 선포하고 실천할 수 있어야 합니다. 성령은 항상 예수의 마음을 격려하는 영이기에 이타적인 영입니다. 나 하나가 황홀한 지경에 들어가고,

나 하나만 알아들을 수 있는 방언을 하는 그러한 영이 아닙니다. 거룩한 영은 저 낮은 곳에서 소외된 민중, 박해받는 민중, 수탈당하는 민중을 해방시키는 영입니다. 그래서 '거룩한' 성령인 것입니다.

셋째로, 한국 교인들은 모두 마지막 심판에 합격할 수 있는 그리스도의 사람이 되어야 합니다. 마태복음 25장에서 보듯이 마지막 시험, 즉 천국에 가느냐 지옥에 가느냐를 판가름하는 시험에 합격하는 데는 종교적 율법주의나 경건주의가 필요한 것이 아닙니다. 하나님이 우리 중에 지극히 작은 자나 보잘것없는 자로 나타났을 때 우리가 그를 어떻게 대접하느냐에 달려 있습니다. 새벽 기도에 얼마나 열심히 참석하고, 헌금을 얼마나 많이 하고, 부흥회와 산기도에 얼마나 열심히 다니는가 하는 문제가 아닙니다. 낮은 곳에서 주리고 목마른 자, 헐벗고 병든 자, 나그네 되고 옥에 갇힌 자들과 함께 아파하였는가, 그들을 아프게 한 악한 세력을 쫓아내는 일에 얼마나 열심을 내고 성실했는가의 문제입니다.

이러한 관점에서 성찰해보면 오늘날 한국 크리스천들은 보잘것없는 민중의 모습으로 오신 하나님과 예수를 오히려 쫓아버리고 소외시키고 있지는 않은지 염려됩니다. 헐벗고 굶주리는 문제, 병들고 나그네가 되는 문제, 박해받고 옥에 갇히는 문제는 모두 세속적이고 정치적인 것이므로 신자는 마땅히 개인의 순수한 신앙 문제에만 전념해야 한다고 믿는 교회 지도자들은 실제로 예수를 냉대하고 있다는 사실을 깨달아야 합니다. 순수 신앙과 개인 구령의 이름으로 그들은 낮은 곳에서 일어나는 '세속적'이고 '정치적'인 문제를 철저히 외면하고 무시하도록 교인을 지도하고 있습니다. 이런 그들이 과연 최후의 심판을 견딜 수 있을지 참으로 염려스럽습니다.

오늘 예수가 한국 땅에 오신다면 틀림없이 지극히 보잘것없는 자의 모습으로 오실 것입니다. 예수의 마음은 바로 그 낮은 곳에 있기 때문입니다. 그러나 대다수 한국 교회와 교인들은 그러한 예수를 교회 문 앞에서, 집 대문 앞에서 당장 쫓아버릴 것 같습니다. 그럴 때 예수께서 무어라 말씀하실지 진지하게 생각해보아야 합니다. 아마도 이렇게 탄식하실 것입니다.

"한국 땅에는 수많은 기독교 신자와 수만 개 교회는 있되, 나의 마음을 품고 있는 예수의 사람은 없구나. 기독교와 교회만 있고 예수가 없는 이 땅이여, 예루살렘과 같은 운명에 빠질까 두렵구나. 진실로 이 한국 땅에는 내 머리 둘 곳이 없도다."

이 땅의 기독교 지도자들이여, 이 같은 예수의 탄식을 한번이라도 상상해보시기 바랍니다. 이 탄식은 미래에 들릴 소리가 아니라, 이미 우리 주위에서 울려 퍼지고 있음을 감지하는 영적 감수성을 갖게 되길 바랍니다.

부록
비인간화된 종교

종교도 하나의 사회 제도입니다. 그래서 사회 안에서 일어나는 각양각색의 비인간화 요소가 종교 제도 안에도 거의 그대로 나타난다는 사실을 알 수 있습니다. 종교의 비인간화 문제를 더 명확히 논의하려면 먼저 비인간화 또는 인간화라는 개념을 분명히 한정할 필요가 있습니다.

인간화란 말 그대로 인간이 되는 과정을 지칭합니다. 그러나 인간이란 무엇인가 하는 아주 어려운 문제를 먼저 다루지 않으면 비인간화 문제를 논의하기 어렵습니다. 그런데 저는 여기에서 인간의 본질적 성격을 논하려는 것이 아닙니다. 단지 인간 또는 인간화 현상을 다루는 데 대충 두 가지 관점이 있다는 사실을 지적하고자 합니다.

인간화란 무엇인가

첫째, 인간을 있는 그대로 보는 시각이 있습니다. 이것은 우리의 일상생활 속에 나타나는 모습을 중심으로 인간을 보는 관점입니다. 일상 현실을 통해 나타나는 인간의 모습 속에는 합리적인 면보다는 비합리적인 면, 아름다운 면보다는 추한 면, 성스러운 면보다는 속된 면이 더 잘 부각됩니다. 그래서 우리는 이렇게 현실적이고 솔직한 인간의 모습을 간혹 '인간적'이라는 말로 표현합니다.

이른바 인간적인 인간의 모습이 일상생활의 무대 속에 비춰지는 주된 모습이라고 한다면, 인간화는 결국 인간적인 여러 약점과 부정적인 특질을 소유하고 있는 존재로 되는 과정을 지칭하는 것이 됩니다. 이러한 인간화는 주로 서술적인 관점에서 본 인간 및 인간화입니다. 이것은 '인간적인, 너무나 인간적인' 존재로 되는 과정입니다.

둘째, 현실을 떠나 어떤 이상적인 빛 아래서 인간과 비인간화를 논의하는 입장을 들 수 있습니다. 인간의 바람직한 상이 무엇인가 하는 문제가 여기서 제기됩니다. 즉 인간적인 존재가 아니라 인간다운 존재가 문제입니다. 이런 인간다운 존재를 표시하는 말에는 여러 가지가 있습니다.

예컨대 '하나님의 형상으로 창조된 인간' 한낱 피조물creature로서가 아니라 그 자신이 창조자가 되는 '창조적 존재', '상징적 의미를 만들어 내고 사용할 수 있는 존재', '목적으로서의 인간' 등의 표현이 바로 이 같은 이상적 인간상을 뜻합니다. 인간을 서술적 차원에서 보는 것이 아니라 규범적 관점 또는 당위적 관점에서 보는 것입니다.

그러나 이와 같은 두 가지 관점 이외에 인간화를 정반대로 볼 수 있는 다른 두 관점을 간과해서는 안 됩니다. 사회학에서는 인간이란 동물이 사회화socialization를 통해 비로소 사회적 존재가 된다고 봅니다. 생물학적인 존재가 사회화를 통해 사회·문화 규범을 수용하고 내면화하여 사회적 존재로 성숙된다고 봅니다. 여기에서 인간이라는 낱말인 'Person'은 라틴어 'Persona'라는 낱말에서 나왔는데, 이 라틴어는 마스크mask를 뜻합니다. 이 마스크는 무대 위에서 연기자가 각본에 따라 연기할 때 쓰는 것인데, 이것이 요즘 사회학에서 기본 개념으로 사용하는 역할role의 원래 뜻입니다.

결국 인간을 사회화된 존재로 보는 것입니다. 마스크를 잘 덮어 쓰고 사회에서 부여한 제 역할을 잘 수행하면, 곧 인간이 된다고 할 수 있습니다. 즉 역할 속에 있는 사회의 기대에 따라 마치 각본에 따라 연기자가 무대에서 연기하듯 행동하면 '성숙한' 인간으로 대접받게 됩니다. 이처럼 자기의 본성을 마스크 뒤에 숨기고 꼭두각시처럼 타율적으로 사회의 기대에 따라 행동하는 것이 인간이 되는 과정이라면, 이 같은 인간화는 결국 인간이 종국에 가서 주체성 없는, 타율적 객체로 변하는 과정을 뜻하게 됩니다.

사회화를 인간화로 보는 입장과는 반대로 인간이 쓰고 있는, 그리고 쓰도록 강요받고 있는 마스크를 훌렁 벗어버리는 것이 오히려 인간을 인간답게 한다는 관점이 있습니다. 이 경우 마스크를 쓰도록 강요하는 사회나 기성세대를 위선의 상징으로 보고, 이 체제를 비판하는 대안문화를 인간적인 것으로 볼 수 있습니다. 1960년대에 구미를 풍미했던 젊은 이들의 반체제운동도 이런 관점에서 이해할 수 있습니다. 간단히 말해 마스크를 쓰는 것이 인간화냐, 이것을 벗는 것이 인간화냐 하는 서로 다른 두 가지 견해에 주목해야 합니다.

우리가 인간화를 어떤 바람직하고 보람 있는 것으로 본다면, 인간화를 마땅히 규범적인 차원에서 다루어야 합니다. 그런데 기존 질서의 입장에서 사회와 충돌하지 않고 잘 사회화된 존재를 바람직한 인간상으로 본다면, 인간화가 곧 사회화라는 등식이 성립됩니다. 그러나 용기 있게 기존 체제의 부당함을 비판하는 인간이 바람직한 인간의 모습이라면, 마스크를 벗는 도전적 인간이 되는 과정을 인간화로 보아야 합니다.

인간화 방해 요인

여기에서는 인간화를 주로 규범적인 차원에서 보고, 종교에 있어서 이런 인간화에 방해가 되는 여러 요인을 살펴보려고 합니다. 저는 종교제도 안에서 인간을 타율적·수단적 존재로 전락시키는 여러 가지 조건 중 세 가지 조건에 주목하고자 합니다. 첫째는 종교의 지나친 제도화 또는 관료제화이고, 둘째는 종교의 지나친 신비화이고, 셋째는 종교의 양극화입니다.

첫째, 지나친 관료제화가 종교의 비인간화를 촉진한다면 관료제화의 역기능이 논의의 초점이 됩니다. 막스 베버가 본 대로 이념형의 하나로 관료제를 보지 않고 관료제의 현실을 보면 그것은 효율성, 합리성, 예견성, 통제성 등의 장점보다는 경직된 조직체가 갖는 여러 가지 단점을 더 많이 드러냅니다.

이상적으로 말하자면 다른 사회제도와 달리 종교에서는 조직 기구가 먼저 있고, 그 후에 사람들이 이 기구의 일정한 규율에 따라 행동하게 됩니다. 지도자의 뜨거운 카리스마가 선재하고, 이런 지도자 중심의 따뜻한 분위기 속에서 지도자와 추종자가 일체감을 느끼는 인간다운 관계가 형성되어야 합니다. 이러한 이상적인 분위기와 인간관계를 영속시키는 것이 우선시되고, 영속화의 수단으로 제도화가 도입됩니다.

그런데 일단 제도화가 이루어지면 어느 기간까지는 처음의 좋은 의도가 잘 먹혀들다가 어느 시점을 넘어서면 제도화의 수단적 가치가 목적의 가치로 변질될 가능성이 커집니다. 그리고 인간은 목적이 되어버린 제도의 종이나 수단으로 전락하게 됩니다. 이렇게 인간이 지나치게 제도화되고 관료화된 종교 조직체(교회, 사찰, 성당)의 종이 되면 이런 조직체는 일종의 '프랑켄슈타인' 같이 되기도 합니다. 종교적 의식, 규율, 준칙이 인간 위로 올라가게 됩니다.

십일조라는 규범을 준수하려고 십일조를 내는지, 예수의 정신대로 살려고 십일조를 내는지 분별하기 어렵게 되고, 안식일이 인간을 위해 있는지, 인간이 안식일을 위해 있는지 분간하기 어렵게 됩니다. 이때 종교의 의식주의 ritualism 와 율법주의가 한몫 하게 됩니다.

지나치게 관료화된 종교 속에 자유롭게 숨 쉬지 못하고 수단으로 전락한 인간들은 어떤 변화의 계기가 마련되면 이 경직된 종교 제도를 깨뜨리고 제도화의 원래 동기로 돌아가려는 경향이 있습니다. 이 양자는 역사적으로 서로 순환합니다. 여기서 우리는 한국의 여러 종교가 관료화의 어느 시점에 와 있는지 살펴보아야 할 것입니다. 내 생각으로는 한국 기독교 특히 보수 교회가 지나치게 제도화되어 그 속에서 비인간화가 일어나고 있는 것 같습니다. 지나친 제도화는 율법주의를 낳습니다.

둘째, 지나친 신비화에서 종교 내의 비인간화 요소를 찾을 수 있습니다. 여기에서 종교의 신비성을 부정하려는 것은 아닙니다. 단지 과도한 신비화가 본훼퍼가 말하는 '종교적' 요소를 증가시키고, 주술적 bewitched

색채를 짙게 하는 위험을 강조하려는 것입니다. 이렇게 성과 속이 예리하게 분리되고 단절되면, 역동하는 현실 세계에서 건전한 판단과 행동을 하기 어렵습니다. 더구나 주술적 또는 마술적 요소에는 이기적 탐욕이 잠복해 있습니다. 인간 전체의 복지보다는 종교 제도의 이득, 또는 주술사나 마술사 자신의 사적 이익을 더 귀중하게 여깁니다. 현실과 담을 쌓는 요술탑 속에 갇혀서 자기 이익만을 위해 기도하고 예배하는 종교적 이기주의자가 속출하게 됩니다. 여기서 인간은 '신비'로 위장한 성의 노예가 될 수도 있습니다.

이런 뜻에서 종교 영역에서의 인간화는 이른바 세속화 및 이타주의와 밀접히 연관되어 있습니다. 이 점에 관해서는 신학의 세속화를 주장하는 하비 콕스의 《원죄에 대한 새로운 해석 On Not Leaving It To The Snake》이 퍽 흥미롭습니다. 인간의 원죄는 신에 대한 불복종 때문에 생긴 것이 아니라 타인을 위해 존재하는 인간이 남을 위하는 일에 태만했기 때문에 생긴 것이라는 견해입니다.

이런 견해에 따르면 건전한 세속화와 인간 복지를 위한 노력이 종교 제도의 비인간화를 방지하고 극복할 수도 있습니다. 반대로 세속화를 비난하는 신비화는 사회 현실 속에서 민중의 사회의식과 역사의식을 둔화시키고, 민주 시민이 가져야 할 정책 결정에의 참여 동기를 약화시킵니다. 나아가 비인간화를 촉발하는 수많은 구조 악을 향한 도전으로부터 눈을 돌리게 합니다. 그리고 구조적 문제를 개인의 문제로 착각하게 합니다.

오늘 한국의 종교가 어느 정도 신비화되었는지, 비인간화를 조장할 정도로 신비화된 것은 아닌지 차분히 따져보아야 할 것입니다. 신이 종교적이거나 형이상학적 개념으로 전락되는 폐단도 한번 고려해보아야 할 것이며, 또한 아바 하나님의 영적 능력을 체험함으로써 새로운 사랑과 평화의 공동체를 이룩할 수 있다는 진리도 음미해보아야 할 것입니다.

개인적으로는 위에서 지적하고 논의한 종교의 비인간화 현상의 두 가지 요소보다 지금 논의하려는 세 번째 요소가 더 중요한 요인이라고 생각합니다. 바로 양극화의 문제입니다. 이 양극화는 비단 종교 제도뿐 아니라 사회제도 안에서 문제가 되며, 또한 일개 사회 내에서 뿐 아니라 범세계적인 문제가 됩니다.

정치적 측면에서는 소수 권력 엘리트와 다수 대중 간의 양극화일 수 있고, 경제적인 측면에서는 부익부 빈익빈일 수 있습니다. 사회적 측면에서는 위상이나 지위의 격차, 지방색으로 인한 격차일 수 있습니다. 또한 교육 제도 면에서는 일류 학교와 삼류 학교 간의 차별 문제일 수 있으며, 지역적으로는 농촌과 도시 간의 격차일 수도 있습니다.

그러면 이 같은 양극화가 왜 비인간화 현상을 촉발하는 것일까요?

첫째, 경제적으로나 사회적으로 우세한 소수 지배자들이 자신들은 자율적이고 자유로운 존재라고 생각하면서, 경제적으로나 사회적으로 열세한 다수 대중은 자신들에 의해 조종되는 존재, 곧 비인간화된 존재라고 생각하기 때문입니다. 자기는 주체요 목적이지만, 타인은 수단으로 전락한 객체라고 보는 것이지요.

둘째, 양극화가 집단 간의 부당한 격차와 차별을 동반하게 되면, 두 집단은 상대방을 의심하고 경계하며 할 수만 있으면 상대방을 무너뜨리려고 기회를 엿보기 때문입니다. 이러한 여건에서는 우호 관계가 형성되기 어렵고 적대 관계가 지배하게 됩니다. 상대를 넘어뜨리기 위해 상대방을 비인간화하려 할 것이고, 나아가 자기 체제를 폐쇄적으로 만들어 스스로 비인간적 존재로 전락하고 말 것입니다. 결국 양극화가 어떤 형태를 취하든, 양극화된 쌍방은 다 같이 비인간화된 존재로 전락하게 되고 맙니다.

종교와 종교인의 양극화 태도

여러 제도에서 나타나는 각양의 양극화보다 종교에서 더 심각한 양극화가 나타나고 있습니다. 바로 종교인의 종교적 태도와 심성Mentality의 양극화입니다. 비종교인에 비해 종교인, 특히 지나치게 제도화되고 신비화된 종교 조직체의 중심부에서 힘을 행사하는 신자들은 사고방식과 행동 양식에서 모든 사물을 둘로 쫙 갈라놓고 보는 성향이 아주 강합니다. 정통이 아니면 이단, 호헌 아니면 위헌, 천당 아니면 지옥, 흑이 아니면 백으로 나누어놓고 사물을 인식하고 판단하여 이에 따라 행동하려 합니다. 이런 이분법적 사고방식과 생활양식은 적어도 두 가지 바람직하지 않은 결과를 초래합니다.

첫째, 반대 축은 말할 것도 없거니와 양극화된 두 축 사이에 낄 수 있는 그 어떤 것도 용서하거나 관용을 베풀려 하지 않는 태도입니다. 자기 축과 작은 편차나 일탈만 있어도 그것을 크게 확대하여 보고, 때로는 자기 축과 정반대 편에 있는 '적'보다도 이런 작은 편차를 더 경원시하고 경계합니다. 양극화의 중간에 놓이는 것은 무엇이든 무조건 금기가 되고 불순한 것으로 낙인을 찍고, 자기 축이나 기준으로부터 조금만 일탈해도 '변절'의 징후로 봅니다. 이런 비관용의 심성과 태도는 종교 본래의 동기와는 거리가 먼 것이 아닐까요? 종교의 이름으로 행해지는 독선과 배타와 비관용은 어떤 의미에서는 보다 더 비종교적이고 비인간적인 태도와 행동이 아닐까요?

둘째, 양극화의 결과는 생활의 부적응입니다. 이분법적 태도와 심성을 지닌 사람들은 복잡하고 어려운 문제를 지나치게 단순하게 보고, 문제에 대한 처방을 즉각적이고 직접적으로 제시합니다. "이것만 되면, 이렇게만 하면 만사가 해결된다"는 식의 독단론과 결정론이 튀어나오기도 합니다.

현대 사회는 갈수록 분화가 심해지고 사회적 기능이 다양화되어 누구도 이웃과 타인의 도움 없이는 한시도 살 수 없습니다. 이렇게 타인이나 타기능과의 협업 없이 하루도 살 수 없는 상황에서 이분법적 태도와 행동은 생활의 부적응을 초래하고, 시대의 흐름에 뒤처지는 사회 패잔병을 양산하게 됩니다. 따라서 종교가 당연히 수행해야 할 예언자적 개혁의 역할을 하지 못하게 됩니다. 오히려 종교인을 사회의 귀찮은 존재로 전락시킬 수 있습니다.

'정통'과 '순수'에 대한 지나친 강조와 '이론異論'과 '변절'에 대한 지나친 저주는 신앙인 개인과 종교 조직체 모두에게 동맥경화증이나 폐쇄증을 유발시킵니다. 살아있는 것의 특징은 바로 융통성에 있습니다. 그러기에 이분법적 사고는 죽음에 이르는 권위주의 성향이기도 합니다.

이분법적 성향은 완벽주의의 일종이며, 이것은 병적 징후입니다. 심리학자 아도르노Theodore W. Adorno가 말하는 권위주의적 성격으로도 볼 수 있습니다. 이룰 수 없는 '완전'과 '순결', '근본'을 목표로 설정하고, 여기에 맞추어 자신과 남을 무리하게 몰고 가려 할 때, 인간은 완벽주의의 노예로 전락할 가능성이 높습니다. 물론 자기 자신에게는 가혹하지만 남에게는 관대한 완전주의는 높이 평가받아야 합니다. 남에게만 가혹한 완벽주의가 문제입니다. 여기에 목적과 수단의 전도 현상이 일어납니다. 이렇게 '순'과 '완전'을 찾는 태도 속에서 자신과 타인은 점차 분리되고 적대 관계로 돌아설 가능성이 커집니다. 복음에다 '순純'을 더 붙여야 직성이 풀린다든지, 신에다 '진眞'을 붙여야 안심이 되고, 신앙에다 '근본'을 붙여야 마음이 놓이는 심리와 태도는 화해와 관용의 태도와는 거리가 멀다 하겠습니다.

그러면 왜 이렇게 양극화된 태도와 생활양식이 종교인에게 두드러지게 나타날까요? 여러 가지 이유가 있겠으나, 사회심리학의 입장에서 보면 종교인에게는 남달리 자율성이나 주체성이 결여되어 있기 때문인 것 같습니다. 종교인 자신이 이미 비인간화될 가능성을 안고 있는 셈입니다. 심리학자 카츠Daniel Katz의 입장에서 보면 인간의 태도나 신념은 자신의 기본 욕구를 충족시키는 기능을 지니고 있습니다. 즉 인간의 태도를 욕구 만족이라는 기능 면에서 몇 가지로 분류할 수 있는데, 그 중에 중요한 기능이 이른바 '자아방어 기능ego defensive function'입니다. 자기 자신의 허약함을 마음 속 깊이 알고 있어서 항상 불안과 열등감에 사로잡혀 있는 사람일수록 자기를 방어하려는 노력이 강해집니다.

이 방어는 대개 우월감(여기에서 우리는 우월감과 열등감이 같은 실체의 다른 두 측면에 불과하다는 사실을 알 수 있습니다)과 자기중심주의의 모습으로 나타납니다. 이것은 심리적 투사 projection 의 일종이지요. 이는 편리한 외적 대상을 골라내어 그것에게 자기의 불안감, 타율성, 무주체성, 열등감 등을 쏟아 붓는 것입니다. 이미 허약해진 자신감에 위협이 된다고 느끼는 것은 무엇이든 이런 투사에 아주 편리하게 이용됩니다. 주위 환경이 모두 자기에게 적대적이라 느끼고, 새로운 것이나 자기와 다른 것은 무엇이든 의심하고 저주하려는 태도를 취합니다.

이렇듯 아주 작은 차이도 받아들이기 어려워하는 데서 투사의 대상이 되는 타인과 타집단을 저주하고 인간 이하로 취급하려는 용의성이 발생합니다. 이러한 용의성은 이미 비인간적인 것입니다. 이런 사람들은 대개 타인이나 외적 대상에게는 적대감을 보이는 한편 자기 자신은 지나치게 감싸는 경향이 있습니다. 나아가 더 완전한 곳으로 나아가도록 자신을 채찍질함으로써 마음 속 깊이 깔려 있는 불안과 열등감을 극복해내려 합니다. 결국은 변화를 두려워하고, 다양성과 복잡성을 꺼리고, 대화를 멀리하고, 협력을 기피하는 경화증과 폐쇄증이 나타나게 됩니다. 이런 증세는 '정통'이나 '법통'의 이름 아래 더 심해지기 마련입니다. 다시 말해, 이런 증세는 이 증세를 가지고 있는 사람들이 이미 비인간화되었음을 보여줍니다.

외래 종교나 문화가 한국에 들어와서 가장 극단적인 형태로 변질되는 것에 대해 앞으로 깊이 연구해볼 가치가 있습니다. 기독교가 한국에 들어와서는 근본주의 종교로 변질되었습니다. 미국의 근본주의보다 더 철저한 근본주의가 되어버린 듯합니다. 불교도 마찬가지입니다. 원산지의 불교보다 더 소승적인 것이 되어버린 듯합니다. 유교도 율법주의적 주자학으로 변질된 듯합니다. 이러한 열성화劣性化의 원인은 대체 무엇일까요? 혹시 우리 역사 속에서 지배 집단이 항상 대국에 대하여는 주체성이 약하여 비굴해지고, 약한 민중에게는 강하게 군림해왔기 때문이 아닐까요? 그들 내면에 자신감이 없고 열등감이 강하기 때문은 아닐까요? 한 번 깊이 성찰해볼 필요가 있겠습니다.

바람직한 종교의 역할

그러면 종교인과 종교 단체가 문제를 스스로 극복하고, 더 나아가 다른 사회제도 안에서 일어나는 각종 비인간화 현상을 고발하고 시정하는 데 앞장서려면 어떻게 해야 할까요? 우선 위에서 지적한 비인간화의 세 가지 요소를 제거해야 합니다. 즉 종교의 지나친 관료화를 스스로 방지해야 합니다. 이를테면 관료화의 원인이 교인들의 격증激增 현상에 있다면, 이른바 '작은 공동체 교회'를 지향하는 새로운 움직임을 환영해야 하지 않을까요? 그리고 지나친 신비화를 피하려면 세속화의 흐름을 선교와 적극적으로 접목시키는 작업이 필요합니다. 또한 경직된 이분법적 사고방식과 행동 유형을 극복하려면 갈릴리 예수의 열린 운동, 하나님 나라 운동을 새롭게 인식해야 합니다.

종교가 감당해야 할 역할을 좀 더 세밀하게 살펴보면 다음과 같습니다. 첫째는 새로운 가치관의 정립입니다. 둘째는 양극화의 중재자 역할을 하는 것입니다. 셋째는 급속한 사회 변동에서 파생되는 부적응을 해소하고, 바람직한 변화를 일으키는 변화 촉진자의 역할을 하는 것입니다.

첫째, 종교가 시급하게 해야 할 일은 새로운 가치관을 확립하는 것 입니다. 급속한 산업화와 도시화의 물결 속에서 우리 사회는 지난 반세기 동안 전통적인 가치관과 외래의(주로 서구의) 가치관이 혼재하여, 옳고 그름이나 좋고 나쁨의 판단력이 희미해지는, 이른바 무규범 상태 anomic situation가 이어지고 있습니다. 졸속으로 추진된 산업화와 도시화 때문에 성공과 승리에 대한 욕구가 지나치게 자극되었고, 이런 욕구를 빠르고 효과적으로 채우려는 노력 때문에 도덕성과 효율성이 분리되었습니다. 그리고 도덕성과 효율성의 분리는 사회 규범을 약화시켜 사회를 불안하게 할 뿐 아니라, 타인을 이용 도구나 수단으로 보려는 비인간화된 태도를 자극하게 됩니다.

이러한 무규범 상태를 극복하고, 여기에서 발생할 수 있는 비인간화 현상을 방지하려면 종교가 먼저 수단적 가치와 효용의 가치에서 벗어나야 합니다. 종교는 성숙한 '바보'를 오히려 더 존중해주어야 합니다. 종교가 영악한 승리주의자들을 위한 마당을 제공해서는 안 됩니다. 오히려 경쟁에서 진 사람들, 특히 우아하게 질 수 있는 사람들에게 큰 마당을 마련해주어야 합니다.

둘째, 양극화되어 적대적인 두 축을 조화시키고 중재하는 역할을 해야 합니다. 종교인, 특히 종교 지도자들이 종교의 본래 사명을 감당하는 가운데 종교 밖에서 벌어지는 양극화 현실을 극복하는 일에 앞장선다면 사회를 평화롭게 관리하는 일을 하게 될 것입니다. 그렇게 하려면 종교인은 먼저 자신들의 이분법적 사고와 행동을 극복해야 합니다.

더 구체적으로는 종교 제도 안에서 볼 수 있는 경제적 격차를 해소해야 할 것입니다. 그러기 위해 큰 교회는 작고 경제력 없는 교회를 적극적으로 도와주어야 합니다. 또한 새로운 경전 해석을 무조건 이단시하지 말고, 우선 경청하려는 열린 마음과 성의를 가져야 할 것입니다. 정통이나 순수의 기치 아래 강화되는 이분법적 태도를 속히 청산해야 합니다. 이렇게 자체적으로 정화를 이뤄낸 다음, 다른 사회제도에서 야기되는 각종 비인간화 현상을 제거하기 위해 사회구조적 개혁에 필요한 움직임에도 앞장서야 할 것입니다.

셋째, 급변하는 사회에서 일어나는 여러 가지 부적응의 문제를 해소할 수 있어야 하고, 더 적극적으로 이 변화를 조정할 수 있어야 합니다. 이렇게 하려면 무엇보다 '속俗'에 대한 혐오감과 두려움을 버리고, 속을 긍정적으로 보는 태도를 길러야 합니다. 변화를 꺼려하는 태도를 버리고 변화 속에 뛰어드는 현실 참여 정신을 길러야 합니다. 변화의 조절이나 조정을 이야기할 때에는 유행하는 외래문화에 단순히 적응adjustment 하기보다는 변화를 촉진하고 외래문화를 주체적으로 수용adaptation 하는 것이 중요합니다.

이 문제는 종교 세속화 및 토착화 문제와 직·간접적으로 연관되어 있습니다. 종교가 세속을 두려워하고 변화를 두려워하여 현실로부터 도피하고 은둔하게 되면, 끊임없이 변하는 사회나 인간의 기본 욕구를 만족시킬 수 없게 됩니다. 그리고 이렇게 종교가 당연히 수행해야 할 역할을 소홀히 하게 되면 사회 안에서 설 자리를 잃게 될 것입니다. 이런 경우에 종교는 사회의 향도 역할은커녕 사회에 질질 끌려가는 패잔병으로 전락하고 말 것입니다.

우리는 종교가 매력을 잃어버린 사회에 살고 있습니다. 많은 사회학자들이 지적하듯, 교육 수준이나 직업 수준이 높을수록 기성 종교에 대한 관심이나 참여 정도가 낮은 것이 현실입니다. 종교가 응당 수행해야 할 역할, 즉 인간을 인간답게 하고 복잡해진 산업사회를 평화로운 정의와 자유의 마당으로 만드는 역할을 감당하지 못한다면, 종교는 정치나 교육, 문화와 같은 다른 사회제도에 밀려나게 될 것입니다. 이렇게 되면 사회 안에서 종교가 설 자리는 점차 줄어들 수밖에 없습니다.

선진 산업사회에서는 정신과 의사가 이미 종교 지도자(목사, 신부, 승려, 선사 등)의 기능을 잘 감당하고 있는 것 같습니다. 급변하는 사회에 적응하는 데 실패한 사람들이 변화가 두려운 나머지 전근대적인 요술적 치료에 자신을 내맡기는 경향도 심해지는 것 같습니다. 그러나 점쟁이나 사주 관상쟁이에게 자기의 운명을 묻는 퇴행적 현상이 일어나고, 부적응으로 말미암은 욕구 불만을 집단적으로 해소하기 위해 사이비 신흥종교(모든 신흥종교를 반드시 사이비와 동일시할 필요는 없습니다)가 범람하면 인간과 사회를 비인간화시키는 병폐를 유발할 수도 있습니다.

이런 일이 벌어지면(어느 정도는 현실로 드러나고 있다고 보지만), 한국의 기성 종교는 정신과학이나 정신의학, 카리스마 넘치는 정치 지도자 등 다른 사회제도의 지도자들에 의해 결국 추방되거나 주술적 마술과 미신, 이기적인 사이비 신흥종교의 협공을 받을 수도 있습니다. 이후 세대에도 이런 경향이 계속 이어지고 자체적인 반성과 정화를 통해 종교 내의 비인간화 요소가 제거되지 않는다면, 앞으로 기성 종교는 설 자리를 잃게 될지도 모릅니다. 한국의 종교 지도자들은 이러한 기성 종교의 어두운 미래를 예리하게 내다보면서 인간다운 인간과 평화로운 사회를 만드는 종교의 본래 모습과 기능을 되찾아야 합니다. 무엇보다 기독교는 갈릴리 예수의 운동으로 되돌아가야 합니다.